UNIVERSITÉ D'AIX-MARSEILLE

Faculté de Droit d'Aix

LES

Conséquences Juridiques

DE

La Grève

THÈSE POUR LE DOCTORAT JURIDIQUE

PAR

JEAN GRAVIER

Avocat

BERGERAC

IMPRIMERIE GÉNÉRALE DU SUD-OUEST (J. CASTANET)

Place des Deux-Conils

—

1912

LES CONSÉQUENCES JURIDIQUES

DE

La Grève

UNIVERSITÉ D'AIX-MARSEILLE

FACULTÉ DE DROIT D'AIX

UNIVERSITÉ D'AIX-MARSEILLE

Faculté de Droit d'Aix

LES
Conséquences Juridiques
DE
La Grève

THÈSE POUR LE DOCTORAT JURIDIQUE

PAR

JEAN GRAVIER

Avocat

BERGERAC

IMPRIMERIE GÉNÉRALE DU SUD-OUEST (J. CASTANET)

Place des Deux-Conils

—

1912

BIBLIOGRAPHIE [1]

ANNALES DE DROIT COMMERCIAL 1891 — 1893 : Article de M. *Pic.* — 1894. — 1895 : Le chef d'industrie peut-il s'exonérer de ses engagements envers les tiers, en invoquant une grève comme cas fortuit? par *Thaller.* — 1903 : « De la répercussion des grèves ouvrières sur l'exécution du contrat », par *Amiot.*

ANNUAIRE ÉTRANGER 1906. — Contrat de travail, lock-out et grève.

Baudry-Lacantinerie. — Traité de Droit civil. Des obligations III. — Traité du contrat de louage 2 1re partie.

Bédarride. — Droit commercial, livre I, titre VIII. Des Achats et Ventes. Nouvelle édition (1909), par *Benjamin Abram.*

BIBLIOTHÈQUE GÉNÉRALE DES SCIENCES SOCIALES *1909*, par *Ch. Gide.* — *H. Berthélemy.* — *P. Bureau.* — *A. Keufer.* — *C. Perreau.* — *Ch. Picquenard.* — *A. E. Sayous.* — *F. Fagnot.* — *E. Vandervelde.*

Bohler. — Personnalité et responsabilité civile des syndicats professionnels, thèse, 05, Aix.

Boncour. — Fédéralisme économique.

Enée Bouloc. — Le « Droit de Grève » et les Grèves 1910.

Bourgoin. — Essai sur la distinction du cas fortuit et de la force majeure. Thèse, Lyon, 1902.

Brouihet. — *Questions pratiques de législation ouvrière 1910.* La grève et le Droit.

Bry. — Cours élémentaire de législation industrielle, 1908. — Histoire industrielle et économique de l'Angleterre, 1900.

BULLETIN DE L'ACADÉMIE DES SCIENCES MORALES ET POLITIQUES 1908. — Y a-t-il un droit de grève, par MM. *Levasseur.* — *Leroy-Beaulieu.* — *Beauregard.*

BULLETIN DE LA SOCIÉTÉ D'ETUDES LÉGISLATIVES, 1906.

BULLETIN DE L'OFFICE DU TRAVAIL, 1906, 1908, 1911.

BULLETIN JUDICIAIRE DES ANNALES DE DROIT COMMERCIAL, 1896, 1897.

Cabouat. — Traité des accidents du travail, t. II.

---

1. Nous n'avons pas cru utile de mentionner dans cette bibliographie les nombreux recueils de jurisprudence cités au cours de notre étude.

Clunet. — Journal de Droit Int^al privé, 1909, article de *Lucien Chessex*. — 1911, article de *Lefort* : De la répercussion juridique des grèves de chemin de fer sur les relations internationales.

Colin. — Notes dans Dalloz périodique, 1907 (I-370). — 1904 (II-73).

Crouzel. — Coalitions et grèves, 1887.

ECONOMISTE FRANÇAIS, n° du 4 janvier 1902, article de M. *Pierre Leroy-Beaulieu*.

d'Eichthal. — La liberté individuelle du travail et les menaces du législateur (Bibliothèque des sciences morales et politiques. Alcan, édideur), 1908.

Esmein. — Note dans le *Journal du Palais*, 1898 (I-17).

FUZIER-HERMANN. — Répertoire général alphabétique du droit français, vol. 26, v°. Louage d'ouvrage.

Garraud. — Droit pénal, 2e édit., tome VI.

A. Gautier. — Des clauses d'irresponsabilité en matière de transport maritime. — Thèse, 1910, Aix.

J. Guesde. — La République et les Grèves, 1878.

Maurice Hamelet. — La grève, étude critique de législation et de jurisprudence, thèse, Paris, 1903.

Hayem. — La grève et le Contrat de travail, 1908.

Howell. — Le passé et l'avenir des Trade-Unions.

Jay. — Note dans le *Journal du Palais*, 1893 (1-41).

JOURNAL OFFICIEL.

Leroy-Beaulieu. — Economie politique, t. II.

Levasseur. — Questions ouvrières et industrielles en France.

LE MONDE ECONOMIQUE. Revue périodique, février 1912.

De Morillon. — Le droit de grève et le contrat de travail, 1905.

Emile Ollivier. — Rapport du 22 avril 1864 fait au corps législatif (D. 64. 4. 61).

Pic. — Traité élémentaire de législation industrielle. Edition 1902-1912.

Planiol. — Traité de droit civil, 5e édit., t. II. — Notes dans recueils de jurispr., notamment Dalloz 1904 (I-290), 1905 (I-155) (II-121), 1911 (II-385).

Porcherot. — De l'abus du droit, thèse, Dijon, 1901-1902.

Rambaud. — Cours d'Economie politique, t. II, 1910.

Raynaud. — Cours public à Marseille, 1910-1911.

RÉFORME SOCIALE, 1892, t. XXIV. — La liberté du travail et les syndicats professionnels par *Hubert-Valleroux*.

REVUE CRITIQUE DE LÉGISLATION ET DE JURISPRUDENCE 1909. — Caractère juridique de la grève, par *Pierre Bayart*. — 1911 : Article de M. *Ripert* sur la responsabilité civile.

REVUE GÉNÉRALE DU DROIT, 1892. — *Cézar-Bru* : de l'abrogation de l'art. 416 c. pén., par la loi de 1884.

REVUE INTERNATIONALE DE DROIT MARITIME, 1908-1909. — Article de M. *Barbey* : Les surestaries sont-elles dues en temps de grève ?

REVUE DE LÉGISLATION PROFESSIONNELLE, Premier trimestre 1911. — Article de M. *Lefebvre*.

REVUE PRATIQUE DE DROIT INDUSTRIEL, 1897, 1899, 1908. Le droit de grève et la loi, par M. *de Las Cases*. — 1911.

REVUE SOCIALISTE, février 1901. — La grève et le contrat, par *Emm. Lévy*.

REVUE TRIMESTRIELLE. — 1902 : L'abus du droit, par *J. Charmont*. — 1903 : Article de *Cabouat*, sur les accidents du travail. — 1908 : Article de M. *Demogue*. — Article de M. *Wahl* : « De la responsabilité civile en matière de grève, à propos de la grève des électriciens ».

SPECIAL SUPPLEMENT TO THE CHAMBER OF COMMERCE (Revue périodique) n° d'octobre 1911.

Léon de Seilhac. — « Les grèves » 1903.

Tirlemont. — Etude sur la nature juridique de la grève, 1904.

A. Villey. — Le droit de coalition, thèse, Caen, 1903.

Wahl. — Notes dans recueils de jurisprudence, notamment dans le *Journal du Palais*, 1908 (I-417), 1906 (I-500), 1903 (I-465).

INTRODUCTION

Le fait par des ouvriers de cesser collectivement le travail n'est actuellement interdit en France par aucun texte
de loi pénale (1).

Ce fait ne peut d'ailleurs être la source de dommages-
intérêts, *si du moins aucun élément autre ne vient s'y
mêler*, car des ouvriers ne commettent en principe aucune
faute en se mettant en grève. Il en serait autrement et la
grève, en dehors même de tout texte de droit pénal,
devrait être considérée comme une faute au point de vue
civil si elle constituait l'exercice abusif d'une faculté légale.
Mais, comme l'a éloquemment démontré M. Emile Ollivier
dans son rapport sur la loi du 25 mai 1864, le droit de
coalition, même aboutissant à la grève, n'est que la conséquence logique du principe de la liberté du travail,
principe proclamé dans la loi du 27 mars 1791.

Dès lors que la grève ne tombe en principe sous l'application d'aucun texte de loi pénale ni civile, il existe un
droit de grève.

M. Enée Bouloc (2) se refuse à reconnaître l'existence
d'un « droit de grève ». Pour lui la grève c'est la « cessation du travail convenu », donc une violation d'un contrat
préexistant, et si ce fait ne tombe pas sous l'application
de la loi pénale, il tombe nécessairement sous l'application de la loi civile : Il n'y a pas, il ne peut pas y avoir de
droit de grève.

Dans le même sens, M. Jules Roche (3) écrivait « Ce

1. De tous les Etats européens, la Russie seule interdit encore la
grève.

2. Le « Droit de Grève » et les Grèves 1910.

3. « République française » du 16 octobre 1910. Le « Droit de grève » ?

prétendu « droit » — non pas de *ne point travailler* — mais d'accomplir certains actes de violence et certains attentats aux droits et aux intérêts d'autrui, n'existe pas, n'a *jamais existé !* Aucune loi ne l'a reconnu, consacré, pas plus celle de 1901 que celle de 1884, pas plus celle-ci qu'aucune autre. »

De même, M. Levasseur : « Y a-t-il un droit de grève ? A notre avis il n'y a en réalité ni droit de coalition ni droit de grève ; ce droit n'est inscrit dans aucune loi, non plus que le droit de travailler et de contracter. Il y a simplement un fait. Il serait abusif de prétendre qu'il existe un droit spécial parce que des ouvriers en se mettant soudainement en grève, n'observent pas le délai-congé et ne sont pas poursuivis pour cette infraction à la règle de leur métier, tandis que les patrons qui renverraient soudainement des ouvriers sans tenir compte de ce délai seraient passibles de dommages-intérêts. La différence existe en effet dans la pratique ; c'est déjà trop..... » (1).

Ces auteurs, à notre avis, commettent tous la même confusion.

Les actes de violence, les attentats aux droits et aux intérêts d'autrui qui trop souvent, nous le reconnaissons, accompagnent la grève ne sont pas la grève. Ils ne se rencontrent ni toujours ni, encore moins, nécessairement. Rien ne paraît plus illogique que de se baser, pour savoir si la grève est ou non un droit, sur des faits qui lui sont extérieurs et qui seraient punissables d'ailleurs, même en dehors d'elle.

Et quant à la violation du contrat civil, il se peut qu'en fait et trop souvent elle accompagne la grève, mais elle n'est pas la grève. Rien n'empêche que la grève se produise à l'expiration normale du contrat ou encore que le contrat étant à durée indéterminée les ouvriers aient régulièrement observé les délais de préavis fixés par l'usage. Il arrive même fréquemment que l'usage n'impose aucun délai de préavis, auquel cas on ne saurait parler de violation du contrat.

1. Bulletin de l'Académie des sciences morales et politiques, 1908, n° 1. Y a-t-il un droit de grève ?

Nous aurons plus loin à nous demander si l'ouvrier qui se met en grève est ou non dispensé de ce délai de préavis. Pour le moment, nous insistons seulement sur cette considération que ce n'est que par un vice manifeste de méthode, que l'on a pu nier le droit de grève en se fondant sur la violation du contrat civil, cette violation ne pouvant jamais être que purement fortuite.

L'erreur provient d'une définition inexacte de la grève. Pour nous la grève ne doit pas être définie la « cessation du travail convenu », mais seulement la « cessation collective du travail » et c'est d'ailleurs en ce sens que le mot a toujours été entendu (1).

La discussion n'a donc point l'importance qu'on serait tenté de lui prêter. En réalité, c'est avant tout une querelle de mots.

M. Beauregard (2) l'a dit avec juste raison : « Pour moi la grève est un droit. On a dit : ce n'est pas un droit mais une faculté.

Je le veux bien, mais ce n'est là qu'une question de mots : tout ce qui n'est pas défendu est permis. Il y a un droit spécifique, dans la force la plus restreinte du terme il est vrai, mais un droit véritable. »

M. Eugène Levoux (3) exprime la même idée : « Le droit de grève est à l'état négatif, c'est-à-dire qu'il existe parce qu'aucun texte ne défend de l'exercer, mais aucun texte ne le prévoit. Il est inorganisé, anarchique. »

Le droit de grève étant ainsi reconnu, il serait très intéressant de nous demander si pour certaines catégories d'ouvriers ou d'employés, et notamment pour les fonctionnaires, ce droit n'est pas supprimé.

Cette question fort délicate est une de celles qui, à l'heure actuelle, préoccupent à plus juste titre l'opinion publique.

Au lendemain de la trop célèbre grève des cheminots,

1. D'après le dictionnaire Littré le sens étymologique de l'expression « faire grève » est se tenir sur la place de Grève en attendant de l'ouvrage.

2. Bull. de l'ac. des sc. morales et polit. loc. cit.

3. Le Monde Economique, n° du 10 février 1912, p. 162.

M. Briand déposa un projet de loi qui tenait toute grève comme illicite dans les chemins de fer et édictait des pénalités contre les groupements et les individus qui l'auraient préparée et soutenue. M. Millerand, par contre, ne voulait pas interdire la grève. Il pensait simplement que la grève ne devrait être possible que si, après le prononcé de la sentence arbitrale, — l'arbitrage étant d'ailleurs obligatoire pour les concessionnaires et les adjudicataires de l'Etat, donc pour les compagnies de chemins de fer, — la grève était votée par la majorité des ouvriers intéressés.

A la suite de ce désaccord M. Millerand, on s'en souvient, refusa de garder son portefeuille.

Les difficultés récentes auxquelles nous venons de faire une brève allusion suffisent à nous montrer tout l'intérêt du problème.

Mais nous sortirions du cadre que nous nous sommes tracé en en entreprenant l'étude.

Il nous faudra de même passer sous silence un grand nombre de problèmes d'actualité se rattachant à l'étude de la grève.

C'est ainsi que nous n'aurons pas à nous prononcer sur les effets de la grève au point de vue économique, que nous ne dirons rien ni du contrat collectif de travail, ni des moyens préventifs pour empêcher la grève d'éclater, conciliation et arbitrage. Nous ne dirons rien non plus du point de vue pénal pourtant si intéressant.

Notre tâche est plus modeste.

La question de la grève a pris, dans ces dernières années surtout, une place si considérable dans les préoccupations publiques, elle a donné lieu dans la pratique de chaque jour à tant de questions diverses et délicates que, même dans le domaine restreint dans lequel nous nous sommes cantonné, nous devons nous contenter d'un rapide aperçu des principaux problèmes.

C'est dire que, eussions-nous été assez audacieux pour vouloir entreprendre une étude générale sur la grève, et n'eussions-nous pas redouté l'extrême difficulté du sujet, nous aurions néanmoins été arrêté par sa vaste ampleur.

Le but que nous nous proposons est de lutter contre le préjugé que le droit de grève met les ouvriers au-dessus et en dehors du droit commun. D'après M. Brouihet (1) le droit de grève n'est pas autre chose qu'un droit de guerre. Aucune règle du droit civil n'est plus applicable à l'ouvrier en grève. Celui-ci n'est plus régi que par une sorte de « droit des gens » destiné à empêcher des désordres irréparables.

Une telle opinion n'est pas seulement hardie ; elle nous paraît nettement révolutionnaire. Si une certaine catégorie de citoyens pouvaient parce qu'ils sont le nombre et la force se placer eux-mêmes en dehors de la loi commune, c'en serait fait de la civilisation, nous serions retournés en pleine barbarie.

« Aujourd'hui le droit pour le patron, dit M. Crouzel (2), d'obtenir des dommages-intérêts *se borne* au cas prévu par l'art. 414 du code pénal, encore en vigueur. »

C'est cette assertion que nous voulons combattre.

La grève, avons-dit, est un droit, oui, mais ce droit n'est pas d'une autre nature que les autres droits. Il n'est pas au-dessus du code civil. Comme tout droit il est susceptible d'abus et peut engager la responsabilité de ses auteurs.

Tel est le point que nous examinerons dans la première partie de cette étude en envisageant successivement la situation des *grévistes eux-mêmes* et la situation des *tiers intervenants*, spécialement des *syndicats*.

Dans la seconde partie nous examinerons le cas où les ouvriers se mettent en grève au mépris d'un engagement qui les lie au patron ou, si l'engagement est à durée indéterminée, sans l'observation des délais de préavis. Nous nous demanderons si une grève faite dans ces conditions est une rupture ou au contraire une suspension du contrat de travail et si, *en tout cas* elle ne rend pas l'ouvrier passible de dommages-intérêts envers son patron et ne laisse pas ce dernier libre, la grève terminée, de refuser de reprendre l'ouvrier à son service.

1. Questions pratiques de législation ouvrière, 1910, p. 329. La Grève et le Droit.

2. Crouzel. Coalitions et Grèves, 1887, p. 512 et s.

Ces deux problèmes élucidés, nous plaçant au point de vue des contrats qui lient le patron avec les tiers, nous nous demanderons si la grève peut être ou non envisagée comme un cas de force majeure qui dispense le patron de leur accomplissement. Procédant par ordre de complexité nous étudierons d'abord le problème par rapport à un contractant quelconque ; cette étude faite, il nous sera plus facile d'aborder notre hypothèse où celui-là même qui invoque la grève comme cas de force majeure est précisément celui dont les ouvriers se sont mis en grève.

Sur toutes ces questions difficiles en elles-mêmes et auxquelles trop souvent se sont mêlées des préoccupations politiques, nous nous efforcerons d'observer une impartialité absolue ne voulant être d'aucun autre parti que celui de la légalité et de la justice.

Première Partie

Responsabilité résultant du Droit de Grève
Abus du Droit

CHAPITRE PREMIER

Grévistes seuls

Des ouvriers ne pouvant obtenir une augmentation de salaire qu'ils estiment justifiée ou une amélioration aux conditions de travail qu'ils pensent équitable se mettent en grève, afin d'arracher par la force ce qu'on n'a point voulu leur accorder de plein gré.

Un patron après avoir vainement tenté d'établir une discipline parmi ses ouvriers, se décide à fermer ses usines afin de les contraindre à plus de sagesse.

Ces ouvriers en se mettant en grève, ce patron en prononçant un lock-out ont usé de moyens éminemment préjudiciables à l'adversaire.

Cependant, aucun doute que ni les ouvriers ni le patron n'ont encouru aucune responsabilité ni pénale ni civile. Pour être responsable, en effet, il ne suffit pas d'avoir nui même volontairement à autrui, il faut de plus nécessairement avoir commis une faute.

C'est le principe proclamé par l'art. 1382 c. civ. « Tout fait quelconque de l'homme qui cause à autrui un dommage, oblige celui par la *faute* duquel il est arrivé à le réparer », principe bien connu dont la jurisprudence tire chaque jour des applications extrêmement intéressantes et variées.

Or, il n'y a pas faute *en principe* dans le fait de se mettre en grève puisque, depuis l'abrogation par la loi du 25 mai 1864 des anciens articles 414 et 415 du code pénal qui punissaient la coalition, la grève, nous l'avons vu, est devenue un droit, et qu'il ne saurait y avoir faute à user *normalement* d'un droit.

Cette même loi édicte un article 414 et un article 415 nouveaux qui ne punissent plus la coalition même aboutissant à la grève, mais répriment les violences, voies de fait, menaces ou manœuvres frauduleuses qui auraient été exercées à cette occasion.

Un premier point est certain : Les grévistes qui ont usé d'un de ces moyens illicites doivent *toujours* des dommages-intérêts.

Mais peuvent-ils aussi en devoir même si leurs agissements échappent à l'application de la loi pénale ? Tel est le point délicat que nous examinerons.

Toutes les fois, disons-nous, qu'un gréviste ou un non gréviste, peu importe, l'article 414 ne faisant aucune distinction, se sera rendu coupable de violences, de voies de fait, de menaces ou de manœuvres frauduleuses, ce que nous supposons établi en fait — et il n'entre pas dans le cadre de cette étude de déterminer le sens précis de chacun de ces mots, — il y a délit pénal. Qu'est-ce à dire ? Cela signifie que, la loi pénale considère qu'il y a une faute et une faute assez grave au point de vue social pour qu'une peine soit nécessaire.

Prétendre qu'il y a délit pénal sans que, si une personne en éprouve préjudice, il y ait en même temps délit civil à son encontre, serait un non-sens juridique : ce serait affirmer qu'une faute grave peut n'être pas une faute. Aussi le principe est-il général et absolu et, sur ce point, aucune exception ne se peut concevoir: *toutes les fois qu'un fait quelconque constitue un délit au point de vue pénal il constitue par cela même un délit au point de vue civil, lorsque, bien entendu, quelqu'un en éprouve un préjudice.*

Faisant l'application du principe à la matière qui nous occupe nous dirons: toutes les fois qu'un ouvrier a été condamné pour violences, voies de fait, etc... il sera *nécessaire-ment* passible de dommages-intérêts.

Mais envers qui ? Là est la difficulté.

Diverses personnes se trouvent en présence :

1° Le ou les ouvriers victimes directes de la violence ;

2° Les ouvriers qui, par suite de la grève n'ont pas pu travailler, l'usine ayant dû fermer, et qui, de ce fait, ont perdu leurs salaires ;

3° Le patron obligé de fermer l'usine par suite de la défection de ces ouvriers victimes de la violence ;

4° Le consommateur, par exemple le théâtre mis dans l'impossibilité de donner sa représentation par suite d'une grève des électriciens.

Toutes ces personnes, à des titres divers, subissent les conséquences de la violence qui a amené la grève. Ont-elles toutes droit à des dommages-intérêts ? Telle est la question que nous devons examiner.

Efforçons-nous tout d'abord de poser les principes aussi nettement que possible.

En matière de contrat, aux termes de l'art. 1151 c. civ. « Dans le cas même où l'inexécution de la convention résulte du dol du débiteur », (c'est-à-dire même dans l'hypothèse la plus défavorable), « les dommages et intérêts ne doivent comprendre à l'égard de la perte éprouvée par le créancier et du gain dont il a été privé, *que ce qui est une suite immédiate et directe de l'inexécution de la convention* ».

Semblable restriction n'ayant point été établie par l'art. 1382 c. civ. en matière de délits, nous sommes autorisés, de par le fait de cette omission trop importante pour n'être pas volontaire, à affirmer que celui qui s'en est rendu coupable est responsable, à l'égard de la victime, de toutes les consé-quences de son acte, *même des conséquences indirectes*.

S'ensuit-il de là que tout individu ayant souffert *même indirectement* du préjudice puisse être considéré comme ayant le droit d'en obtenir la réparation ?

M. Wahl (1) prétend que la question est toute différente car, dans le premier cas nous nous demandons jusqu'à

1. Revue trimestrielle 1908 p. 613. De la responsabilité civile en ma-tière de grève à propos de la grève des électriciens.

quel point réparation est due à la victime tandis que, dans le second cas, nous recherchons quelles personnes peuvent prétendre à cette réparation.

La question est autre, nous ne le contestons pas, mais nous croyons qu'elle est liée si intimement à la première que, à moins d'un texte formel qui résoudrait la question en sens contraire, — texte qui, bien entendu, n'existe pas — nous sommes amenés logiquement à assimiler la seconde difficulté à la première.

En effet, lorsqu'une personne est condamnée à l'égard de la victime à réparer *même les conséquences indirectes* du délit ou du quasi-délit dont elle s'est rendue coupable, on la tient pour responsable, quelque onéreux que cela puisse être pour elle, d'une situation qui eût pu exister pour un motif autre, par exemple par cas fortuit.

Le législateur, à tort ou à raison, a voulu placer la victime d'un acte délictueux dans la même situation où elle se fût trouvée si aucune faute n'avait été commise.

Or, lorsque la victime indirecte d'un délit ou d'un quasi-délit, demande la réparation du préjudice qui lui a été causé, fait-elle autre chose que demander à être remise dans la même situation où elle se fût trouvée si aucune faute n'avait été commise ?

En quoi sa situation est-elle moins favorable que celle de la victime directe d'un délit ou d'un quasi-délit agissant en réparation des conséquences indirectes ?

Mais on veut nous démontrer que notre système aboutit à l'absurde. Supposez, disent nos adversaires, que, par suite de violences exercées à l'encontre d'ouvriers, une usine d'électricité se trouve contrainte d'arrêter le travail. Un théâtre qui n'a pas d'éclairage de fortune est dans l'impossibilité de donner sa représentation.

La représentation n'ayant pu avoir lieu, un artiste perd son cachet. Il ne peut payer son boulanger à qui il devait une note importante, celui-ci tombe en faillite, etc., car ce petit jeu pourrait continuer indéfiniment.

Le boulanger, en l'espèce, pourra-t-il demander des dommages-intérêts aux auteurs de la violence ? Non, évidemment.

Que devient alors le principe que nous avons posé plus haut ?

Remarquons, avant de répondre à la question, que l'on peut sans grand effort d'imagination, et parallèlement à la série de conséquences que nous venons de supposer, imaginer une série de conséquences indirectes chez la victime même du dommage, conséquences dont il serait non moins absurde de vouloir obtenir réparation.

Un ouvrier empêché par la violence de continuer son travail, et privé de ses salaires, vend, pour satisfaire aux nécessités de l'existence, une obligation représentant ses économies. Quelque temps après, cette obligation qui est à lot gagne 5oo.ooo francs. L'auteur de la violence sera-t-il responsable jusqu'à concurrence de cette somme sous prétexte que, sans cette violence, l'ouvrier aurait pu travailler, qu'il n'aurait pas été dans la nécessité de vendre son obligation, et enfin qu'il aurait à l'heure actuelle une fortune de 5oo.ooo francs ? Evidemment non.

Ainsi, l'objection de M. Wahl que, avec la théorie que l'auteur du délit est responsable *même envers les victimes indirectes* on aboutit à des conséquences absurdes, ne paraît pas fondée, puisqu'il est tout aussi aisé d'aboutir à des conséquences absurdes avec la théorie, que nul ne conteste cependant, que réparation est due à la victime même des dommages indirects dont elle a souffert.

On voit combien semblable argumentation a peu de valeur.

Cependant nous ne pouvons nous contenter d'une réponse aussi vague et il nous faut préciser à quelle conséquence indirecte devra s'arrêter la responsabilité de l'acte délictueux ou quasi-délictueux.

Le criterium que nous croyons pouvoir poser et qui est établi par analogie avec celui établi par M. Ripert (1) en matière de responsabilité dérivant de l'exercice du droit de propriété, est le suivant : Si la conséquence est de telle nature que la victime indirecte dût *normalement* (nous ne disons pas « nécessairement ») en souffrir, réparation est

1. Cours de Droit civil approfondi pour le Doctorat, 1909-1910. Faculté de Droit d'Aix.

due ; mais si, au contraire, *normalement* il ne devait pas y avoir de dommage, ce dommage dont la faute a été ainsi non la cause mais l'occasion ne doit pas être réparé.

Appliquons ce principe au cas qui nous occupe : Une grève amenée par la violence se produit parmi les électriciens. Le patron a-t-il droit à des dommages-intérêts ? Oui, presque toujours, parce que *normalement* il est sinon impossible du moins très difficile d'embaucher immédiatement un personnel nouveau et qu'ainsi c'est bien la violence qui est la cause originaire du dommage. Il en serait autrement si, en fait, et par exemple parce que la grève n'était que partielle il était démontré que le patron eût pu sans difficulté se procurer les ouvriers qui manquaient ; dans ce cas, il serait mal venu à prétendre que la violence est cause de la grève puisqu'il eût pu néanmoins l'éviter.

La grève venant à se produire, un théâtre ne peut donner sa représentation. Peut-il demander des dommages-intérêts à l'auteur de la violence ? Oui, à moins qu'il ne soit prouvé que malgré cette violence la grève eût pu être évitée et à moins qu'il ne soit d'usage que les théâtres aient une installation double d'éclairage auquel cas la conséquence produite par le manque d'électricité serait *anormale*.

De même pour l'artiste qui n'a pas pu jouer par suite de la grève : Il ne peut obtenir de dommages-intérêts de l'auteur de la violence qu'en prouvant successivement que la grève a été une *conséquence normale* de la violence, que l'impossibilité de donner la représentation a été une *conséquence normale* de la grève et enfin, mais en fait le dernier point ne souffre pas difficulté, que c'est par suite de l'impossibilité pour le théâtre de jouer qu'il a *normalement* perdu son cachet.

Il en serait de même à l'infini, les chances de succès du plaignant diminuant à chaque degré nouveau.

Supposons que la chaîne soit interrompue à un moment donné, celui-là seul sera responsable vis-à-vis des suivants qui ne pourra pas prétendre que son acte a été une conséquence normale du précédent.

Ainsi, s'il est démontré que, malgré la violence, le patron aurait pu, sans se heurter à des difficultés trop considérables, éviter la grève, lui seul sera responsable de cette grève et de ses suites ; de même le théâtre serait seul responsable envers ses artistes, si l'on prouvait qu'il eût dû normalement pouvoir donner sa représentation malgré la grève d'électricité.

Un principe découle de nos explications : *Toutes les fois qu'une victime indirecte d'un délit se retournant contre l'auteur immédiat se verra repousser par l'exception de force majeure elle pourra remonter au degré supérieur et ainsi de degré en degré jusqu'à l'auteur responsable.*

En fait il ne semble pas que pratiquement les recours de ce genre aient été nombreux. Cela se comprend : d'une part la difficulté de la preuve peut être très considérable, d'autre part, le plus souvent on se heurte à l'insolvabilité du coupable.

Le tribunal de Toulouse (1) admet comme nous la possibilité des recours du patron : « Empêcher un ouvrier, dit-il, de se rendre au travail, c'est bien commettre un délit dont l'ouvrier est directement la victime ; mais il est d'évidence que le patron privé de cet auxiliaire qui se serait rendu chez lui, a subi par cela même un dommage ».

M. Wahl (2) pose en principe qu'il n'est jamais dû réparation que du préjudice direct causé par l'acte illicite. Dans l'hypothèse de violences ou de menaces exercées sur les ouvriers pour les empêcher de travailler, « si les ouvriers subissent un dommage direct, les chefs d'entreprise ne sont lésés *qu'indirectement*, non par les violences ou les menaces, qui ne sont pas exercées sur eux, mais par l'attitude ultérieure des ouvriers violentés ou menacés ».

Par contre, dans l'hypothèse de grève abusive, la suspension du travail « a été le but et l'effet direct de la grève ; par suite, tous ceux qui participaient à l'industrie, les ouvriers comme le patron, ont été lésés directement par la grève ».

Aussi, dans la première hypothèse les patrons sont-ils

1. Toulouse 20 juill. 1896, Journal du Palais 98, 1, 17.

2. Article précité.

sans droit à des dommages-intérêts tandis qu'au contraire, dans la seconde hypothèse, ce droit leur appartient.

En revanche, les consommateurs n'étant jamais que des victimes indirectes n'ont jamais droit à des dommages-intérêts de la part des promoteurs de la grève.

Nous n'avons pas à rechercher s'il est exact que le patron soit une victime indirecte dans la première hypothèse et, au contraire, une victime directe dans la seconde hypothèse : contentons-nous de remarquer qu'une telle distinction paraît pour le moins subtile.

Nous nous sommes efforcé déjà d'établir que cette distinction n'a pas de raison d'être et que la victime indirecte elle-même peut obtenir réparation du préjudice qui lui est causé.

Il est donc acquis que lorsque des menaces ou des violences ont été exercées à l'encontre d'un ouvrier, ce n'est pas seulement cet ouvrier qui peut en obtenir réparation mais tous ceux qui en ont éprouvé préjudice.

Nous verrons plus loin qu'en cas d'abus du droit de grève la responsabilité des grévistes est engagée. Envers qui ? La solution est identique et, dans ce cas pas plus que dans celui que nous venons d'étudier, il n'y a lieu de faire une distinction entre les conséquences directes et les conséquences indirectes.

Des dommages-intérêts étant nécessairement dus, nous avons vu à qui, toutes les fois que le fait incriminé tombe sous l'application de la loi pénale il n'est pas douteux que, avant l'abrogation de l'article 416 du Code pénal par la loi du 21 mars 1884 les amendes, défenses, proscriptions, interdictions prononcées par suite d'un plan concerté donnaient lieu à des dommages-intérêts.

Mais depuis que cet article a été abrogé, semblables faits tombent-ils encore sous l'application de la loi pénale. A défaut de l'art. 416 tombent-ils sous l'application de l'art. 414 c. pén. qui punit notamment les menaces ?

La question est fort intéressante et très discutée, mais nous ne pourrions en faire une étude approfondie sans excéder les limites que nous nous sommes tracées. Contentons-nous de résumer très succinctement la controverse.

La Cour de. Grenoble (1) dans son arrêt du 23 oct. 1890 s'était exprimée ainsi :

« Attendu, sans avoir à rechercher quelle est la véritable signification du mot « menace » introduit par le législateur du 25 mai 1864 dans l'art. 414 c. pén. qu'il faut tout au moins entendre par cette expression des moyens coupables tendant à agir violemment ou frauduleusement sur la volonté de l'ouvrier ou sur celle du patron, et qu'on ne saurait qualifier ainsi de simples menaces de coalition et de mise à l'interdit, puisque la coalition et la mise à l'interdit n'ont par elles-mêmes rien d'illicite ».

La Cour de Cassation cassa cet arrêt, mais sans avoir eu à se prononcer sur le point spécial que nous indiquons, la seule question portée devant elle étant celle de savoir si le syndicat avait encouru une responsabilité civile.

Mais M. le procureur Roujat (2) avait tenu à répondre à cette argumentation qu'il estimait illégale et il tenait le langage suivant :

« L'arrêt dit encore qu'en exigeant le renvoi de Joost sous la menace d'une grève, le syndicat n'a pas commis le délit prévu et puni par l'art. 414 c. pén. toujours en vigueur. L'affirmation paraît quelque peu téméraire, si l'on se reporte à l'arrêt rendu par votre chambre criminelle le 5 avril 1867 dans une espèce à peu près identique à l'espèce actuelle. A cette époque, les ouvriers imprimeurs sur étoffes de Saint-Denis s'étaient concertés pour exiger de leur patron le renvoi d'un de leurs camarades, sous la menace d'une cessation de travail. L'arrêt du 5 avril 1867 décide que ces faits constituent le délit prévu et puni par l'art. 414 c. pén. ».

Plus récemment, M. l'avocat général Desjardins dans son rapport qui a précédé l'arrêt de cassation (3) du 9 juin 1896 s'exprimait dans le même sens :

« Aux termes d'un arrêt rendu le 5 avril 1867 par votre chambre criminelle, les menaces dont l'emploi pour ame-

---

1. Grenoble, arrêt 23 oct. 1890, Journal du Palais 1893, 1, 41.

2. Id., p. 47.

3. Cass. civ, 9 juin 1896, Journal du Palais 1897, 1, 25.

ner ou maintenir une cessation concertée du travail en vue
d'une hausse ou d'une baisse de salaires ou d'une atteinte au
libre exercice du travail ou de l'industrie, sont réprimées
par l'art. 414 c. pén. ne sont pas seulement les menaces de
voies de fait caractérisées par les art. 305 et s. du même
code, mias toutes celles qui peuvent aboutir à l'un de ces
résultats ; par suite, les ouvriers qui, par la ʼmenace d'une
désertion de l'atelier adressée au patron et suivie d'une
grève, obtiennent le congédiement d'un de leurs camarades,
mis en interdit par un comité directeur, commettant le
délit prévu par cet article 414 ».

L'arrêt (1) du 5 avril 1867 est en effet absolument formel
sur ce point :

« Attendu, dil-il, que l'art. 314 susénoncé, n'ayant pas
défini les menaces qu'il punit, a laissé nécessairement à ce
mot sa signification naturelle ; que la généralité de ses termes, aussi bien que son esprit révélé par les documents
législatifs, ne permettent pas de l'interpréter à l'aide de dispositions destinées à punir des délits d'un caractère spécial ; que les art. 305 et suiv. c. pén. ne sauraient dès lors,
régir d'autres faits que ceux qu'ils ont prévus ;

Que le pourvoi objecte en vain que les menaces ne sont
punissables que quand elles sont accompagnées de voies de
fait ou d'une interdiction de travail ;

Que les menaces, comme les voies de fait, sont des
moyens à l'aide desquels on se rend coupable d'une atteinte
grave à la liberté du travail et de l'industrie punie par
l'art. 414, et que chacun de ces moyens, employé séparé-
ment, constitue le délit puni par cet article ».

Un arrêt de la Cour de Paris (2) du 5 février 1901 a adopté
cette manière de voir, mais nous croyons qu'il est resté à
peu près isolé.

Telle n'est pas, en effet, l'opinion générale. A quoi bon
avoir supprimé l'art. 416 c. pén. si cette suppression n'a-
mène aucun résultat pratique ? Et, d'autre part, comment
des faits tombant sous l'application d'un article du code

1. Cass. crim. 5 avril 1867, Journal du Palais 1867, p. 539.

2. Cour de Paris 5 février 1901, Journal du Palais 1902, 11, 277. —
Même sens, trib. corr., Vienne 7 juin 1900, Gaz. trib. 21 juin 1900.

pourraient-ils en même temps tomber sous l'application d'un autre article beaucoup plus rigoureux.

C'est pourquoi, sans nous attarder davantage à cette discussion, nous considérons comme exacte l'opinion de M. Garraud (1) le savant criminaliste : « La simple interdiction de travail ayant fait l'objet de prévisions spéciales dans l'art. 416 aujourd'hui abrogé, il ne faudrait plus » (est-ce à dire qu'avant l'abrogation de l'art. 416 par la loi du 21 mars 1884 une solution différente dût être admise ? C'est ce que nous ne saurions admettre) « considérer, comme rentrant dans les termes de l'art. 414, les faits que punissait l'art. 416. Par conséquent, menacer des ouvriers de les priver de travail, s'ils n'entrent pas dans tel syndicat, menacer un patron de la mise en interdit, s'il ne renvoie pas tel ouvrier, ce ne serait pas là une de ces menaces ou de ces manœuvres que l'art. 414 punit en cas de grève ».

Ainsi les faits que punissait autrefois l'art. 416 c. pén. ne tombaient pas sous l'application de l'art. 414 du même code, en sorte que l'abrogation de cet art. 416 a eu pour résultat de permettre que ces faits échappent désormais à toute répression *pénale* (2).

Echappent-ils également nécessairement à toute répression civile ?

En d'autres termes, en dehors de toute répression pénale, existe-t-il un abus du droit de grève et en quoi consiste cet abus ? C'est ce que nous devons maintenant rechercher.

Supposons que des ouvriers dans un but anarchique et sans poursuivre aucun intérêt professionnel se mettent en grève ou encore que, sans aucun grief légitime, ils mettent le patron, sous menace de grève, en demeure de renvoyer tel contremaître, ou tel ouvrier. Le second cas est exactement semblable au premier si le patron refuse de se plier à leurs exigences puisqu'alors la condition qu'ils exigent pour reprendre le travail n'est en fait pas accompli.

1. Garraud, Droit pénal, 2ᵉ édit., t. VI, p. 112, in fine.

2. En sens contraire, V. Thaller dans Revue critique de législ., 1884, pp. 390-391.

Dans l'un comme dans l'autre cas, nous nous trouvons en présence d'une grève faite en dehors d'un intérêt professionnel : Le patron a-t-il le droit de demander des dommages-intérêts ?

Nous venons de supposer que le patron mis en demeure d'opter entre la grève et le renvoi injuste de son contremaître préfère la grève et nous nous sommes demandé s'il avait un recours contre les grévistes. Mais il se peut fort bien aussi que le patron cédant à la menace n'hésite pas à sacrifier le contremaître contre qui, par hypothèse, n'existe aucun grief légitime.

Le contremaître brutalement jeté à la porte a-t-il le droit de réclamer des dommages-intérêts à son patron? Nous examinerons cette question plus loin, dans la deuxième partie de notre étude.

A-t-il le droit de réclamer des dommages-intérêts aux ouvriers qui ont exigé et obtenu son renvoi ?

On comprend que cette question soit connexe avec celle de savoir si le patron aurait eu le droit de demander des dommages-intérêts au cas où, à la suite de son refus, la grève eût été déclarée.

Il est évident en effet que dans l'un comme dans l'autre cas le problème est de savoir si, et dans le cas de l'affirmative dans quelle mesure, des ouvriers en dehors de tout délit pénal peuvent être considérés comme étant en faute. Nous pouvons donc sans inconvénient étudier à la fois l'un et l'autre aspect du problème.

Afin de bien comprendre la question, il est nécessaire que nous sachions dans quelle hypothèse pratique elle s'est présentée devant la Cour de cassation.

Le 20 février 1893, à Nantes, les ouvriers du nommé Legal au nombre de treize, remirent à leur patron une lettre dans laquelle ils se plaignaient du chef d'équipe Monnier, déclarant que leur patience était à bout, et demandant son renvoi. Ils ajoutaient qu'ils ne rentreraient dans les ateliers qu'après le renvoi de Monnier. Celui-ci congédié par le patron se vit contraint d'aller chercher du travail à Saint-Nazaire où sa famille le rejoignit. A la suite de ces faits Monnier assigna le sieur Renaud l'un des signataires de la lettre et son principal instigateur, d'après lui, en 2.000 fr. de dommages-intérêts.

Le 7 février 1894 le tribunal civil de Nantes rendit un jugement déboutant Monnier de sa demande avec les attendus suivants :

« Attendu qu'il est manifeste que les ouvriers ont subordonné la reprise du travail au renvoi de Monnier, mais qu'en admettant que ce fait constitue de leur part un plan concerté et un refus de travail sous condition, il est constant qu'il n'a été exercé vis-à-vis du patron ni violences, ni menaces ;

Attendu que la loi du 21 mars 1884, en abrogeant l'art. 416 c. pén. a rendu licites les actes de cette nature, sans distinction de mobile, que substituer des responsabilités civiles aux pénalités abrogées serait aller contre le vœu de la loi...

Attendu que l'exercice d'un droit ne peut donner lieu à des dommages-intérêts, alors même qu'il causerait préjudice à autrui, qu'il est dès lors oiseux de rechercher la part prise par Renaud dans la manifestation collective dont s'agit, et que la preuve offerte sur ce point à l'appui de la demande est non pertinente et admissible. »

Sur l'appel de Monnier, la Cour de Rennes par arrêt du 21 juillet 1893 confirma par adoption de motifs.

La Cour de cassation (1) appelée à se prononcer cassa l'arrêt de Rennes, attendu, disait cet arrêt, que depuis l'abrogation de l'art. 416 c. pén. les menaces de grève adressées, sans violences ni manœuvres frauduleuses, par des ouvriers à leur patron, en suite d'un plan concerté, sont licites quand elles ont pour objet la défense d'*intérêts professionnels* ;

Attendu, néanmoins, qu'elles peuvent encore constituer une faute, obligeant ceux qui l'ont commise à la réparer, quand, inspirées par un pur esprit de malveillance, elles ont eu pour effet d'imposer au patron un renvoi qu'aucun grief sérieux ne pouvait motiver ;

Attendu qu'il résulte des constatations de l'arrêt attaqué que les ouvriers de Legal lui ont en cessant le travail, demandé par lettre le renvoi de Monnier, chef d'équipe, et

1. Trib. civ. de Nantes, 7 fév. 1894. — C. de Rennes, arrêt du 21 juill. 1894. — Cass. 9 juin 1896 J. P. 1897. 1, 25.

qu'ils ne sont rentrés à l'atelier que lorsque celui-ci a été effectivement congédié ; que Monnier a assigné en réparation du préjudice qu'il disait avoir éprouvé, Renaud, l'un des signataires de la lettre, et qu'il a offert de prouver la réalité et l'étendue du dommage qu'il avait souffert, l'inanité des griefs invoqués contre lui, et la responsabilité de Renaud, qu'il accusait d'être l'instigateur de la menace de grève à laquelle avait cédé le patron ;

Attendu que pour repousser sa demande, l'arrêt attaqué, sans rechercher si Renaud n'avait poursuivi, comme il le prétendait, qu'un *intérêt professionnel*, ou bien, au contraire, comme le soutenait le demandeur, s'il avait obéi à un sentiment de malveillance injustifiée, s'appuie sur ce seul motif que ledit Renaud n'a fait qu'user d'un droit absolu ; qu'en statuant ainsi, il a formellement violé l'article susvisé ; — Casse, etc.., »

Ainsi la Cour de Cassation pose les principes suivants :

1° La mise à l'index, depuis l'abrogation de l'art. 416 c. pén. est en principe licite ;

2° Elle peut exceptionnellement cesser de l'être ;

3° C'est ce qui se produit chaque fois que la mise à l'index est prononcée dans un intérêt autre que professionnel : En ce cas, en effet, il y a abus du droit.

Il nous faut examiner et discuter chacune de ces propositions et tout d'abord le principe que la mise à l'index, depuis l'abrogation de l'art. 416 c. pén., est en principe licite.

M. Wahl le fait remarquer avec juste raison : Sans doute la loi pénale et la loi civile n'ont pas nécessairement le même domaine, mais la grève abstraction faite de l'art. 416 du code pénal n'a jamais été une faute. Elle n'est que l'exercice de la liberté individuelle.

C'est le principe que nous avons posé au début même de cette étude et c'est pourquoi nous n'insisterons pas sur ce point.

Mais, si la mise à l'index est devenue en principe un droit, elle peut, avons-nous dit, exceptionnellement cesser d'être un droit et être la source de dommages-intérêts.

Lors de la discussion au Sénat de la loi du 21 mars 1884

sur les syndicats professionnels qui a abrogé, nous le savons, l'art 416 du code pénal, M. Marcel Barthe (1), dans la séance du 28 janvier 1884, a indiqué, il est vrai, que, si l'article 416 du code pénal était abrogé, les faits qu'il punissait ne donneraient plus lieu même à une action en responsabilité civile : « L'honorable Ministre de l'intérieur, dit-il, nous fait encore cette objection : quels sont les actes que vous pouvez invoquer en dehors des faits délictueux, prévus par l'art. 414 ? Si l'art. 416 est abrogé, j'avoue qu'il n'y aura pas d'autres faits d'atteinte au libre exercice de l'industrie et du travail que l'on puisse incriminer. Il faut même aller plus loin et reconnaître que les actes dommageables mentionnés par cet article ne pourront pas donner lieu à une action civile en indemnité...

« Sans doute, l'art. 1382 c. civ. dispose que tout fait quelconque de l'homme qui occasionne un préjudice oblige celui par la faute duquel il est arrivé à le réparer ; mais vous savez que ce qui a été fait en vertu d'un droit ne peut pas donner lieu à une action en réparation civile. »

Mais, M. Barthe étant un des adversaires les plus ardents de la loi du 21 mars 1884 n'a pu examiner, sans un certain parti pris, les conséquences de l'abrogation de l'art. 416 du code pénal.

En tout cas, l'opinion qu'il soutient est erronée, nous le démontrerons plus loin en justifiant la théorie de l'abus du droit.

C'est ce que déclarait M. Trarieux (2) à cette même tribune du Sénat dans la séance du 19 juin 1891 à propos de l'arrêt de Grenoble du 23 octobre 1890, arrêt que nous retrouverons à propos de la responsabilité des syndicats et qui fut d'ailleurs depuis cassé par arrêt de la Cour de cassation du 22 juin 1892.

Cet arrêt soutenait que depuis l'abrogation de l'art. 416 c. pén. la mise à l'index ne pouvait plus constituer ni un délit pénal ni un délit civil.

Or voici comment s'exprime M. Trarieux :

1. Journ. off. Sénat, déb. parl. janv. 1884, p. 193.

2. Journ. Off. Sénat déb. parl. juin 1891, p. 429.

« Cet arrêt se trompe. L'abolition de l'art. 416 sur les coalitions n'a pas fait sombrer les principes du droit civil. Il y a un article 1383 au code civil qui continue à régir les quasi-délits et à déterminer les conditions dans lesquelles la réparation d'un préjudice résultant d'une faute peut s'effectuer. Les ouvriers syndiqués avaient-ils commis un préjudice en exerçant une intimidation morale sur le patron pour l'engager à priver de travail leur malheureux camarade ? La démarche faite par ce syndicat était-elle abusive? Personne ne peut le contester... »

C'est dans le même sens que M. Trarieux que s'exprime M. le conseiller Durand (1), à la Cour de cassation, dans cette même affaire :

« Cesser de considérer un fait comme délictueux, dit-il, n'est pas par là même le rendre licite au regard de la loi civile et défendre de le considérer désormais comme une faute pouvant engendrer une action en dommages-intérêts. L'abrogation de l'art. 416, c. pén., n'a donc pas pour conséquence de soustraire les actes qu'il punissait à toute discussion et d'interdire de considérer ces actes, *tout au moins dans certaines circonstances*, comme constitutifs d'une faute ».

Nous nous rangeons sans hésiter à l'opinion soutenue par M. Trarieux et par M. le conseiller Durand.

Pour nous, en effet, la grève est un droit; mais ce droit est comme tout autre susceptible d'abus, et cet exercice abusif du droit de grève engage la responsabilité de ses auteurs.

Il nous faut donc exposer succintement et justifier la théorie de l'abus du droit, établir le criterium de l'abus d'une manière générale, puis, d'une manière spéciale, appliquer ce criterium à la grève et voir alors si le résultat auquel nous serons parvenus est conforme à la théorie de l'arrêt relaté ci-dessus et s'il répond enfin aux desiderata de la pratique.

M. Planiol (2) proteste contre l'expression d'abus du droit : « Les jurisconsultes et les législateurs modernes, dit-il, ont une tendance à considérer l'usage d'un droit comme

---

1. J. P. 1893, 1, 48, sous cass., 22 juin 1892.

2. Traité de Dr. civil, t. II, n° 909, p. 269.

pouvant devenir un abus et par suite constituer une faute. On parle volontiers de l'usage abusif d'un droit, comme si ces deux mots avaient un sens clair et certain.

« Mais il ne faut pas en être dupe : *le droit cesse où l'abus commence*, et il ne peut pas y avoir usage abusif d'un droit quelconque, parce qu'un même acte ne peut pas être *tout à la fois conforme et contraire au droit.*

« Ce qui a provoqué un pareil langage, c'est que la plupart des droits ne sont pas absolus ; ils ont, au contraire des limites, au delà desquelles leur titulaire perd la faculté d'agir et doit être considéré comme étant sans droit. Il peut donc y avoir abus dans la conduite des hommes, non pas quand ils *exercent* leurs droits, mais quand ils les dépassent. Au fond, il y.a donc ici une idée juste ; sa formule seule est inexacte ».

S'il n'y avait là qu'une querelle de mots, nous n'insisterions pas davantage sur ce point, mais l'intérêt de la question est considérable. Il consiste en ceci : ceux qui considèrent que la responsabilité n'est engagée que lorsque l'auteur du fait dommageable est sorti de son droit — et il est bien entendu que nous considérons d'ailleurs ce droit comme relatif — doivent logiquement refuser aux tribunaux, à défaut d'un texte formel, la faculté de demander compte au titulaire d'un droit, de l'usage qu'il en fait. Si l'on reconnaît au contraire la légitimité de cette intervention on dira comme M. Porcherot (1) :

« La responsabilité ne naît pas du fait que j'ai excédé les limites de mon droit, puisque je l'exerce tel qu'il est établi par la loi et que je reste dans les limites qui lui sont assignées par des règles positives ; la responsabilité naît d'autre chose, par exemple d'un élément subjectif au cas de droit exercé avec l'intention de nuire ».

Ainsi, en définitive, le nœud de la difficulté est ceci : Le juge a t-il le droit de s'enquérir de la moralité de l'acte ? Peut-il à l'appréciation objective du fait mêler une appréciation subjective ?

« En entrant ainsi dans la recherche des intentions, écrit

1. De l'abus du droit, thèse, Dijon, 1901-1902, p. 106.

M. Esmein, (1) en professant qu'un droit malicieusement
exercé, quoique sans aucune manœuvre dolosive, peut donner lieu à des dommages-intérêts, on subtitue, nous le
craignons, la *faute morale* à la *faute juridique*, et on transforme nos juges en censeurs ».

Que cette théorie de l'abus du droit fasse rentrer la morale dans le domaine du droit, nous nous garderons bien de le
contester, car c'est là précisément son mérite.

Grâce à cette notion d'abus du droit, le juge peut empêcher d'accomplir certains actes nuisibles sur lesquels il eût
sans cela été sans pouvoir et qui eussent pu, sans elle, se
placer impudemment sous l'égide du droit. Il nous semble
que la société ne peut que gagner à cet épurement de l'idée
de droit.

Quant au reproche de confondre le droit et la morale, il
ne serait admissible que s'il y avait une barrière infranchis-
sable entre les deux notions. Mais, c'est en vain qu'on cher-
che à établir exactement cette distinction. Suivant l'observation judicieuse de M. Gide, (2) « quand une obligation
morale est acceptée de tous, ou quand on sent la nécessité
de lui donner une sanction, elle change de nom et s'appelle
la loi ».

Mais ne risquons-nous pas, dans le but louable d'empêcher les mauvaises actions qui voudraient s'abriter sous le
couvert du droit, de livrer tous nos actes à l'arbitraire du
juge qui deviendra alors un « censeur » ?

Certains l'ont pensé (3), mais tel n'est pas notre sentiment.

Nous ne croyons pas que cette détermination du caractère abusif du droit soit, ainsi que d'aucuns l'ont prétendu,
hérissée de difficultés, car, ce que nous voudrions du juge,
ce n'est pas une appréciation personnelle sur le plus ou
moins de valeur morale de l'acte ; nous lui demandons uniquement de se pénétrer de *l'esprit de la loi* et de décider si

1. A. Esmein, en note sous cass., req. 5 juill., 1897, J. F. 1898, 1, 21,
2ᵉ col.

2. Morale sociale, p. 214. Justice et Charité.

3. Henry Michel. L'idée de l'Etat, p. 644.

l'auteur de l'acte a ou non visé un but social différent de celui qu'elle vise.

Par esprit de la loi nous entendons d'ailleurs, car la loi est en évolution continue, moins la conception même du législateur que celle parfois sensiblement différente que s'en font actuellement la doctrine et la jurisprudence.

M. Saleilles (1) nous paraît être dans le vrai lorsqu'il indique que la vraie formule « serait celle qui verrait l'abus du droit dans l'*exercice anormal du droit*, exercice contraire à la destination économique ou sociale du droit subjectif, exercice réprouvé par la conscience publique et dépassant par conséquent le contenu du droit, puisque tout droit, au point de vue social, est relatif, et qu'il n'y a pas de droits absolus, pas même la propriété ».

C'est, sous une autre forme, la même pensée qu'exprime M. Geny (2) : « Je suis quant à moi, plutôt porté à croire que l'on ne découvrira la mesure juste et vraie des droits individuels, qu'en scrutant leur *but économique et social*, et en comparant leur importance à celle des intérêts qu'ils contrarient ».

Pour nous, comme pour ces savants auteurs, l'abus du droit consiste à détourner un droit de sa destination normale. Pourquoi ? Tout simplement parce que user d'un droit hors des limites voulues par le législateur, n'est pas autre chose qu'agir contre la volonté de ce législateur, ce qui constitue au premier chef une faute. Il est, en effet, hors de doute que le législateur ne confère tel ou tel droit que guidé par tel ou tel motif d'ordre économique ou social. Le but qu'il se propose d'atteindre est le motif même de la concession du droit. Supprimez le but, vous supprimez du même coup le droit puisque le but était le motif même du droit.

Si, sous prétexte d'user d'un droit, je n'ai eu d'autre but que de nuire à autrui j'engage ma responsabilité. Quelle est la cause des dommages-intérêts dont je serai tenu ? Est-ce à proprement parler, l'intention malveillante dont j'étais

---

1. Etude sur l'obligation, 2ᵉ édit., p. 371.

2. Méthode d'interprétation et sources en droit privé positif, p. 544.

animé? Non, l'intention malveillante qu'en fait nous supposons établie, ce qui, bien entendu, peut donner lieu à de graves difficultés, n'est que le signe, la preuve que j'ai détourné le droit de ses fins sociales.

La véritable cause de ma responsabilité c'est précisément ce détournement d'un droit de ses fins sociales, fait non plus subjectif mais bien *objectif* puisqu'il existerait en soi, en dehors même de toute intention malveillante de ma part.

Voilà, si nous ne nous méprenons, ce qu'avait voulu dire le juge de paix suppléant du xᵉ arrondissement de Paris dans la décision rendue le 9 sept. 1908 dans l'affaire de la grève des électriciens, décision qui émanerait d'un tribunal trop modeste pour que nous nous en occupions, si M. Wahl n'en avait pris prétexte pour écrire sur la responsabilité des grévistes un article fort intéressant auquel nous avons déjà eu l'occasion de faire allusion.

Le juge de paix condamnait les ouvriers électriciens à payer des dommages-intérêts à un théâtre qui, par suite de leur grève, avait été dans l'impossibilité de donner sa représentation. Il était démontré en fait que cette grève n'avait eu pour eux aucun but économique et qu'ils ne l'avaient faite que comme une manifestation du prolétariat.

Le juge de paix définissait ainsi l'abus de droit. « Quiconque use d'un droit dans le seul but de nuire à autrui commet un acte illicite qui constitue un abus de droit, non pas à raison de l'intention qui l'inspire, mais par lui-même, parce qu'il constitue objectivement un fait anormal excessif, contraire à la destination économique et sociale du droit objectif... »

M. Wahl critique vivement cette définition : « Ce qui est inadmissible, dit-il, c'est de dire à la fois qu'un acte est illégitime quand il est fait *dans le seul but de nuire* à autrui et qu'il est alors illégitime non pas à raison de l'intention qui l'inspire, mais par lui-même. Il est difficile d'imaginer une contradiction aussi palpable. »

De contradiction il nous semble qu'il n'y en a pas et nous avons expliqué plus haut comment nous comprenions la chose,

M. Charmont (1), dont le juge de paix n'avait fait que reproduire la définition, partage entièrement notre manière de voir : « L'acte intentionnellement dommageable, dit-il, est un abus du droit, non pas à raison de l'intention qui l'inspire, mais par lui-même, parce qu'il constitue objectivement un fait anormal, excessif : il aurait le même caractère si l'auteur avait agi sans malveillance et n'avait été qu'imprudent. »

Maintenant irons-nous jusqu'à dire avec M. Saleilles que nous avons réussi « à matérialiser le délit civil, » à jeter « enfin par-dessus bord le côté psychologique du droit, » non, car le juge qui se demande s'il y a eu ou non détournement du droit, est bien obligé de rechercher les mobiles d'action de l'auteur de l'acte incriminé, mais, et c'est là le point essentiel, cette appréciation il la fait *non point d'après son opinion personnelle nécessairement arbitraire, mais objectivement par rapport à la destination sociale du droit.*

On voit que, dans notre conception, l'acte abusif a ce caractère *en lui-même et vis-à-vis de tout le monde*, et non pas seulement, lorsque l'abus résulte indirectement de l'intention de nuire, vis-à-vis de la personne contre laquelle on a eu cette intention malveillante.

C'est pourquoi, lorsque plus haut nous avons posé en principe que les grévistes devaient réparation, même à l'égard des victimes indirectes de leurs délits ou de leurs quasi-délits, de tout le préjudice causé par eux sans droit, nous n'avons pas cru devoir nous arrêter à cette objection de M. Wahl spéciale au cas d'abus du droit que « à l'égard des tiers qui souffrent de l'acte licite en lui-même, et devenu illicite par l'intention qui l'inspire, l'auteur de l'acte n'a pas eu cette intention malveillante. »

L'acte illicite parce qu'abusif n'a point d'après nous d'autre caractère que l'acte illicite parce que contraire à une loi.

Resterait à déterminer dans quels cas un droit est considéré comme détourné de sa destination normale : L'intention de nuire, le défaut d'intérêts, l'absence de motifs légi-

---

1. Revue trimestrielle de Droit civil 1902, p. 113, L'abus du droit par J. Charmont.

times, tels nous paraissent être les principaux points qui peuvent fixer la conviction du juge.

Mais n'oublions pas qu'en définitive celui-ci est souverain appréciateur.

Remarquons en passant que l'abus du droit tel que nous le concevons se rapproche singulièrement du détournement de pouvoir commis par un agent administratif. Pour l'agent administratif il y a illégalité, dit M. Moreau (1), lorsque ses pouvoirs « sont détournés, dans leur exercice, du but proposé par la loi ; lorsqu'ils sont employés pour servir les intérêts ou les passions de l'agent qui les exerce ; ou même, sans sortir du domaine administratif, lorsqu'ils sont employés en vue d'un but administratif autre que le but assigné par la loi à leur exercice ».

Et M. Moreau ajoute cette remarque très intéressante : « C'est l'application d'une idée plus générale : les droits ne sont conférés que comme des moyens d'accomplir une destinée et de remplir des devoirs ».

Nous sommes convaincu que la notion d'abus du droit est fondée sur la même idée et c'est pourquoi sans insister davantage, nous avons cru intéressant de signaler rapidement ce rapprochement.

Le raisonnement nous a conduit à cette solution générale que l'abus d'un droit consiste à le détourner de sa destination normale.

Appliquant cette solution à la matière qui nous occupe nous dirons : le motif qui a fait admettre la grève c'est de permettre à l'ouvrier de lutter plus efficacement contre son patron pour la défense de ses intérêts professionnels. Défense des intérêts professionnels, tel est donc le critérium pour savoir si un ouvrier abuse ou non de son droit de grève.

« C'est revenir, écrit M. Wahl, sur le principe adopté par les lois de 1864 et de 1884 et sortir à nouveau la grève du droit commun que de subordonner la légitimité de son exercice à l'existence d'un intérêt professionnel chez ceux qui la provoquent ».

Nous avons vu qu'il n'en était rien et qu'en réalité exiger

1. Droit administratif 1909 par M. Moreau, professeur à Aix, p. 1173 et la note.

des grévistes qu'ils agissent dans un intérêt professionnel n'est qu'une simple application des principes ordinaires du code civil.

Ce qui, par contre, sortirait la grève du droit commun ce serait, comme le propose M. Wahl, de poser ce principe d'une étroitesse injustifiable que l'ouvrier n'abuse de son droit que *s'il agit uniquement dans le but de nuire au patron.*

M. Wahl reconnaît d'ailleurs lui-même qu'ainsi compris l'abus du droit est presque sans application pratique : c'est peut-être le véritable motif de sa théorie.

La solution à laquelle nous a conduit le raisonnement est, nous l'avons remarqué, celle-là même admise par l'arrêt de cassation du 9 juin 1896 ci-dessus rapporté.

M. Wahl prétend que c'est par pure inadvertance que les mots « intérêt professionnel » ont été insérés dans le premier considérant de l'arrêt. Ce serait par un emprunt maladroit à un arrêt rendu par la même Chambre le 22 juin 1892 — que nous retrouverons plus loin — que l'erreur aurait été commise. La loi du 21 mars 1884 ne permettant pas aux syndicats d'agir en dehors d'un « intérêt professionnel », il était tout naturel d'employer cette expression dans une question où la responsabilité des syndicats était en jeu ; mais, en dehors de là, cette même expression n'a pas de raison d'être.

Ce qui, d'après M. Wahl, prouverait qu'il n'y a là qu'une simple erreur de rédaction et que c'est en réalité à la théorie qu'il soutient que se rallie la Cour de cassation, c'est que, dans le second considérant de notre arrêt, il est dit que les menaces de grève « peuvent encore constituer une faute, obligeant ceux qui l'ont commise à la réparer quand, *inspirées par un pur esprit de malveillance*, elles ont eu pour effet d'imposer au patron un renvoi ».

Il y aurait là une contradiction dans les attendus qui montrerait que la première formule n'a pas exactement rendu la pensée de la Cour de cassation.

C'est un moyen commode pour écarter un arrêt gênant que de supposer gratuitement des erreurs de rédaction. Remarquons tout d'abord que les expressions dont nous nous prévalons sont répétées dans un autre considérant.

Une erreur ainsi répétée, erreur portant sur le point essentiel du débat, et une contradiction de cette importance dans un même considérant (le dernier), cela dénoterait, on l'avouera, une singulière négligence de la part de la Cour de cassation. Pour admettre cette négligence extraordinaire il faudrait qu'il n'y eût pas possibilité de trouver une solution rationnelle. Or, nous allons voir — c'est dire que la prétention de M. Wahl est absolument dénuée de fondement — que l'explication est des plus simples.

La Cour dans son premier considérant pose le principe général que la grève cesse d'être légitime quand elle n'a pas pour objet la défense d'intérêts professionnels. Une des preuves les plus caractéristiques de l'absence d'intérêts professionnels, c'est — et tel était précisément le cas sur lequel la Cour avait à statuer — l'intention de nuire, autrement dit l'esprit de malveillance. Après avoir posé le principe général, la Cour, statuant sur le cas spécial qui lui était soumis, déclare que les ouvriers commettent une faute quand ils agissent par esprit de malveillance. Elle sous-entend ce que nous indiquons plus haut que l'esprit de malveillance est destructif de l'intérêt professionnel.

Ainsi, nulle contradiction. La Cour pose tout simplement le principe général pour en faire ensuite application au cas spécial qui lui est soumis.

La jurisprudence a d'ailleurs suivi la Cour de cassation dans cette voie et nous allons voir que la Cour de Nîmes dans un arrêt du 2 fév. 1898 a établi la même distinction.

Au point de vue pratique, et dans l'état actuel des textes, la solution donnée par la Cour de Cassation nous semble la plus conforme aux nécessités économiques et sociales.

Le droit de grève est reconnu aux ouvriers dans toute son ampleur. Non seulement ils peuvent, en principe, et même si leur demande est évidemment injustifiée, refuser leur travail dans l'espoir d'obtenir une amélioration de leur sort. Mais, et ici la liberté qui leur est accordée est si grande qu'on la pourrait trouver exorbitante, leur droit va jusqu'à leur permettre de mettre le patron en demeure de renvoyer un contremaître, quelque préjudice qu'il puisse en résulter pour ce dernier, quelque fâcheuse au point de vue de la discipline que soit cette sorte de sommation.

Il fallait bien cependant, à moins de tolérer les plus odieux attentats à la liberté du travail, que le contremaître ne fût pas livré sans aucune défense à l'arbitraire des ouvriers, qu'il fût au contraire protégé contre leur tyrannie.

La jurisprudence a trouvé, grâce au criterium de l'intérêt professionnel, une solution fort heureuse de la question.

La pression que les ouvriers exercent sur le patron est-elle fondée sur un motif sérieux. Alors c'est dans un intérêt professionnel que les ouvriers ont agi. Leur responsabilité n'est pas engagée.

N'ont-ils eu, au contraire, d'autre mobile que la haine et la vengeance et les motifs qu'ils invoquent ne sont-ils en réalité que des prétextes ? Dans ce cas, ils n'ont pas visé un intérêt professionnel, ils sont responsables du préjudice causé.

Il nous paraît bien que cette jurisprudence est destinée à produire l'apaisement, tout au moins dans la faible mesure. où le juge peut influer sur les mœurs, et c'est pourquoi nous n'hésitons pas à lui donner notre approbation.

Mais, en fait, on conçoit que le point de savoir si les motifs invoqués sont sérieux ou ne sont au contraire que des prétextes ne laisse pas parfois que d'être extrêmement délicat.

Nous citerons un cas emprunté à la jurisprudence. En 1894 un groupe d'ouvriers de l'usine de M. Garnier, à Tournon, avait menacé le patron de grève, s'il ne consentait à renvoyer le contremaître Hurtier, qui travaillait pour lui depuis plus de dix années.

M. Garnier, sous l'empire de ces menaces, congédia son contremaître. Celui-ci assigna alors en dommages-intérêts les ouvriers qui avaient provoqué son renvoi, MM. Paul Brugère et autres, devant le tribunal civil de Tournon.

Le tribunal, dans son jugement du 20 juill. 1897 (1), après avoir démontré que c'était par suite d'une véritable cabale que le contremaître avait été renvoyé, et partant du principe

1. Tournon 20 juill. 1897, J. P. 1898, 2. 126.

posé par la Cour de Cassation que les menaces de grève
sont illicites quand elles sont inspirées par un pur esprit de
malveillance, accueillit la demande du contremaître.

Appel ayant été interjeté, la Cour de Nîmes par arrêt du
2 fév. 1898 (1) confirma le jugement de Tournon.

Il est intéressant de reproduire en entier cet arrêt qui
montrera combien cette recherche est délicate :

« La Cour :

Adoptant les motifs des premiers juges ;

Attendu, en outre, que l'enquête démontre, il est vrai,
que le contremaître Hurtier était maladroit dans son travail
et sans autorité, et qu'il formulait souvent ses observations
sur un ton un peu grossier ; mais que de tels griefs n'étaient
pas de nature à motiver la demande brutale de renvoi que
tous les ouvriers de l'usine de la rive droite imposèrent à
leur patron, sous la menace d'une grève qui eût été des plus
préjudiciables aux intérêts de ce dernier ;

Attendu, en effet, qu'il est juste de remarquer qu'Hurtier
était depuis plus de dix ans contremaître dans l'usine Garnier ; que les ouvriers placés sous ses ordres n'avaient
jamais adressé ni individuellement ni collectivement aucune
plainte à leur patron ; qu'ils n'ont, dans les deux pourparlers qui ont précédé le renvoi d'Hurtier, formulé contre ce
dernier aucun grief précis, au sujet duquel le patron eût
pris des renseignements et statué en pleine et entière indépendance ; que cette absence de griefs précis est d'autant
plus significative que les ouvriers vivaient dans les meilleurs termes avec leur patron et avaient pleine confiance
dans sa justice bienveillante ;

Attendu que, loin de suivre cette voie amiable et régulière, ils ont procédé par menace et fermé pour ainsi
dire la bouche au camarade qu'ils voulaient faire renvoyer ;

Attendu qu'ils n'ont établi dans la contre-enquête aucun
fait précis ; qu'ils ont bien essayé d'imputer à Hurtier des
renvois d'ouvriers capricieux et injustifiés, mais qu'à ce

1. Nîmes 2 fév. 1898, cod. loc.

point de vue, deux contremaîtres et surtout le patron leur ont donné le démenti le plus formel ;

Attendu qu'il est donc vrai de dire qu'ils ont abusé du droit qui leur appartient de se mettre en grève ; qu'ils ont agi, non pour assurer un *intérêt professionnel*, mais dans un esprit de pure malveillance.

Par ces motifs, etc... »

Signalons ce fait caractéristique qui montre jusqu'à quel point peut aller la tyrannie ouvrière. A cause de son congédiement de l'usine Garnier, M. Hurtier avait retrouvé du travail chez MM. Badel et Miserey. Les ouvriers de cette usine, apprenant que Hurtier avait formé contre les ouvriers de l'usine Garnier, auteurs de son renvoi, une action en dommages-intérêts exigèrent sous menace de cesser leur travail, le renvoi du nouveau venu.

MM. Badel et Miserey ayant cédé à cette injonction, Hurtier réclama à nouveau des dommages-intérêts. Il obtint d'ailleurs gain de cause par jugement du tribunal civil de Tournon confirmé purement et simplement par la Cour de Nîmes (1).

Nous avons remarqué dans l'arrêt ci-dessus que le juge ne se borne pas à *vérifier* la réalité des griefs mais qu'il se réserve de les *apprécier*.

Nous touchons là un point délicat : Sur quoi au juste peut porter cette appréciation ?

Supposons que les ouvriers qui ont exigé du patron le renvoi du contremaître aient contre lui des griefs sérieux, mais non fondés. Ils prétendent, par exemple, que leur contremaître n'est pas juste, qu'il a fait renvoyer arbitrairement des ouvriers alors que rien de tout cela n'est exact en fait. On ne saurait alors vraiment prétendre que les ouvriers poursuivent un but professionnel, puisqu'ils ne justifient aucunement d'un intérêt professionnel. Formuler une prétention fausse ou n'en formuler aucune c'est évidemment la même chose.

Comment n'assimilerions-nous pas à ce premier cas qui ne présente aucune difficulté celui où les griefs invoqués

1. Le tribunal et la Cour ont jugé cette affaire en même temps que la précédente.

apparaîtraient comme de trop peu d'importance pour pouvoir être considérés autrement que comme des prétextes ?

Décider que le juge n'a qu'une chose à faire : Vérifier l'existence des griefs, mais sans avoir aucune appréciation à formuler serait au point de vue pratique quelque chose d'absurde : l'exemple ci-dessus nous l'a montré.

De quoi en effet se plaignaient les ouvriers qui sous menace de grève avaient fait renvoyer le contremaître Hurtier ? De certaines choses inexactes en fait, comme des renvois d'ouvriers capricieux et injustifiés et d'autres, exactes en fait mais sans aucune importance, comme d'avoir formulé souvent ses observations aux ouvriers sur un ton un peu grossier.

Il fallait bien nécessairement que le tribunal pût apprécier le peu d'importance de ce dernier grief. Décider autrement serait laisser la porte ouverte à tous les prétextes puisqu'il suffirait qu'un contremaître fût en défaut sur un point quelconque pour que les ouvriers pussent prétendre qu'ils ont visé un intérêt professionnel en demandant son renvoi.

Ce contrôle est donc nécessaire. Nous ne nous attaquons nullement au principe de la liberté de la grève proclamé en 1864 (1). Nous disons seulement, ce qui est tout différent, que si un tiers éprouve un préjudice du fait des grévistes il importe de savoir si ceux-ci ont usé ou non du droit de grève.

Supposons maintenant qu'il soit démontré en fait que c'est bien à un intérêt professionnel que les ouvriers ont obéi, mais que ce qu'ils ont exigé du patron était contraire à l'ordre public.

Pas de difficulté, ce nous semble, sur le principe. L'intérêt professionnel tel que le conçoivent les ouvriers étant alors en désaccord avec l'intérêt professionnel tel que le conçoit le législateur doit être considéré comme nul et non avenu : autrement dit, nous sommes alors dans un cas exactement semblable à celui où les ouvriers ont agi en dehors de tout intérêt professionnel.

1. Emile Ollivier déclarait (Rapport du 22 mars 1864 S. Lois annotées de 1864, p. 26, 1re col. « Désormais, la coalition des patrons et celle des ouvriers est entièrement libre. »

La question s'est posée surtout à propos des syndicats professionnels qui cherchent à peser sur la volonté du patron pour l'obliger soit à ne pas engager soit à renvoyer un ouvrier non syndiqué.

Nous verrons la question plus loin à propos des syndicats. Disons seulement pour le moment que la jurisprudence retient la responsabilité du syndicat en pareil cas. Peut-être celui-ci a-t-il cru réellement agir dans l'intérêt professionnel en développant les syndicats, mais cette conception qu'il se fait de l'intérêt professionnel est contraire à celle du législateur qui entend laisser à tout ouvrier la liberté d'entrer ou non dans le syndicat. Aussi le législateur considère-t-il que les ouvriers n'ont point agi alors dans un intérêt professionnel.

En dehors de cette première application, la plus importante de beaucoup en pratique, d'autres sont nées.

Nous n'en citerons que deux à titre d'exemple :

Le syndicat de l'ameublement de Clermont-Ferrand avait mis à l'index la veuve Thioust pour ventes de marchandises faites directement aux clients bourgeois sans intermédiaire faisant partie des marchands de meubles. En supposant ces griefs établis en fait, ce qui d'ailleurs n'était pas, il était incontestable que le syndicat de l'ameublement agissait uniquement dans son intérêt professionnel, son but étant d'obliger la veuve Thioust à user de ses services. Mais, cet intérêt professionnel était contraire au principe supérieur de la liberté du commerce et devait, par conséquent, être considéré comme nul et non avenu.

C'est ce que proclame la Cour de Riom dans son arrêt du 7 fév. 1900 par lequel elle infirme le jugement du tribunal civil de Clermont-Ferrand du 13 janv. 1898 (1).

Un des considérants est caractéristique à cet égard :

« Considérant, au surplus, que l'usage allégué par le syndicat de Clermont est contraire à la liberté du commerce et de l'industrie, qui est d'ordre public ; qu'il aurait pour effet de créer des catégories distinctes de commerçants, qui ne pourraient vendre qu'à des catégories distinctes

1. Jug. Cler. Ferrand 13 janv. 1898 et arrêt C. de Riom 7 fév. 1900. Rapportés en note Dalloz s. Req. 25 janv. 05 D. 05. 1. 153.

d'acheteurs ; que ce serait faire revivre, cent ans après la Révolution française, les abus des anciennes corporations, détruites par elle ; que, sans doute, en fait, il existe plusieurs genres de maisons de commerce, s'adressant à telle ou telle clientèle, mais que chaque maison de commerce est libre de faire, à sa convenance, une ou plusieurs sortes de clientèle ; que chacun a le droit de vendre et d'acheter à qui il lui plaît, sans être obligé d'employer tel ou tel intermédiaire ; qu'il est contraire à la saine raison de vouloir imposer aux marchands de gros l'emploi des intermédiaires, en exigeant d'eux une remise de 20 p. 100 aux chambres syndicales, sans que cette perception ait pour contre-partie un travail, un service, une fourniture quelconque ».

Pourquoi la Cour s'efforcerait-elle d'établir que cet usage pour le maintien duquel la grève avait éclaté est contraire à l'ordre public si, à ses yeux, le fait que l'intérêt professionnel est contraire à l'ordre public n'équivalait à l'absence de cet intérêt ?

Autre exemple emprunté à la jurisprudence :

Le sieur Dumont, imprimeur à Limoges, ayant eu, en mai 1900, des difficultés avec ses ouvriers, ceux-ci lui demandèrent d'accepter et de signer le tarif du syndicat des typographes de Limoges. Après examen de ce document, le sieur Dumont consentit à payer les salaires qui y étaient fixés, mais refusa de signer parce qu'une clause spéciale lui imposait pour l'avenir, comme juge des différends qui pourraient s'élever entre lui et ses ouvriers, une commission mixte composée de patrons et d'ouvriers. A la suite de ce refus, les ouvriers de la maison Dumont se mirent en grève, et le syndicat fit afficher et insérer dans plusieurs journaux une mise à l'index de cette imprimerie. Après des incidents tumultueux, et comme la situation se prolongeait, le sieur Dumont assigna le syndicat des ouvriers typographes et lui demanda 10.000 fr. de dommages-intérêts.

Sa demande fut rejetée par un jugement du tribunal civil de Limoges du 29 nov. 1901 confirmé par arrêt du 10 juin 1902. La Cour de Cassation par arrêt du 25 janv. 1905 rejeta le pourvoi qu'il avait formé contre cet arrêt.

Un considérant devra retenir spécialement notre attention : « Attendu qu'en vain le pouvoir objecte que la prétention du syndicat d'obliger Dumont à soumettre ses différends avec ses ouvriers à une commission mixte, composée en nombre égal de patrons et d'ouvriers, portait atteinte au droit résultant pour lui de la loi du 27 déc. 1892, d'après laquelle l'arbitrage doit rester facultatif ;

Que, statuant par interprétation du règlement litigieux les juges du fond ont décidé que la disposition critiquée prévoyait seulement le fonctionnement d'une commission destinée à résoudre à l'amiable les contestations, et ne contraignait pas les patrons à accepter l'intermédiaire du syndicat ; que cette interprétation qui maintient intacts tous les droits que Dumont tient de la loi, échappe à la censure de la Cour .de cassation ».

En effet, le tribunal de Limoges, dont la Cour avait adopté les principes, avait décidé « que l'art. 24 du tarif syndical n'a point pour effet d'imposer aux patrons la reconnaissance du syndicat ouvrier et de les contraindre à accepter son intermédiaire dans les difficultés qui peuvent surgir ; que cet article prévoit seulement le fonctionnement d'une commission mixte, destinée à résoudre à l'amiable les contestations provoquées par le conflit des intérêts opposés en présence ; qu'il n'est point même indiqué que les membres de cette commission doivent être pris nécessairement parmi les adhérents aux syndicats, soit des ouvriers, soit des patrons ; qu'en fait, il paraît que cette commission, qui est actuellement nommée, comprend deux membres étrangers aux dits syndicats ; que le motif invoqué par le demandeur pour justifier son refus de signature ne repose sur aucun fondement ».

Il n'entre pas dans notre sujet de rechercher si la clause en question était ou non contraire à l'ordre public. Bornons-nous à constater que la discussion a porté sur ce point : c'est donc une nouvelle preuve qu'il ne suffit pas aux ouvriers d'agir dans un intérêt professionnel pour être à l'abri de toute responsabilité, mais qu'il faut de plus que cet intérêt professionnel ne soit pas contraire à l'ordre public tel que le conçoit le législateur.

On pourrait sans doute trouver d'autres cas d'intérêt professionnel illégitime. Ceux que nous avons cités à titre d'exemple suffisent à prouver que notre théorie est en concordance avec celle de la jurisprudence.

Au point où nous en sommes arrivés nous croyons avoir solidement établi que les grévistes qui, en principe, n'encourent du fait de la grève aucune responsabilité, sont passibles de dommages-intérêts s'ils n'ont pas agi dans un *intérêt professionnel légitime*.

Voilà par rapport au *but* poursuivi. Mais lorsque le but poursuivi par les grévistes est absolument licite, s'ensuit-il nécessairement qu'ils n'ont encouru aucune responsabilité ?

Les moyens employés ne peuvent-ils pas être une nouvelle source de dommages-intérêts ?

Bien entendu — nous avons déjà eu l'occasion d'insister sur ce point — tous les faits tombant sous l'application de la loi pénale engendrent nécessairement une responsabilité civile à la charge des grévistes. C'est dire que toutes les fois que les grévistes auront usé de violences, de voies de fait, de menaces ou de manœuvres frauduleuses, leur responsabilité civile sera engagée.

En dehors même de toute responsabilité pénale leur responsabilité civile pourrait-elle être engagée ?

Nous croyons que sur ce point il convient de se montrer extrêmement réservé. Il est fatal qu'avec l'excitation produite par la grève, avec l'échauffement général des esprits, les ouvriers se laissent aller à des écarts de langage ou de conduite. La loi pénale réprime à ce point de vue tout ce qui peut présenter au point de vue social un danger réel. En dehors d'elle, et conformément au droit commun, une responsabilité civile est encore possible, mais on doit se montrer très circonspect si l'on ne veut pas détruire en fait complètement le droit de grève.

Sur ce point il nous est impossible d'apporter aucune précision : ce sont là uniquement questions de fait, d'espèce, nous croyons qu'aucun principe général ne peut être posé. D'autre part, les diverses difficultés qui peuvent se présenter, sont liées trop intimement au droit pénal pour que nous puissions en faire une étude complète sans examiner en même temps le droit pénal et sortir par là du cadre que nous nous sommes tracé.

Indiquons seulement que la jurisprudence considère comme donnant lieu à responsabilité civile, les injures et imputations calomnieuses, et, d'autre part, une publicité exagérée et extra-professionnelle donnée aux motifs de la grève. Dans ce dernier cas, la responsabilité du journal est elle-même engagée (1).

Le boycottage est-il illicite ? C'est là une question trop importante pour que nous n'en disions pas quelques mots.

On sait que l'on donne ce nom de boycottage au fait de s'entendre en vue de ne pas acheter à tel commerçant ou inversement de ne pas vendre à telle personne.

Examinons successivement l'un et l'autre point. Il nous semble certain que je suis toujours libre d'acheter chez qui il me plaît et que nul n'a le droit de me demander pourquoi je m'adresse à tel commerçant plutôt qu'à tel autre. Mais si, pour exciter les autres à déserter tel ou tel commerçant, je ne me contente pas de faire valoir mes raisons, mais que j'emploie la menace, la violence ou encore si, j'entreprends une campagne diffamatoire, alors ma responsabilité est engagée.

C'est ce qu'indique M. Levasseur (2) dont nous partageons sur ce point, entièrement l'opinion.

« Que les syndicats boycottent tel commerçant, c'est-à-dire interdisent à leurs propres membres d'acheter chez lui parce qu'il ne s'associe pas à leurs revendications, c'est croyons-nous, un droit qu'on ne peut dénier. Mais ce qu'on ne saurait leur concéder, c'est qu'ils mettent obstacle à ce que d'autres acheteurs fréquentent son magasin, qu'ils dénigrent son commerce par une publicité outrageante, ou qu'ils attentent à la liberté d'autrui en menaçant ceux qui entreraient en relation avec les patrons qu'ils ont quitté ».

Envisageons maintenant l'autre face de la question à laquelle M. Levasseur ne faisait aucune allusion.

1. Voir notamment : J. P. 1898, I. 17, qui sera étudié d'ailleurs plus loin.

2. Bulletin de l'Académie des sciences morales et politiques, 1908, n° 1. Y a t-il un droit de grève ?

Les fournisseurs, boulanger, boucher et autres ont-ils le droit de se concerter pour refuser de vendre à une personne, dans le but, par exemple, de l'obliger à quitter le pays.

Peuvent-ils exciper de leur liberté de vendre à qui il leur plaît ?

Nous croyons qu'une distinction s'impose. S'agit-il d'un fournisseur pour lequel la *considération de la personne* de l'acheteur peut offrir un intérêt? Alors il a le droit de refuser de contracter avec telle personne déterminée sans avoir d'ailleurs jamais à faire connaître le motif de son refus. C'est ainsi que la jurisprudence a décidé qu'un aubergiste n'était nullement tenu de recevoir le voyageur qui se présente chez lui (1). Rien n'est plus logique. Il est absolument évident qu'il n'est pas indifférent pour le bon renom de l'établissement que la clientèle soit composée de telles ou telles personnes.

S'agit-il, au contraire, d'un fournisseur pour lequel la *considération de la personne* n'offre aucun intérêt ?

Ici encore une distinction est nécessaire :

Si le prix est affiché et qu'on se présente l'argent à la main le fournisseur n'a pas le droit de refuser de livrer la marchandise. Cela n'est pas seulement très raisonnable mais aussi très conforme aux principes du droit. En effet l'affichage du prix n'est pas autre chose qu'une offre de contracter, une pollicitation faite à personne indéterminée. Sitôt l'offre acceptée, le contrat est formé irrémédiablement et le fournisseur ne peut plus se dédire sous peine de dommages-intérêts ; le client aurait même strictement le droit d'obliger manu militari le fournisseur à lui faire la livraison. Cela a depuis longtemps été décidé par la jurisprudence (2). De même il a été jugé qu'un agent de transport est tenu de transporter toute personne qui paye le prix (3).

Si le prix n'est ni affiché ni établi par aucune taxe alors le fournisseur est libre de refuser de vendre ou de demander un prix exorbitant. Cela peut être extrêmement fâcheux

1. Cass. 2 juill. 1857, D. 57, 1. 376.

2. Tr. Seine, 5 janv. 1869, D. 69, 3, 14.

3. Aix, 8 fév. 1853, D. 55, 2, 329. — Cass., 2 juill. 1857, D. 57, 1, 376.

parfois, mais on ne voit pas sur quel principe on pourrait se baser pour décider autrement.

En résumé, le boycottage est en général licite ; par contre, il devrait être considéré comme illicite lorsqu'il serait employé pour une marchandise taxée ou à prix affiché, vis-à-vis d'un client offrant un paiement immédiat.

En Suisse le boycottage est également, en principe, licite. Il ne cesse de l'être que lorsque le but visé est la ruine complète de la personne boycotté (1).

Aux Etats-Unis, le boycottage est un délit puni par les lois de l'Etat d'Illinois (2).

1. Tribunal fédéral. 11 avril 1908, Clunet, 1909, p. 3o3 in fine.

2. Clunet, 1906, p. 869.

CHAPITRE II

Intervention des tiers dans une grève

Jusqu'à présent nous avons constamment raisonné dans l'hypothèse où le conflit existait uniquement entre les ouvriers grévistes et soit leur patron, soit un autre ouvrier dont ils exigent le renvoi.

Mais fréquemment des tiers et spécialement des syndicats interviennent dans une grève et de cette immixtion naissent de nouveaux et intéressants rapports de droit qu'il nous faut étudier.

Nous allons examiner d'abord l'hypothèse où c'est un tiers quelconque qui intervient dans une grève, puis nous examinerons quelques-unes des difficultés spéciales aux syndicats.

I. Intervention d'un tiers quelconque

La question s'est posée pour la première fois il y a quelques années dans des circonstances de fait extrêmement intéressantes. Le 1er août 1895, sur une décision de leur syndicat, les ouvriers des verreries de Carmaux et du Bousquet d'Orb se mirent en grève : ce qu'ils demandaient, ce n'était point une élévation des salaires, mais la réintégration de deux ouvriers, membres influents du syndicat, conseillers municipaux et d'arrondissement, que le directeur des verreries avait renvoyés, pour s'être absentés pendant quinze jours sans autorisation. La grève parut cependant sur le point de finir presque aussitôt que commencée ; car, après une proposition d'arbitrage repoussée par le directeur, les verriers, sur le conseil du député de l'arrondissement, notifiaient le 6 août à leur patron qu'ils étaient prêts à reprendre le travail tous ensemble et sans conditions. Mais, le même jour, le directeur déclarait que, les ouvriers ayant quitté le travail sans motifs, l'usine était fermée, et que la Société ne pouvait indiquer dans quelles conditions ni à quelle époque elle serait rouverte.

Le 16 août, il faisait savoir qu'il était prêt à embaucher tous les ouvriers, sauf les meneurs de la grève, le salaire étant établi « sur le tarif maximum que touchent les verriers dans une usine quelconque de France pour des marchandises identiques. » Ces propositions furent repoussées par les ouvriers et la grève se prolongea ; elle ne devait prendre fin que le 22 nov. 1895.

Les grévistes eurent pour principaux appuis le député Jaurès qui, dans les réunions publiques, dans la presse, au Parlement, soutint ardemment et éloquemment leur cause et deux journaux *La Dépêche* et *La Petite République*. Dans cette lutte passionnée, le député et les deux journaux dirigèrent contre le directeur des verreries de violentes attaques : C'est ainsi que ce dernier était dénoncé à l'opinion en termes flétrissants, comme ayant édifié sa fortune par des moyens malhonnêtes, qu'on le signalait comme un affameur du peuple et qu'enfin on lui prodiguait journellement les plus violentes invectives, ainsi que les menaces.

Une fois la grève terminée, le directeur des verreries assigna devant le tribunal de Toulouse le député et les deux journaux, leur demandant 100.000 fr. de dommages-intérêts pour le préjudice par eux causé.

Il n'envisageait point les faits comme délits de presse (à ce point de vue la plupart eussent été prescrits) et fondait sa demande sur deux causes :

1° Il voyait dans les faits relevés les éléments constitutifs du délit prévu par l'art. 414 c. pén., lequel punit « quiconque, à l'aide de violences, voies de fait, menaces ou manœuvres frauduleuses, aura amené ou maintenu, tenté d'amener ou de maintenir une cessation concertée de travail dans le but de forcer la hausse ou la baisse des salaires et de porter atteinte au libre exercice de l'industrie ou du travail ». Il intentait donc l'action civile résultant de ce délit, conformément à l'art. 3 § 2° C. instr. crim.

2° En dehors de toute infraction pénale, le demandeur considérait les faits visés comme des délits ou quasi-délits civils, engageant la responsabilité de leurs auteurs conformément à l'art. 1382, c. civ.

C'est cette thèse qu'ont eue successivement à apprécier le tribunal et la Cour de Toulouse et la Cour de cassation (1).

Le tribunal de Toulouse par son jugement du 19 mars 1896, écarte tout d'abord l'application de l'art. 414 c. pén., par ce motif que la grève commencée par les ouvriers, s'étant continuée par suite d'un lock-out du patron « le long chômage des usines appartenant à la société que représente Rességuier n'a point été la conséquence d'une cessation de travail concertée par les ouvriers, et que tout, en matière pénale, est de droit étroit ».

Quant à l'application de l'art. 1382 c. civ., le tribunal déclare que les tiers ont le droit d'intervention : C'est une suite naturelle du droit de coalition. Les tiers ne peuvent donc point en principe être rendus responsables de leur intervention, puisqu'ils ont exercé un droit. Ils ne le seraient que s'ils avaient abusé de leur droit et si cet abus avait causé préjudice. Or, en l'espèce, s'il y a eu abus de la part des tiers intervenants, il n'est nullement démontré que ce sont spécialement ces agissements qui ont déterminé les grévistes à prolonger leur résistance car « ils est permis de se demander si c'est à la forme plus ou moins violente des excitations auxquelles ils étaient en butte, plutôt qu'au fond même des choses et à leur propre entraînement, que ce résultat doit être attribué, et si ces excitations n'ayant pas eu lieu ou ne s'étant produites que sous une forme plus modérée, ils n'auraient point déployé la même résolution dans la lutte ».

Le tribunal de Toulouse déboutait donc M. Rességuier de sa demande.

Sur appel interjeté par M. Rességuier, la Cour de Toulouse rendait le 20 juill. 1896 un arrêt infirmatif sur l'un comme sur l'autre point.

1. Trib. de Toulouse 19 mars 1896, Cour de Toulouse arrêt du 20 juillet 1896, Cour de cassation 29 juin 1897, avec note de M. Esmein J.-P., 1898, I, 17.

Art. 414, cod. pén. : L'objection du tribunal n'est pas très sérieuse car à partir du jour où le patron a déclaré être prêt à reprendre ses ouvriers, c'est bien par le fait de ceux-ci que la grève a continué. Il serait d'ailleurs inexact de prétendre que l'art. 414 a eu simplement pour but de protéger les ouvriers contre les violences et qu'il ne se préoccupe pas du patron. L'art. 414 est général et absolu et il est de nombreux cas dans lesquels il fait sentir son contre-coup vis à vis de l'employeur.

Art. 1382, c. civ.: La Cour se refuse à admettre qu'il puisse y avoir abus du droit de grève, l'abus du droit lui apparaissant comme une impossibilité juridique.

Mais la Cour conteste formellement aux tiers le droit d'intervenir dans les grèves : « Il résulte, dit-elle, des principes que nul n'a le droit de s'immiscer dans les affaires d'autrui, à moins d'y avoir soi-même un intérêt réel, appréciable, qui est alors le générateur d'un droit destiné à sauvegarder ce même intérêt ; sans un intérêt propre et personnel à protéger ou à faire valoir, l'immixtion dans les affaires d'autrui ne constitue ni l'exercice d'un droit ni même l'exercice d'une simple faculté ».

La qualité de député ou de journaliste n'est pas un intérêt juridique qui justifie leur intervention. Cette intervention est un pur fait qui oblige à réparation si au lieu d'être modérée elle est accompagnée « d'excitations malsaines, de manœuvres, de fausses nouvelles, de mensonges, de pratiques artificieuses ou dolosives », ce qui en fait, est le cas.

Quant au lien de cause à effet entre l'intervention des tiers et la prolongation de résistance « la meilleure preuve que Jaurès, par exemple, était devenu, à ce point de vue, le dominus litis, c'est que d'abord, il est intervenu dans toutes les négociations proprement dites, et qu'ensuite, le jour où il a constaté ou estimé que la lutte ne pouvait plus être continuée, le travail a repris, en quelque sorte, sous son commandement ».

En conséquence la Cour condamne Jaurès et les journaux la *Dépêche* et la *Petite République* à payer conjointement et solidairement 15.000 francs.

Sur pourvoi formé par les défendeurs la Cour de Cassation par son arrêté en date du 29 juin 1897 rejeta le pourvoi.

Nous croyons devoir reproduire l'arrêt en entier à cause de son extrême importance.

« La Cour,

Sur le premier moyen, pris de la violation des art. 414 c. pén. et 1382 c. civ. des principes qui régissent les coalitions et les dommages-intérêts, et de l'art. 7 de la loi du 20 avril 1810 :

Attendu que, si toute personne a le droit d'intervenir dans une grève, elle ne peut le faire que dans les conditions permises aux parties intéressées elles-mêmes, c'est-à-dire en s'abstenant des violences, voies de fait, menaces ou manœuvres frauduleuses interdites par l'art. 414, c. pén. ;

Attendu qu'il est constaté en fait par l'arrêt attaqué que, pour prolonger la grève qui avait éclaté le 1er août 1895 à la verrerie de Carmaux, les demandeurs en cassation ont usé de menaces et de manœuvres frauduleuses ; que notamment, dans une lettre reproduite par les journaux, Jaurès avait dit au ministre que, si on laissait les ouvriers désarmés contre les violences ils répondraient par la violence, et que ce jour-là il se mettrait à la tête ; que, dans son discours du 4 août à la chambre syndicale, il avait proféré des menaces contre Rességuier ; qu'enfin, des listes de souscriptions où s'étalaient des menaces de mort ont été publiées ;

Attendu en ce qui touche les manœuvres frauduleuses, qu'il résulte des constatations de l'arrêt, d'une part, que, par un concert organisé, les demandeurs ont, pour triompher de la résistance de Rességuier, mené une campagne caractérisée par des propos injurieux et diffamatoires, des imputations et des fausses nouvelles émises de mauvaise foi, et que, d'autre part, ils se sont associés à la propagande de désembauchages entreprise pour déterminer, au moyen de remises d'argent, les ouvriers de Rességuier à quitter l'usine ;

Attendu, enfin, qu'en représentant les ouvriers qui consentaient encore à travailler comme des incapables et des sacripants inexpérimentés, ignorants de leur art, et en les accusant de ne fabriquer que des articles de rebut, les demandeurs ont discrédité la Société de Carmaux vis-à-vis de sa clientèle, et porté atteinte à ses relations commerciales ; qu'ainsi, au point de vue de l'action civile dérivant de l'art. 414, c. pén., comme au point de vue de la faute prévue par l'art. 1382 c. civ. la demande de Rességuier était justifiée, et que les constatations souveraines faites à cet égard par l'arrêt répondent aux exigences de la loi de 1810 ;

Sur le deuxième moyen, tiré de la violation des art. 1382 c. civ. et de la loi du 20 avril 1810 :

Attendu que l'arrêt attaqué a déclaré que la relation entre la faute commise par les demandeurs et le préjudice éprouvé par la Société des verreries de Carmaux résultait des faits les mieux établis ; que si, d'autre part, pour réduire le chiffre des dommages-intérêts, la Cour de Toulouse a ajouté qu'en prenant certaines mesures, Rességuier aurait pu atténuer le préjudice, elle n'en a pas moins considéré les demandeurs comme les auteurs immédiats et directs de ce préjudice ; qu'elle a pu, par suite, les condamner à le réparer dans la proportion qu'il lui appartenait d'apprécier ;

Rejette, etc. »

Nous ne dirons rien des principes proclamés en fin d'arrêt sur la nécessité d'une relation entre la faute et le préjudice et, d'autre part, sur la possibilité pour les juges de diminuer le chiffre des dommages-intérêts en tenant compte de ce fait que la victime du dommage aurait pu atténuer le préjudice : ce sont là principes certains et indiscustables.

Ce qu'il faut retenir de cet arrêt c'est la proclamation du grand principe que :

1° Toute personne a le droit d'intervenir dans une grève ;

2° Elle ne peut le faire que dans les conditions permises aux parties intéressées elles-mêmes.

Ainsi, la Cour de Cassation prend le contre-pied de la théorie de la Cour de Toulouse qui, nous l'avons vu, refusait d'une manière générale le droit de s'immiscer dans les affaires d'autrui « à moins d'y avoir soi-même un intérêt réel, appréciable ».

Sur ce premier point, nous sommes entièrement de l'avis de la Cour de Cassation. Nous croyons que sa solution a le double mérite d'être parfaitement juridique et de répondre pleinement aux nécessités sociales.

Au point de vue juridique ce ne sont point les arguments qu'invoque M. Wahl qui déterminent notre conviction.

M. Wahl invoque un argument d'analogie. La preuve que nous pouvons intervenir dans les affaires d'autrui sans y avoir un intérêt propre c'est que le législateur a admis la gestion d'affaire. D'ailleurs, à supposer que l'immixtion dans les affaires d'un tiers fut interdite, c'est, comme dans la gestion d'affaire, celui-là seul dont l'affaire a été gérée qui pourrait se plaindre. Si donc quelqu'un pouvait se plaindre de l'intervention d'un tiers dans une grève ce ne pourrait jamais être que les ouvriers en faveur de qui cette intervention s'est exercée, mais jamais leur patron.

Cette assimilation de l'intervention des tiers dans une grève au cas de la gestion d'affaire nous paraît singulièrement inexacte.

En effet, la gestion d'affaire intervient en matière de propriété. Faisant l'application de ce principe d'éternelle justice que « nul ne doit s'enrichir aux dépens d'autrui » la loi accorde à celui qui a fait des débours dans l'intérêt d'un autre le droit de lui en réclamer le remboursement. Elle fait plus, et la gestion d'affaire pouvant rendre au propriétaire les plus grands services *sans nuire à qui que ce soit*, la loi, afin d'encourager le gérant, le considère comme une sorte de mandataire, le décharge vis-à-vis des tiers et leur donne une action directe contre le propriétaire pour les contrats passés par lui.

Ici, rien de semblable. Nous sommes en matière de contrat, *l'appui donné à l'une des parties nuit par le fait même à l'autre*. De ce que les ouvriers acceptent le concours qui leur est offert et qui est avantageux pour eux il ne s'ensuit pas logiquement que le patron à qui ce concours est nuisible ne puisse réclamer. Lorsqu'il s'agissait de gestion d'affaire le propriétaire seul pouvait refuser le concours parce que lui seul pouvait en éprouver un préjudice, mais dans le cas qui nous occupe, celui qui éprouve un préjudice c'est nécessairement celui contre qui le concours est dirigé et il serait

1. Article précité.

étrange que, quelqu'un pouvant se plaindre, ce ne fut pas à lui que ce droit fut accordé.

L'argumentation de M. Wahl n'explique donc nullement comment il se fait que le tiers ait le droit d'intervention. Elle est moins probante encore lorsqu'elle prétend que si quelqu'un pouvait se plaindre ce ne pourrait jamais être que l'ouvrier à qui cette intervention a profité.

Cependant nous croyons qu'en effet les tiers ont le droit d'intervenir dans une grève, mais l'explication que nous en donnons est tout autre. Les tiers qui interviennent dans une grève, comme le fait remarquer M. Esmein (1), « usent d'un droit autre que le droit de grève. Si le conseil, l'encouragement ou l'assistance sont donnés en dehors de toute publicité, dans les relations de la vie ordinaire, ils usent simplement du droit qui appartient à tout homme de communiquer sa pensée à ses semblables, de les conseiller ou de leur donner une assistance pécuniaire. Si les mêmes agissements se produisent dans des réunions publiques ou par la voie de la presse, ce sera la liberté de réunion ou la liberté de la presse qui sera exercée en plus, mais jamais ce ne sera le droit de coalition ou un droit dérivé de celui-ci »

Or, lorsqu'ils usent d'un des droits ci-dessus pour favoriser des grévistes, le but que se proposent les tiers n'a rien d'illicite puisque la grève n'est pas un délit ; il est donc impossible, en principe tout au moins, de prétendre qu'ils ont abusé soit de la liberté de réunion, soit de la liberté de la presse.

Et si maintenant nous envisageons la question non plus au point de vue strictement juridique mais au point de vue social, nous croyons que la solution adoptée par la Cour de Cassation est encore la meilleure.

La grève, en effet, par la force même des choses n'est pas un conflit localisé entre patron et ouvriers. Il atteint indirectement un grand nombre de personnes. Il est juste que ces personnes puissent manifester leur sympathie à un des antagonistes, intervenir même dans la lutte puisque, en définitive, elles y sont intéressées.

1. M. Esmein note précitée.

D'autre part, ils est certain qu'il existe une telle solidarité entre les ouvriers que le succès d'une grève répercute au loin ses conséquences. Une augmentation de salaire obtenue dans une usine, non seulement pourra amener par voie de conséquence une augmentation de salaire dans une usine similaire, mais même a tendance à faire progresser les salaires dans les autres usines en élevant d'une façon générale le prix de la main d'œuvre.

La grève ne pouvant laisser personne indifférent il est juste qu'en principe tout au moins l'intervention des tiers soit légitime.

Mais il est un cas où cette intervention même strictement renfermée dans les limites que nous allons ci-dessous préciser engage la responsabilité de son patron. C'est lorsque celui qui aide les grévistes est un employé du même patron.

La Cour de Lyon dans son arrêt du 2 août 1895 (1) a posé sur ce point nettement les principes.

Elle a jugé que l'employé d'une compagnie industrielle qui, sans intervenir directement pour fomenter une grève des ouvriers de cette compagnie, a pris une attitude telle soit par ses relations avec les meneurs de la grève, soit par les propos qu'il a tenus, soit par son assistance à une réunion de grévistes, où il a rempli les fonctions de scrutateur, qu'elle a encouragé les ouvriers à déclarer la grève et à y persévérer, commet une faute qui autorise les administrateurs de la compagnie à lui donner un congé immédiat sans indemnité.

La Cour va plus loin et décide qu'en pareil cas la compagnie est en droit de demander des dommages-intérêts à l'employé congédié à raison du préjudice que lui a causé son intervention dans la grève des ouvriers.

En effet l'employé demeuré par la nature de sa profession étranger aux réclamations qui peuvent motiver une grève de la part des autres catégories d'ouvriers commet un manquement grave aux devoirs que lui impose le contrat de louage de services en faisant volontairement un acte qui

1. J. P. 1898. 2. 6.

doit nuire à la prospérité de l'industrie dans laquelle il est occupé.

Il n'a pas plus le droit d'encourager des ouvriers à faire grève contre son patron que de dévoiler les secrets de la fabrication ou de s'engager dans une entreprise concurrente. Sa responsabilité est donc toujours engagée sans que l'on ait pour lui à rechercher si son intervention s'est produite ou non dans des conditions normales.

2° Reste à examiner le second principe posé par la Cour de cassation qu'une personne ne peut intervenir que dans les conditions permises aux parties intéressées elles-mêmes.

On sent bien que ce droit d'intervention conféré aux tiers doit être renfermé dans de certaines limites si l'on ne veut pas tolérer les pires abus comme dans l'exemple à propos duquel la Cour de cassation a statué, et, d'autre part, rien ne paraît, à première vue, plus simple ni plus juste que d'assimiler entièrement sur ce point les tiers intervenants aux grévistes eux-mêmes.

Cependant la limite ainsi fixée par la Cour de cassation ne nous paraît pas absolument fondée.

Au risque d'être accusé de témérité nous nous permettrons de critiquer cette solution et nous nous efforcerons d'établir les deux points suivants :

1° La théorie de la Cour de cassation est rigoureusement exacte au point de vue de la responsabilité pénale ;

2° Elle est au contraire inexacte au point de vue de la responsabilité civile.

Pour ce qui est tout d'abord de la responsabilité pénale, pas de difficulté. Si les grévistes ont usé de violences, de menaces ou autre fait quelconque tombant sous l'application des art. 414 ou 415 c. pén., les tiers qui ont prêté leur assistance se sont rendus coupables de complicité de ces mêmes délits et, en conséquence (art. 59 c. pén.), sont passibles des mêmes peines.

Dans l'hypothèse peut-être un peu théorique où les tiers auraient exercé des violences, voies de fait, etc... sans que les grévistes en eussent eux-mêmes exercé, les peines encourues par les tiers seraient exactement celles que les grévistes auraient encouru s'ils avaient accompli les mêmes actes. Les art. 414 et 415 c. pén. punissent en effet *quiconque* à l'aide de violences..., *quiconque*, gréviste ou non.

Au point de vue pénal l'assertion de la Cour de cassation est donc parfaitement exacte.

Mais il en est autrement, avons-nous dit, au point de vue civil et c'est ce que nous devons maintenant établir.

Les tiers qui interviennent dans une grève n'usent pas, nous l'avons déjà indiqué, du droit de grève, lequel, par la force même des choses ne saurait appartenir qu'aux travailleurs eux-mêmes. Ils usent d'un droit autre, liberté de réunion ou liberté de la presse par exemple pour lesquels, comme pour tout autre droit, il y aura alors, par conséquent, responsabilité, lorsqu'ils auront été détournés de leur destination normale.

La destination normale de la liberté de réunion ou de la liberté de la presse c'est, d'une manière générale, de donner un libre essor au développement de nos droits. Mais il est évident qu'user du droit de réunion, par exemple, dans un but que le législateur considère comme illicite c'est le détourner de ses fins, donc commettre un abus de droit.

Ainsi le tiers intervenant abuse de son droit et est en conséquence passible de dommages-intérêts toutes les fois que la grève à laquelle il prête son concours est illicite, autrement dit, le tiers intervenant est responsable chaque fois qu'il prend part à une grève abusive (1).

En dehors de là, et si la grève à laquelle le tiers prend part, n'est nullement abusive ni par le but qu'elle se propose ni par les moyens employés, il n'y a plus qu'un cas où la responsabilité du tiers puisse être engagée, c'est lorsqu'il n'est intervenu que dans le *but de nuire*, (2).

1. Nous verrons plus loin que les grévistes, indépendamment du cas où la grève est abusive, sont passibles de dommages-intérêts à l'égard de leur patron quand ils se mettent en grève en violation de leurs engagements. Les tiers qui les ont encouragés à la grève sont-ils alors comme eux passibles de dommages-intérêts? Nous ne le croyons pas. En effet les dommages-intérêts, dans ce cas, ne naissent pas *du fait de la grève*, mais d'un autre fait absolument distinct dont il serait illogique de rendre les tiers responsables.

2. Tel était, croyons-nous, le point de vue de l'arrêt de Lyon précité

Si, comme le déclare la Cour de cassation, le tiers intervenant devait être assimilé de tout point au gréviste lui-même, ce n'est pas l'intention de nuire mais bien l'*intérêt professionnel* qui devrait pour lui être le criterium de la responsabilité.

Mais que signifieraient ces mots « d'intérêt professionnel » pour quelqu'un qui n'est pas gréviste? Exiger du journaliste ou du député qui intervient dans une grève qu'il ait obéi à un « intérêt professionnel » serait un non sens. Conçoit-on l'intérêt professionnel pour quelqu'un qui est étranger à la profession et qui *ne fait pas grève* ?

Ce que l'on est en droit d'exiger de ce tiers c'est qu'il n'abuse pas de son droit de réunion, de la liberté de la presse, etc. Or, il ne peut, ce nous semble, en abuser que de deux manières : en se servant de ce droit de réunion, par exemple, dans un but contraire au vœu du législateur — nous avons vu cette première hypothèse qui est celle du concours donné par le tiers à une grève illicite — deuxièmement, en usant de ce droit dans l'intention de nuire.

En résumé, la responsabilité pénale du tiers intervenant obéit aux mêmes règles que la responsabilité pénale des grévistes eux-mêmes et, d'autre part, chaque fois que la responsabilité pénale des grévistes sera engagée, la sienne le sera également.

En dehors de toute responsabilité pénale sa responsabilité civile sera engagée dans deux cas : s'il est intervenu dans une grève abusive, s'il a agi dans le but de nuire au patron.

Jamais, sauf cependant quand il s'agit des syndicats sur lesquels nous reviendrons plus loin, on n'a à se demander, si le tiers intervenant a agi ou non dans un intérêt professionnel.

Il est donc singulièrement inexact d'affirmer avec la Cour de cassation que les tiers intervenants sont assimilés aux grévistes eux-mêmes.

Les moyens illicites dont peut user le tiers intervenant à l'encontre du patron étant en principe exactement ceux

statuant dans l'hypothèse de l'intervention dans une grève de l'employé du patron même contre qui est dirigée la grève.

dont peut user le gréviste lui-même, il est inutile que nous revenions sur ce point.

Une seule question devra retenir notre attention, car elle ne peut précisément se poser que dans l'hypothèse d'intervention de tiers :

Le fait de donner de l'argent aux grévistes ou de recueillir des listes de souscription en leur faveur peut-il engendrer une responsabilité civile à l'encontre du patron ?

La question est fort intéressante et, d'autre part, de nature à se présenter très fréquemment en pratique.

C'est une tendance de plus en plus marquée de certains corps municipaux, de certains conseils généraux à employer les deniers des contribuables à contribuer aux grèves sous prétexte de donner un secours aux familles des grévistes pauvres. Cette tendance est d'ailleurs entièrement conforme aux tendances socialistes.

M. J. Guesde en une curieuse brochure intitulée « la République et les grèves », parue en 1878, nous dévoile sur ce point toute sa pensée.

« D'abord, dit-il, nous ne sommes pas partisan de la neutralité gouvernementale, en matière de grève. Nous croyons qu'un gouvernement véritablement démocratique aurait autre chose à faire, dans les conditions sociales actuelles, qu'à se croiser les bras et à laisser fonctionner la loi de l'offre et de la demande, lorsque l'exploitation capitaliste jette hors de l'usine ou de l'atelier les travailleurs poussés à bout. Et cela pour l'excellente raison que la législation sur la propriété, qui seul rend possible cette exploitation par la concentration qu'elle opère ou qu'elle laisse opérer entre quelques mains, de l'instrument et de l'élément du travail de tous, étant d'origine, d'essence gouvernementale, le gouvernement a un devoir de redressement, de réparation à remplir vis-à-vis des exploités — exploités par sa faute.

« Mais si l'on admet la neutralité, il faudrait alors que l'autorité ne se contentât pas de protéger les propriétés et le capital mobilier et immobilier des patrons contre toute tentative de destruction, par l'envoi de troupes qui coûtent fort cher au budget ; *mais qu'elle apportât également aux ouvriers la seule chose qui leur manquât pour attendre patiemment et, tranquillement la soumission de leurs employeurs, c'est-à-dire les moyens de vivre, de subsister, eux et les leurs, et ce à l'aide d'une subvention budgétaire. »*

Rien de plus simple. Pour compléter la mesure il suffirait de décider que pour faire face aux nouvelles charges, un impôt spécial sera prélevé sur les patrons !

· Parfois les secours sont accordés par pure philanthropie. C'est ainsi qu'au mois de mai 1893, lors de la grève des maçons et tailleurs de pierre de Bordeaux, Monseigneur Lecot, à cette époque archevêque en cette ville, adressa au comité de la grève une longue lettre où nous relevons notamment le passage suivant : « Le sort des pauvres familles des ouvriers inoccupés m'intéresse et me touche au delà de ce que vous pouvez imaginer. Aussi n'ai-je pas attendu votre demande pour leur venir en aide. Dès le premier jour de la grève, j'ai donné des ordres pour qu'on secoure les familles dans le besoin, et un crédit de 500 francs en bons de pain et de soupe a été ouvert... » (1).

En dehors des préoccupations politiques ou philanthropiques les donateurs agissent fréquemment dans le but de ruiner un concurrent et il est de notoriété publique que dans les grandes grèves il y a toujours de l'argent donné soit à tous les grévistes, soit aux meneurs pour prolonger la grève.

Voulons-nous maintenant savoir à quel chiffre considérable s'élèvent parfois ces secours en argent ?

En 1888, dans la grande et célèbre grève des ouvriers des Docks de Londres qui étaient à cette époque au nombre de 800, les secours vinrent en abondance. « Le public contribua directement, par mandats postaux ou autres envois, pour la somme de 13.730 liv. sterl. 2 shel. 4 deniers (345.000 fr. environ), en y comprenant les souscriptions recueillies par divers journaux ; les Trade Unions (autres que celle des dockers) contribuèrent pour 4.473 liv. sterl. 15 shel (761.000 fr.), provenant surtout de l'Australie, et les pays étrangers 108 liv. sterl. 14 shel. 7 deniers (2.725 fr.). C'était en tout près de 49.000 liv. sterl., plus de 1.220.000 francs de secours extérieurs que les dockers avaient reçu » (2).

1. Journal des Débats du 28 mai 1893, édition du soir.

2. Horwell : Le Passé et l'avenir des Trade Unions, pages 64 et 65.

Evidemment il s'en faut de beaucoup que l'aide du public soit toujours aussi efficace, mais on voit par l'exemple que nous avons cité combien, dans certains cas, la résistance des grévistes peut être augmentée du fait de cette assistance pécuniaire.

Une telle assistance donnée aux grévistes est-elle licite sans distinction ? Est-elle, au contraire, tantôt licite et tantôt illicite ?

Un point est hors de doute, c'est qu'il est impossible de proclamer d'une manière générale et absolue que l'assistance pécuniaire donnée aux grévistes est illicite.

Empêcher une personne charitable d'accorder un secours pécuniaire à de malheureux grévistes réduits à la misère ce serait une monstruosité au point de vue moral.

Les souffrances sans nombre qui accablent les grévistes et leurs familles, peuvent et doivent comme toutes les souffrances humaines toucher notre pitié : A quelque classe sociale que nous appartenions et même si tous les torts étaient du côté des grévistes, et il n'est que trop certain que bien souvent il en est autrement, nous ne pouvons sans nous avilir, nous, hommes civilisés, refuser de panser les plaies des blessés de la lutte pour la vie.

Au point de vue juridique, ce serait mettre les grévistes hors le droit commun, puisque seuls entre tous les malheureux, ils ne pourraient pas être secourus. J'ai bien le droit de disposer de ma fortune au profit de qui il me plaît, de faire telle donation que je veux, concevrait-on que par le fait qu'une personne est en grève il fût défendu, à moi de donner, à elle de recevoir ?

Odieux, arbitraire, tels seraient, pour nous résumer, les caractères de toute mesure qui tendrait à supprimer *ou même seulement à restreindre* le droit de secourir les grévistes.

C'est dire que nous rejetons absolument toute limitation que l'on pourrait vouloir établir basée sur le chiffre des secours : qu'il s'agisse d'une faible obole, ou d'une somme importante, le droit est, en principe, exactement le même.

Indiquons cependant que, pour décider si le donateur a agi avec l'intention de nuire au patron, ce point peut contribuer à éclairer la religion du juge. Nous y reviendrons plus loin.

Si, comme nous venons de l'indiquer, il est nécessaire que les tiers aient le droit de secourir les grévistes, par contre il faut absolument empêcher que l'on soudoie des ouvriers pour que ceux-ci se mettent en grève.

En général, pareils agissements proviennent d'un concurrent peu scrupuleux, auquel cas il y a possibilité de lui réclamer des dommages-intérêts pour *concurrence illicite*.

Rien de plus juste à notre avis lorsque — c'est évidemment le cas habituel — le concurrent a payé volontairement.

Mais un cas tout nouveau vient de se présenter devant le tribunal de Commerce de la Seine (1) où il semble bien que le tribunal a eu tort d'accueillir la demande en dommages-intérêts pour concurrence illicite :

Les chauffeurs des grandes compagnies de taxautos de Paris s'étant mis en grève, eurent une idée originale. Ils décidèrent que les taxautos des coopératives et des petits loueurs ne pourraient circuler qu'en payant au comité de la grève une taxe de 5 fr. par voiture et par jour. Ceux-ci sachant que la protection de la police eût été illusoire et que s'ils avaient voulu circuler sans le visa du comité de grève ils auraient eu leurs pneus crevés, le chassis défoncé, le chauffeur même assommé, cédèrent à cette exigence. Mieux valait encore pour eux payer une redevance aux grévistes qu'être astreints au chômage.

Les compagnies de taxautos les poursuivirent en concurrence illicite sous prétexte qu'en payant au comité de grève pour faire sortir leurs voitures ils entretenaient chez elle la cessation du travail, aux fins d'en tirer profit et de détourner leur clientèle. C'est cette prétention que le tribunal de commerce de la Seine, dont la décision est d'ailleurs actuellement portée devant la Cour d'Appel, vient de déclarer fondée.

Le résultat est celui-ci : Les coopératives et les petits loueurs après avoir payé une taxe aux grévistes, parce qu'ils

1. Rapporté au journal des Débats du 26 janv. 1912.

n'ont pu faire autrement, vont maintenant, pour ce fait, être forcés de payer des dommages-intérêts aux patrons !

Cela est extrêmement choquant et montre combien il est urgent de mettre fin par des mesures rigoureuses à l'intimidation que les grévistes exercent sur leur camarades.

Toutes les fois que de l'argent aura été versé aux grévistes par un concurrent du patron, c'est en intentant un procès en concurrence déloyale, qu'il sera possible d'obtenir des dommages-intérêts.

Mais ce moyen de procéder ne sera pas toujours possible. Supposez que celui qui verse de l'argent aux ouvriers pour les inciter à se mettre en grève ou aux grévistes pour leur permettre de prolonger leur résistance soit non un patron concurrent mais, par exemple, un homme politique ou encore un journal.

En pareil cas, un procès en concurrence déloyale ne se comprendrait pas. Le patron est-il alors désarmé ?

Celui que l'on voudrait poursuivre en responsabilité peut-il s'abriter en toute sécurité sous le prétexte qu'il a voulu secourir les grévites, comme c'était son droit ?

M. le conseiller Letellier dans le rapport (1) qui précéda l'arrêt de cassation du 29 juin 1897 s'exprimait ainsi : « Quant aux remises d'argent celles qu'on incrimine ne sont pas celles qui ont été faites aux grévistes dans une pensée de commisération et de charité que personne ne saurait blâmer, mais celles faites aux *non grévistes* c'est-à-dire aux ouvriers, restés ou entrés à nouveau dans l'usine, pour leur faire *quitter le travail*, et amener par la fermeture de l'usine, la ruine du patron ».

Et, de son côté, M. l'avocat général Duval à propos de la même affaire (2) disait : « Une distinction s'impose. Autre chose est de secourir les grévistes eux-mêmes, autre chose est de soudoyer des ouvriers non grévistes pour les décider à quitter leur travail. Les secours aux grévistes, la loi de 1864 en admet la légitimité. « Des étrangers, dans une pensée de commisération, fournissent des sommes d'argent à la coalition ; cette assistance ne constitue pas une manœu-

1. et 2. J. P. 1898, 1, 29.

vre frauduleuse » (Rapport de M. Emile Ollivier). Mais les subsides fournis à ceux qui ne sont pas grévistes, pour les déterminer à quitter le travail, c'est tout autre chose ; le rapport de M. Emile Ollivier y voit la manifestation de la manœuvre frauduleuse. « Des agitateurs politiques, désireux de jeter dans la rue, à un jour donné, une quantité considérable de peuple, soudoient des ouvriers pour qu'ils fassent cesser simultanément le travail dans un ou plusieurs ateliers ;.... ces divers actes constituent des manœuvres frauduleuses ».

Nous admettons avec M. le conseiller Letellier et M. l'avocat général Duval que l'on doit distinguer selon que les secours pécuniaires ont été accordés aux grévistes dans une pensée de commisération ou au contraire dans le seul but de nuire au patron. Nous avons en effet vu plus haut que l'intervention des tiers qui en principe est licite cesse de l'être lorsqu'elle n'est inspirée que par une pensée malveillante à l'égard du patron, un droit devenant nécessairement abusif lorsque celui qui l'exerce se propose uniquement de nuire à autrui. Il en est a fortiori de même dans le cas qui nous occupe où l'intervention des tiers est caractérisée par des actes matériels.

Seulement MM. Letellier et Duval semblent dire que pour apprécier si le donateur a eu ou non une intention malveillante à l'égard du patron il suffit de rechercher si l'argent a été versé à des ouvriers non encore en grève — auquel cas cette intention malveillante existerait — ou, au contraire, à des ouvriers déjà en grève — auquel cas le donateur aurait agi dans une pensée de commisération —.

Nous reconnaissons volontiers que ce point est un de ceux qui permettront le mieux au juge d'asseoir sa conviction : Il est, en effet, assez probable que dans le premier cas le donateur aura été poussé par le désir de nuire alors que cette intention lui aura fait totalement défaut dans le second cas. *Mais il n'y a là aucun caractère absolument fixe.* L'intention malveillante peut exister *même si* l'argent a été remis à des ouvriers déjà en grève. Ce point nous paraît évident. Supposez qu'une grève existe déjà, mais que les ouvriers lassés soient sur le point de reprendre leur travail.

A ce moment-là, pour nuire au patron, quelqu'un remet de l'argent aux ouvriers pour les encourager à prolonger la grève. Dira-t-on que cette personne a agi *nécessairement* par commisération ? Non, évidemment.

De même, des ouvriers travaillant à un tarif réduit, pris de pitié pour eux, je leur donne de l'argent pour les inciter à se mettre en grève. Est-ce à dire que je me sois *nécessairement* proposé pour but de nuire au patron ? Non, car enfin à tort ou à raison je puis estimer que cette grève sera profitable aux ouvriers. Je peux avoir agi dans l'intérêt des ouvriers tout aussi bien que contre le patron.

Mais alors, comment le juge décidera-t-il si les remises d'argent ont eu lieu ou non dans une intention malveillante ? Cette appréciation sera certainement toujours délicate.

Est-ce à dire qu'elle sera purement arbitraire ? Non.

L'importance considérable des sommes données, le fait qu'elles sont remises à des ouvriers qui ne paraissent pas mécontents de leur sort, parfois des remises faites clandestinement aux principaux meneurs, la personnalité même du donateur, par exemple le fait que la souscription est ouverte par le journal *La Guerre Sociale*, en un mot les multiples circonstances de fait peuvent donner au juge la conviction que le donateur a eu vraiment l'intention de nuire.

En pareille matière le juge doit se montrer extrêmement prudent d'ailleurs, et ne jamais présumer cette intention. Mais lorsque cette intention sera certaine, nettement établie, le donateur sera passible de dommages-intérêts.

Jusqu'à présent les recours exercés contre les tiers pour remises d'argent aux grévistes ont plutôt été basés sur le fait de concurrence déloyale et il n'est pas douteux que le demandeur ait intérêt à se placer sur ce terrain chaque fois que cela lui est possible.

Mais, dans le cas où il ne peut agir en concurrence déloyale, nous croyons qu'il peut en invoquant le principe de l'abus du droit, se défendre contre les attaques perfides d'un tiers.

II. — Intervention des syndicats

Lorsque le syndicat ne comprend exclusivement que les ouvriers mêmes de la corporation qui s'est mise en grève son rôle de tiers intervenant n'apparaît pas très nettement.

Ainsi, supposons qu'une grève vienne à éclater dans le personnel de la Compagnie des tramways de Marseille et que le syndicat des employés de tramways de cette ville soit amené à y jouer un rôle, on pourrait être tenté de dire que ce syndicat n'est pas un tiers intervenant mais qu'il est partie en cause, sa personnalité se confondant avec celle des grévistes eux-mêmes.

Pour nous, même dans ce cas, le syndicat n'est jamais qu'un tiers intervenant : Il forme un être juridique distinct de la personne des grévistes eux-mêmes, alors même que par impossible l'unanimité des ouvriers aurait proclamé la grève.

Quoi qu'il en soit, il est incontestable que le syndicat est un véritable tiers intervenant lorsqu'il comprend d'autres membres que les ouvriers mêmes de la corporation qui s'est mise en grève.

Tel serait le cas, par exemple, si une grève venant à éclater parmi les dockers de la Compagnie de navigation Mixte à Marseille le syndicat des dockers de Marseille prenait part au conflit.

Nous avons vu que pour un tiers intervenant ordinaire, en dehors du cas où il aurait participé à une grève illicite, sa responsabilité était engagée soit s'il avait agi dans le but de nuire au patron, soit s'il avait usé de moyens frauduleux.

La responsabilité des syndicats obéit en principe aux mêmes règles. C'est ainsi qu'il a été jugé (1) que si les membres d'un syndicat professionnel peuvent se réunir librement pour la discussion de leurs intérêts, et user de propagande pour recruter des adhérents à leur syndicat, ces réunions et cette propagande constituent un abus, lorsqu'elles ont eu lieu à l'usine ou le chantier sans la volonté du maître et que celui-ci, s'il en résulte pour lui un préju-

1. Bourges, 19 juin 1894, J. P. 1895, II, 197.

dice, peut en demander la réparation, dans les termes de l'art. 1382 c. civ.

De même l'affichage d'une mise à l'index est illicite lorsqu'elle contient des imputations diffamatoires ou des injures ou seulement une censure inutile (1).

Les moyens frauduleux d'intervention sont les mêmes pour un syndicat que pour un tiers ordinaire.

Mais il y a une différence fort importante entre la responsabilité d'un tiers intervenant quelconque et la responsabilité d'un syndicat.

Cette dernière est beaucoup plus étroite.

Tandis, en effet, que la responsabilité d'un tiers quelconque n'est engagée quant au but poursuivi que lorsqu'il a eu l'intention de nuire au patron, ainsi que nous venons de l'établir, la responsabilité du syndicat est engagée en outre lorsqu'il a agi dans un intérêt autre que professionnel ou, ce qui revient au même, dans un intérêt professionnel contraire à l'ordre public.

Ayant établi en quoi consiste l'intérêt professionnel pour un syndicat et après avoir justifié la différence que nous avons indiquée au point de vue de la responsabilité entre un syndicat et un tiers quelconque, il ne nous restera plus, pour achever cette première partie de notre étude, qu'à examiner si à côté de la responsabilité du syndicat, personne morale, la responsabilité de ses représentants peut également être engagée.

L'arrêt de cassation qui fixa la jurisprudence en cette matière est celui du 22 juin 1892.

Voici à la suite de quelles circonstances intervint cet arrêt (2). Le syndicat des ouvriers imprimeurs de Jallieu-Bourgoin dans une assemblée extraordinaire avait prononcé l'exclusion de l'ouvrier Joost, par le motif que celui-ci était en retard de payer ses cotisations, malgré les avertissements

1. Tr. civ., Douai, 7 mai 02, D. 03, 2, 329.
Tr. civ., Lyon, 15 mars 07, La loi, 18 janv. 08.
Nimes, 30 janv. 07, D. 08, 2, 171.
Lyon, 18 nov. 09, Le Droit, 19 janv. 10 avec note.

2. Cass. civ., 22 juin 1892, J. P. 1893, 1, 41.

qui lui avaient été donnés, et avait décidé en outre que les
ouvriers syndiqués cesseraient tout travail dans l'usine de
M. Brunet-Lecomte, tant que cet industriel conserverait
Joost dans ses ateliers. A la suite de cette sommation Joost
fut renvoyé. Il attaqua alors solidairement le syndicat et
ceux de ses membres qui avaient exécuté sa décision, leur
réclamant la somme de 10.000 fr. de dommages-intérêts
pour le double motif d'avoir été exclu du syndicat et d'avoir
eu son renvoi imposé au patron.

Le tribunal civil de Bourgoin (1) dans son jugement du
11 janvier 1890 repoussa la demande formée par Joost.

Nous ne discuterons pas les attendus pour ne pas revenir
sur des points sur lesquels nous nous sommes déjà
expliqué.

Contentons-nous de relever cette affirmation hasardée
« qu'il n'y a ni délit ni quasi-délit lorsqu'on exerce un
droit ; qu'en l'exerçant, on ne peut léser le droit d'un autre,
et que dès lors on n'est tenu à aucune réparation, quelque
préjudice matériel qui soit résulté pour autrui de l'exercice
de ce droit : qu'enfin, il importe peu qu'en exerçant un
droit, on ait eu l'intention de nuire à autrui... »

Sur appel, la Cour de Grenoble (2) confirma par arrêt du
23 octobre 1890.

Notons les considérants suivants qui nous paraissent particulièrement intéressants :

« Attendu... que la mise à l'interdit, comme aussi la pros-
cription d'atelier relevée contre le syndicat, seraient susceptibles de caractériser l'atteinte au libre exercice de l'industrie
ou du travail prévue par l'art. 416 c. pén. ; mais que, cet
article ayant été expressément abrogé par la loi du 21 mars
1884, sur les syndicats professionnels, les faits qui s'y trouvent visés sont insuffisants désormais pour constituer à eux
seuls, soit un délit pénal, soit un délit civil » principe qui,
énoncé ainsi sans aucune restriction, est, nous l'avons vu,
loin d'être exact.

De même : « Attendu que, si le but des membres du syndicat de Jollieu paraît avoir été de décider Joost à faire de

1. et 2. Loc. cit.

nouveau partie de leur société, ils n'ont nullement par là agi en fraude de l'art. 7 de la loi de 1884 ; que cet article dispose simplement que « tout membre d'un syndicat professionnel peut se retirer à tout instant de l'association, nonobstant toute clause contraire » ; qu'il n'a jamais été demandé à Joost de renoncer au bénéfice de cette disposition ; que, s'agissant ici d'une simple faculté accordée par la loi, il appartenait à Joost de n'en pas user à telle date et dans telle circonstance... »

Et plus loin :

Attendu que la démarche du syndicat « paraît avoir été déterminée par des considérations d'intérêt professionnel, et non par des sentiments d'hostilité et de malveillance contre Joost ».

De ce dernier considérant la Cour de Cassation ne parle pas ; nous verrons plus loin ce qu'il faut en penser.

La Cour de Cassation, par contre, détruit complètement l'argument tiré de l'interprétation de l'art. 7 de la loi de 1884.

« Attendu, dit-elle, que l'art. 7, susvisé, donne à tout membre d'un syndicat professionnel le droit absolu de se retirer de l'association, quand bon lui semble ; que si, depuis l'abrogation de l'art. 416 c. pén. les menaces de grève adressées, sans violence ni manœuvres frauduleuses par un syndicat à un patron à la suite d'un concert entre ses membres, sont licites quand elles ont pour objet la défense des intérêts professionnels, elles ne le sont pas, lorsqu'elles ont pour but d'imposer au patron le renvoi d'un ouvrier, parce qu'il s'est retiré de l'association et qu'il refuse d'y rentrer ; Que, dans ce cas, il y a une atteinte au droit d'autrui, qui, si ces menaces sont suivies d'effet, rend le syndicat passible de dommages-intérêts envers l'ouvrier congédié.

Attendu, en fait, que Joost a maintenu, tant en appel qu'en première instance, qu'il avait donné en mars 1889, sa démission... etc.

Attendu que, si l'arrêt attaqué a admis Joost à prouver les faits énoncés dans la première de ces articulations, il a refusé de l'appointer à faire preuve des autres ; qu'en statuant ainsi, il a dès lors violé les articles de loi ci-dessus visés... »

Ainsi, d'après la Cour de Cassation, lorsqu'un syndicat menace un patron de la grève s'il ne consent pas à renvoyer un ouvrier non syndiqué, il est responsable parce qu'il n'agit pas dans un intérêt professionnel.

M. Jay (1) proteste contre l'idée que la Cour de cassation se fait de l'intérêt professionnel. C'est, dit-il, « apprécier fort inexactement la portée des mesures prises par les ouvriers dans notre espèce, que de les réduire à la proportion mesquine d'actes de rancune, de vengeance personnelle... Tous ces faits ne sont que des manifestations d'une tendance générale, commune à toutes les associations professionnelles ouvrières. Les directeurs de ces associations s'aperçoivent vite qu'elles ne pourront jouer un rôle efficace, modifier, améliorer les conditions du travail que le jour où elles comprendront la grande majorité, sinon la totalité des ouvriers de la profession. Et alors, pour atteindre ce but, on les verra essayer de diverses démarches, qui toutes tendront au même résultat, rendre l'adhésion au syndicat obligatoire en fait pour le plus grand nombre possible d'ouvriers. Qu'on juge ces démarches comme on voudra, on ne peut se refuser à reconnaître qu'elles sont inspirées par des vues d'ordre général, par une certaine façon (juste ou non, peu importe) de concevoir les intérêts professionnels, et non pas, uniquement par le souci de porter atteinte à des intérêts professionnels. » (2).

A son tour, M. Paul Boncour (3) explique et développe la même théorie :

« Nous ne voyons pas en quoi, dit-il. exercer une interdiction de travail contre un ouvrier non syndiqué, et pour ce seul motif, dépasse la limite des intérêts professionnels. Une telle interdiction est, au contraire, nous l'avons vu, une des manifestations les plus fréquentes de cette ten-

1. En note sous l'arrêt précité.

2. M. Lucien Chessex soutient la même théorie : Clunet 1909 p. 308 sous tr. féd. 11 avr. 1908.

3. Fédéralisme économique, p. 306 et s.

5

dance à la souveraineté des groupements professionnels que
nous avons suivie au travers de toute sa longue et doulou-
reuse histoire... Quand un groupement professionnel exige
le renvoi d'un ouvrier, parce qu'il ne se soumet pas à certaines conditions de travail, ou parce qu'il n'est pas syndiqué, c'est toujours la manifestation d'une même tendance,
d'une même souveraineté, d'un même exclusivisme, d'une
même tyrannie, si l'on veut ; mais souveraineté, exclusivisme, tyrannie, c'est toujours une appréciation, vraie ou fausse, de l'intérêt professionnel qui est à la base. Or, les tribunaux mêmes déclarent, dans certains cas, ces tendances con-
formes à la loi de 1884 ; c'est quand elles portent sur les
conditions du travail, quand elles se traduisent par une
interdiction de travail exercée contre l'ouvrier qui ne se
soumet pas aux conditions du travail. Pourquoi donc les
déclarer contraires à la loi, quand elles se traduisent par
une interdiction de travail contre un ouvrier non syndiqué ?
Le but poursuivi est cependant le même ; le groupement
ouvrier justifie cette interdiction par les mêmes raisons qu'il
justifie l'autre et déclare cette politique nécessaire pour une
défense effective des conditions du travail. »

Mᵉ Léon Bohler en sa thèse de doctorat (1), soutenue à Aix
en 1905, approuve cette théorie.

Nous ne croyons pas pouvoir le suivre dans cette voie.

L'assimilation que M. Boncour s'efforce d'établir ne nous
paraît pas juste.

Lorsqu'un ouvrier non syndiqué accepte de travailler au-
dessous du tarif prévu par le syndicat, incontestablement il
porte tort aux intérêts de sa profession. Comme le fait
remarquer M. P. Bureau (2) avec beaucoup de raison. « Il
existe entre tous les ouvriers d'une usine, une solidarité
étroite si précise, que toute amélioration ou toute aggrava-
tion dans la condition économique d'un de ces ouvriers,
affecte nécessairement en bien ou en mal la condition de
tous les autres ». Qu'un seul ouvrier obtienne une hausse de

1. Personnalité et responsabilité civile des syndicats professionnels,
thèse 1905, Aix.

2. Bibliothèque générale des sciences sociales. Le droit de grève et la
liberté du travail, par P. Bureau.

salaires, et immédiatement des milliers d'ouvriers ont une raison suffisante pour réclamer un avantage semblable. En sens contraire, qu'un seul consente à ne plus percevoir qu'un salaire moindre, il menace aussitôt la condition de ses compagnons.

Dans ce cas, il est légitime que le syndicat s'efforce d'empêcher cet ouvrier de travailler à un tarif qui porte tort à la profession tout entière. Il y a là un intérêt *immédiat* et *évident* pour les syndiqués. C'est ce qu'a jugé le tribunal civil du Havre (1), à la date du 26 oct. 1894.

Mais si un patron embauche au tarif ordinaire un ouvrier non syndiqué, l'intérêt que le syndicat a à agir n'est plus ni immédiat ni certain. Sans doute les ouvriers ont le droit de penser que du développement de plus en plus considérable du syndicat doive résulter pour eux une amélioration de leur sort, mais outre que ce résultat n'est pas absolument évident, on nous le concédera sans doute, c'est d'une façon bien indirecte et bien éloignée qu'en frappant un ouvrier non syndiqué les ouvriers travaillent au développement du syndicat. Ce qui apparaît nettement, c'est l'oppression exercée sur un individu : le développement du syndicat qui peut en résulter est, nous voulons l'admettre, un intérêt professionnel, mais cet intérêt professionnel est noyé, disparaît sous l'intention de nuire à autrui.

Mais enfin, admettons que cet intérêt professionnel embryonnaire soit tenu pour existant. Si cet intérêt professionnel tel que le conçoivent les ouvriers, est contraire à ce que le législateur considère comme l'ordre public, il est évident qu'il doit être tenu pour nul et non avenu.

Or, tel est précisément le cas en notre espèce. Donc, en admettant même que des ouvriers qui mettent le patron en demeure de renvoyer un non syndiqué aient agi dans un but professionnel, cet intérêt étant contraire à l'art. 7 de la loi de 1884, qui pose en principe la liberté de l'ouvrier de s'affilier ou non à un syndicat, est non existant. Ainsi pas de doute, à notre avis, les ouvriers avaient encouru une responsabilité.

1. D. P. 1825. 2. 202.

Mais cette interprétation que conformément à l'arrêt de cassation précité, nous avons donnée de l'art. 7 de la loi de 1884, est-elle exacte au point de vue juridique ?

M. Jay nous reproche d'exagérer singulièrement la portée de l'art. 7 de la loi du 21 mars 1884. Il prétend que cet article viserait « uniquement à annuler toute disposition des statuts qui aurait pour effet de lier, pour un temps plus ou moins long, le syndiqué au syndicat ».

La preuve qu'il n'en est pas ainsi et qu'en réalité la loi a voulu que rien ne vint entraver le droit pour l'ouvrier de se retirer librement, que ce à quoi elle s'est attachée c'est à protéger l'ouvrier, considéré individuellement, contre la tyrannie de la majorité, contre l'oppression de la masse, cette preuve résulte clairement de la suite même du texte de cet article 7.

Nous y lisons, et cela est caractéristique, que l'ouvrier « qui se retire du syndicat conserve néanmoins le droit d'être membre des sociétés de secours mutuels et des pensions de retraite pour la vieillesse, à l'actif desquelles il a contribué par les cotisations qu'il a versées pendant qu'il faisait partie de l'association ».

Pourquoi la loi prend-elle la peine de spécifier que l'ouvrier qui se retire du syndicat conserve ces avantages, si ce n'est pour empêcher que le syndicat, multipliant les liens qui l'attachent à l'ouvrier, et par la menace d'un ostracisme désastreux, annihile en fait complètement la liberté de ses membres de se retirer quand il leur plait ?

Ainsi la Cour de cassation a fait de l'art. 7 de la loi de 1884 une très juste appréciation et il ne nous semble pas qu'une critique quelconque puisse lui être adressée sur ce point.

Au point de vue social quel est le but et la raison d'être de cet article 7 ? Il n'est pas inutile d'examiner rapidement la question afin de bien comprendre l'esprit et la portée de cet article et d'en tirer nettement les conséquences pratiques.

La loi de 1884 sur les syndicats professionnels accordant aux ouvriers ce droit d'association permanente que la loi de 1864 n'avait pas voulu leur reconnaître n'a eu d'autre but que de leur donner une arme plus redoutable pour leur permettre de lutter plus efficacement contre le patronat.

Il ne nous appartient pas d'examiner si le poids de cette arme nouvelle n'a pas désormais fait pencher la balance du côté ouvrier et si, sous prétexte de compléter la loi de 1864, on ne l'a pas en réalité faussée en détruisant l'équilibre social.

Ce que nous remarquons, ce sur quoi nous insistons, c'est que la loi de 1884 comme celle de 1864 entend sauvegarder la liberté pour les ouvriers de participer ou non à la grève.

« Le droit d'un ouvrier qui veut travailler est aussi sacré que le droit de cent ouvriers qui veulent faire grève », s'est écrié Waldeck-Rousseau, le rapporteur de la loi de 1884, en une phrase demeurée célèbre.

M. Clémenceau disait dans le même esprit le 16 juin 1906 : « J'estime que tout homme qui a besoin de travailler et qui trouve du travail a le droit de travailler ».

Telle était exactement la conception du législateur de 1864. L'idée maîtresse du rapport de M. Emile Ollivier est dans cette pensée d'Adam Smith qu'il fait sienne (1) : « La plus sacrée et la plus inviolable de toutes les propriétés est celle de son propre travail, parce qu'elle est la source originaire de toutes les autres propriétés. Le patrimoine du pauvre est dans sa force et dans l'adresse de ses mains, et l'empêcher d'employer cette force et cette adresse de la manière la plus convenable, tant qu'il ne porte dommage à personne, est une violation manifeste de cette propriété primitive ».

On objecte que l'ouvrier qui refuse de faire grève avec ses camarades porte tort à ces derniers. Il va sans dire, en effet, que plus est considérable le nombre des grévistes plus est efficace la pression exercée sur le patron. Aux yeux des grévistes l'ouvrier qui continue à travailler est un traître. « Que le bon bourgeois, dit M. Edouard Berth (2), se dise donc une bonne fois que la grève c'est la guerre, et qu'aux yeux des ouvriers, le non gréviste est un traître, un déserteur, un être monstrueux, et qui abandonnant ses camarades

1. Rapport de M. Emile Ollivier D. P. 64. 4. 60.

2. Edouard Berth dans le Mouvement socialiste, rapporté par P. Bureau, loc. cit.

dans la lutte, est bien mal venu d'invoquer sa liberté, car sa liberté, c'est de la traîtrise, de la lâcheté, un crime de lèse-solidarité ouvrière. »

C'est dans cet esprit que MM. Viviani, Coutant, Jules Guesde, etc., déposaient le 8 février 1894 une proposition de loi tendant à rendre obligatoire pour la masse des ouvriers d'une profession ou d'une usine les résolutions de cesser, de continuer ou de recommencer le travail qui auraient été prises par la majorité d'entre eux.

Il se peut, il est vrai, que la lutte entreprise soit juste et que l'ouvrier qui continue à travailler le fasse non par misère mais par égoïsme et flagornerie, auquel cas il porte tort injustement à la profession tout entière.

Mais il se peut aussi, et cela arrive au moins aussi souvent, que la grève soit déraisonnable. Les grévistes brutaux qui voudraient obliger leurs camarades à faire grève comme eux, exerceraient sur eux la plus monstrueuse oppression, en leur volant cette propriété « la première, la plus sacrée, la plus imprescriptible de toutes » (1), la propriété du travail.

Sans doute il serait désirable que dans une grève juste aucun ouvrier ne vint à l'encontre des intérêts de la profession, mais c'est là un vœu purement platonique. Décider que dès qu'une certaine majorité aura voté la grève, celle-ci sera obligatoire pour tous, c'est, croyons-nous, créer la tyrannie de la masse.

Telle était en tout cas, nous l'avons montré, la conception du législateur de 1884.

Or cette conception, à notre avis si raisonnable, ne peut pas être celle du syndicat. Représentant de la masse ouvrière, animé de son esprit, le syndicat, c'est ce que disaient très justement MM. Jay et Boncour, vise nécessairement à l'omnipotence.

Cette omnipotence, le législateur la combat dans l'art. 7 en posant ce principe que l'ouvrier est toujours libre de sortir du syndicat. En effet, une fois syndiqué, l'ouvrier est tenu par des liens moraux si puissants qu'il lui est *mo-*

---

1. Parole de Turgot rapportée par M. Emile Ollivier, loc. cit.

ralement impossible de ne pas faire grève lorsque le syndicat en donne l'ordre. C'est dire que sa liberté ne peut être entière que s'il a toujours la possibilité de sortir du syndicat.

Nous avons parlé de lien moral. Mais y a-t-il davantage? Lorsque le syndicat décide la grève, l'ouvrier syndiqué est-il *légalement* tenu de suivre ses ordres? En entrant dans le syndicat, en en acceptant les avantages, n'a-t-il pas aliéné librement et volontairement sa liberté de faire grève?

La question s'est posée à propos du renvoi par une association syndicale ouvrière d'un ouvrier qui avait continué à travailler quand une grève avait été déclarée. Il s'agissait de savoir si ce renvoi pouvait être considéré comme légitime. La Cour d'Aix (1) déclare qu'en pareil cas le renvoi est parfaitement licite et que le principe supérieur de la liberté du travail n'y saurait faire obstacle.

En l'espèce cependant, le renvoi n'était pas régulier, mais pour un tout autre motif, parce que l'ouvrier n'avait pas été mis en demeure par un avis du bureau du syndicat.

Sur ce dernier point de pure procédure la Cour confirme le jugement rendu par le tribunal civil d'Aix le 23 novembre 1903 (2).

M. Planiol, en note sous cet arrêt, envisage nettement la difficulté : « La grave question qui se pose est celle-ci : Un citoyen qui vit du travail de ses mains, peut-il s'obliger à cesser de travailler sur ordre d'autrui, lorsque personnellement il lui plaîrait de rester à l'atelier? N'y a-t-il pas là un droit inhérent à la personnalité humaine et dont on ne saurait se priver par convention ? »

Mais ce savant auteur pense que ces objections ne sont pas fondées. « A proprement parler, l'ouvrier syndiqué n'est pas *obligé* de faire grève ; il est seulement forcé d'opter entre les inconvénients et les avantages que lui offre le syndicat. »

Réponse insuffisante, à notre avis. Sans doute l'ouvrier est toujours libre de se soustraire aux charges du syndicat

1. C. Aix, 23 nov. 04, jurispr. civ. d'Aix et de Marseille 1905, p. 85. — D. P. 05, 2, 121 avec *note* de M. Planiol.

2. Aix, 23 nov. 03, jurispr. civ. Aix et Mars 1904, p. 246.

en cessant d'en faire partie, mais c'est déplacer la question que de la porter sur ce terrain.

Le syndicat, en effet, n'est pas une société privée libre d'accepter ou non ceux qui demandent à y entrer : la loi donne aux ouvriers le droit d'exiger du syndicat qu'il les accepte comme membres. C'est dire que le syndicat ne peut établir les statuts que bon lui semble mais qu'il doit, au contraire, se conformer aux vœux du législateur.

Toute la question est donc de savoir s'il est possible à un ouvrier d'aliéner sa liberté de faire grève. Nous ne le pensons pas. Le législateur de 1884, nous l'avons vu, comme celui de 1864 considère que le droit au travail est inhérent à la nature humaine. Or ce droit subirait une atteinte extrêmement grave si tous les ouvriers syndiqués, c'est-à-dire un nombre considérable d'ouvriers, avaient pu en fait s'en priver eux-mêmes.

D'ailleurs, il faut aller jusqu'au bout du principe. Si l'ouvrier est légalement tenu de faire grève, non seulement on peut s'il continue à travailler le renvoyer du syndicat, mais on peut même lui réclamer des dommages-intérêts. Il a commis un quasi-délit en travaillant !

M. Wahl (1) va jusque-là ; il considère même que c'est un « point délicat » que celui de savoir si les violences sont punissables vis-à-vis de cet ouvrier. Sur ce dernier point cependant il conclut à l'affirmative.

« Ces ouvriers, dit-il (ceux qui faisant partie du syndicat qui a ordonné la grève y ont par le fait même adhéré), ont... violé une convention à laquelle ils avaient librement participé ; *cette convention était licite, puisque le droit de grève est reconnu par la loi et que par suite il n'est pas défendu de pactiser sur la grève ;* nous ne faisons pas de doute que les ouvriers qui ont méconnu cet accord ne puissent être condamnés à des dommages-intérêts, soit vis-à-vis du syndicat professionnel qui a ordonné la grève, soit vis-à-vis des ouvriers qui ont observé les conditions du contrat : toute violation d'une convention licite entraîne une responsabilité civile lorsque de cette violation résulte un préjudice...

1. Revue trim. 1908, p. 628, art. précité.

Mais la violation du contrat ne légitime pas les voies de fait auxquelles ils se sont livrés... Il n'appartient pas aux particuliers de tirer une vengeance matérielle du préjudice qui leur est causé ».

C'est, ce nous semble, une véritable pétition de principe que de dire : La grève étant licite, l'engagement de faire grève est nécessairement licite.

Ce qu'il faudrait démontrer, or M. Wahl n'esquisse même pas cette démonstration, c'est que l'on peut valablement renoncer à la *liberté* de la grève. C'est un peu comme si on disait : Il est permis de ne pas se marier, donc l'engagement de ne pas se marier est valable.

Cet engagement n'est-il pas nul comme attentatoire à la liberté humaine, c'est la seule question à résoudre dans le premier comme dans le second cas. Or, sur ce point, nous avons déjà exprimé notre sentiment.

M. Crouzel (1) qui partage notre manière de voir fait cette remarque fort juste que « dans l'intention même des coalisés d'ailleurs, les liens qui les unissent sont des liens d'honneur plutôt que des liens civils et légaux ».

Ainsi, le principe que la grève doit toujours être absolument libre pour l'ouvrier s'oppose à l'omnipotence du syndicat.

Même syndiqué, l'ouvrier n'est jamais *tenu* de faire grève; et, d'autre part, le syndicat excède son droit lorsque, pour obliger un ouvrier à s'affilier au syndicat, il met le patron en demeure, sous menace de grève, de renvoyer cet ouvrier. Il excéderait également son droit en mettant un patron à l'index pour l'empêcher d'embaucher un ouvrier non syndiqué.

Dans ce cas, l'ouvrier même non spécialement visé qui prouverait que cette mesure lui a porté tort serait en droit d'en obtenir réparation (2) : conformément au droit commun la preuve de l'intention dolosive incombe au demandeur (3).

1. Crouzel, loc. cit.

2. Lyon, 15 mai 1895, J. P. 1896, II, 30.

3. Havre, 26 oct. 1894, D. P., 95, 2. 202. — Trib. civ. Marseille, 29 avr. 03. Bull. jurispr. civile, Aix et Marseille 03, p. 344.

Par contre, nous ne croyons pas qu'on puisse refuser à un syndicat le droit d'agir sur des ouvriers non syndiqués pour les déterminer à se mettre en grève.

« Il est incontestable, en effet, dit M. Wahl(1), dont sur ce point nous approuvons pleinement les idées, qu'un syndicat professionnel, en raison des termes absolus de la loi de 1884, a charge de défendre les *intérêts professionnels* et non pas seulement les intérêts de ses adhérents.

Et M. Wahl ajoute : « Au surplus, c'est bien dans l'intérêt de ses membres qu'agit le syndicat qui impose la grève aux ouvriers non syndiqués. Il entend, en généralisant la grève, soit donner plus de force aux revendications de ses adhérents, soit punir les chefs d'entreprise qui n'ont pas écouté ces revendications. Dans les deux cas le syndicat a en vue l'intérêt de ses membres... »

Si, ainsi que nous venons de l'indiquer, le principe essentiel de la liberté de la grève s'oppose à l'omnipotence du syndicat, il ne saurait davantage appartenir soit aux non syndiqués, soit au patron, de restreindre arbitrairement les droits qui lui sont conférés par la loi.

Le cas où des ouvriers non syndiqués se ligueraient entre eux pour obliger le patron, sous menace de grève, à renvoyer un ouvrier par le motif qu'il est membre du syndicat, ne paraît guère s'être présenté en pratique. Il n'est pas douteux que, dans ce cas, la responsabilité de ces ouvriers serait engagée. Le même raisonnement peut être fait que dans l'hypothèse inverse : ces ouvriers n'ont point agi dans un intérêt professionnel. Ce qui apparaît nettement, c'est l'oppression exercée sur un individu. S'ils ont voulu ruiner l'influence du syndicat qu'ils jugeaient néfaste, cet intérêt n'est qu'indirect et disparaît sous l'intention de nuire à autrui.

En admettant même que cet intérêt doive être considéré comme suffisamment apparent, il devrait être tenu pour inexistant, comme contraire à l'ordre public. La loi de 1884 donne à l'ouvrier le droit de faire partie d'un syndicat et c'est porter atteinte à la loi que de restreindre d'une manière quelconque le droit de l'ouvrier sur ce point.

1. Rev. trim. 08, p. 619.

Une hypothèse beaucoup plus délicate et qui s'est présentée fréquemment en pratique, est celle d'un patron qui refuse d'embaucher un ouvrier par le motif que celui-ci est syndiqué.

Sur ce point, la Chambre des députés à adopté en mai 1890 (1) et ultérieurement, le 4 avril 1892 (2), une proposition Bovier-Laperre tendant à frapper à la fois d'amende et d'emprisonnement « les patrons... convaincus d'avoir, par menace de perte ou de privation de travail, *refus motivé d'embauchage*, renvoi d'ouvriers ou d'employés, à raison de leur qualité de syndiqués, entravé ou troublé la liberté des associations professionnelles ».

Mais le Sénat s'est toujours refusé à voter ce texte.

De même, le projet déposé sur le bureau de la Chambre le 14 nov. 1899 (3) par M. Waldeck-Rousseau, porte un art. 10 ainsi conçu: « *L'entrave volontaire apportée* à l'exercice des droits reconnus par la présente loi, *par voie de refus d'embauchage* ou de renvoi..., constitue un délit civil ».

Mais ce projet est encore à l'état de projet.

Par contre, aux Etats-Unis (4), la Cour suprême a cassé comme inconstitutionnelle une loi interdisant aux compagnies de chemins de fer de rechercher si leurs employés appartenaient ou non à des organisations ou à des syndicats et de congédier ces employés pour ce motif. La compagnie a le droit d'agir ainsi, malgré la loi, attendu que chacun est maître chez soi et qu'on ne saurait refuser aux compagnies et aux patrons de choisir qui leur convient comme employé et ouvrier.

En l'absence de tout texte législatif tranchant la question quelle est sur ce point l'attitude de la jurisprudence ?

La Cour d'Aix dans son arrêt du 21 déc. 1910 (5) a posé sur ce point les principes suivants :

1. J. Off. du 14 mai 1890. Déb. parl. de la ch. des députés, p. 791.

2. J. Off. du 5 avril 1892. Déb. parl. de la ch. des députés p. 451 et s.

3. J. Off. de déc. 1899. Doc. parl. de la Chambre des députés p. 125.

4. Clunet, 1908, p. 298.

5. Bull. jurispr. civ., Aix et Marseille, 1903, p 344. — *Même sens :* Cass. 13 mars 1905. Bull. off. trav., 1906, p. 479.

Le patron n'est pas obligé de révéler les motifs de son refus de prendre ou de garder à son service certains employés.

Il est en droit d'exiger de ceux qu'il embauche, l'affirmation écrite qu'ils ne sont pas syndiqués et peut stipuler une sanction au cas où pendant la durée de leurs services ils s'affilieraient à un syndicat.

Toutefois il deviendrait répréhensible s'il était prouvé que son *but réel* était de porter atteinte méchamment à la liberté syndicale et de créer une entrave injustifiée à l'exercice des droits reconnus par la loi.

Telle est exactement l'opinion de M. Ferron (1). « Le fait, dit-il, de la part d'un patron de refuser l'embauchage à un ouvrier, sous le prétexte que cet ouvrier fait partie d'un syndicat déterminé, peut constituer une faute *à l'égard du syndicat, mais ne constitue pas nécessairement cette faute.* Pour qu'il y ait faute, il faut que le patron *n'ait eu qu'un but, celui de nuire au syndicat,* d'entraver... le fonctionnement d'une institution légale : ce qui ne résulte pas nécessairement du seul refus d'embauchage ».

Nous croyons qu'on doit aller plus loin. Un patron incontestablement a toujours le droit de ne pas embaucher un ouvrier syndiqué ; mais, s'il n'a aucun reproche à lui adresser et s'il n'a contre lui d'autre grief que d'appartenir à un syndicat (notons que c'est au patron à prouver qu'il n'en est pas ainsi), alors il abuse de son droit et est passible de dommages-intérêts tant envers cet ouvrier qu'envers le syndicat lui-même.

Peu nous importe que son *but* ait été ou non de nuire au syndicat. L'abus du droit, nous l'avons vu, n'est point quelque chose de subjectif : Il existe *objectivement*. C'est aller contre le vœu du législateur que d'entraver le libre développement du syndicat et cela suffit, *en dehors de toute intention malveillante*, pour engendrer une responsabilité.

Le tribunal de commerce d'Epernay (2), à la date du 28 fév. 06, en des attendus particulièrement remarquables, sans

1. Note sous Bordeaux 14 déc. 03 S. 05. 2. 17.

2. Bull. off. trav. 06, p. 480.

rechercher si le patron a eu ou non pour *but* de nuire au syndicat, a jugé que le président de la chambre syndicale est en droit de demander des dommages-intérêts si on a refusé d'embaucher des ouvriers par ce seul motif qu'ils étaient syndiqués.

« Attendu qu'il est loisible sans aucun doute à un patron de refuser d'embaucher un ouvrier quel qu'il soit, quand celui-ci ne lui paraît pas dans les conditions voulues pour remplir un devoir déterminé ;

« Mais attendu que le fait de refuser de prendre un employé, un ouvrier, ou d'engager un artiste sans examen et sous le seul prétexte qu'il fait partie d'un syndicat, constitue, à n'en pas douter, non plus l'exercice naturel et normal d'un droit, mais un véritable abus engendrant une faute réelle ; que la loi du 21 mars 1884 relative à la création des syndicats professionnels est égale pour tous ; qu'elle reconnaît, sans distinction, aussi bien les syndicats patronaux que les syndicats ouvriers, qu'elle les réglemente, leur crée des obligations et des devoirs et leur reconnaît, par là même, des droits ; que ce serait menacer gravement la formation et l'existence même des syndicats ouvriers que de laisser passer, sans répression, le fait par un patron de se refuser systématiquement à embaucher un ouvrier par cette seule raison qu'il fait partie d'un syndicat ; qu'on doit y voir, au contraire, une atteinte manifeste et grave, tant à la liberté de la constitution syndicale reconnue expressément par l'art. 2 de la loi précitée, qu'au travail lui-même ; qu'en décider autrement amènerait à sanctionner comme possible et légal ce fait, manifestement contraire à l'ordre public et aux nécessités de l'existence, qu'un syndicat patronal pourrait exclure du droit au travail toute une catégorie d'ouvriers, par cette seule raison que ceux-ci usant d'un droit qui leur appartient, se seraient syndiqués, et qu'on arriverait ainsi à les priver d'une partie de leur liberté ;

« Attendu qu'en mettant de la sorte à l'index un syndicat créé pour défendre les intérêts de la corporation qu'il représente et en refusant d'embaucher les membres syndiqués, sans qu'il y ait jamais eu *d'autres motifs d'exclusion que leur qualité de syndiqués*, Enger a causé un préjudice au *syndicat lui-même* » (1).

Remarquons que peuvent obtenir des dommages-intérêts non-seulement l'ouvrier lésé, ce qui allait de soi, mais le syndicat lui-même.

Cela est conforme aux principes.

Que le syndicat, en effet, n'ait le droit d'exercer « que les actions, qui n'étant pas dans le commerce, ne peuvent être exercées par aucun de ses membres » (2) comme le prétend une première opinion ou que, au contraire, conformément à une seconde opinion d'ailleurs plus rationnelle, l'action du syndicat soit déclarée recevable « toutes les fois qu'elle serait justifiée par un intérêt collectif évident, qu'elle aurait pour objet la défense des intérêts généraux de la profession... alors même que, de fait, son action paraîtrait devoir profiter plus spécialement à certains membres du syndicat » (3), peu nous importe en l'espèce car, ce qui est en jeu, ce n'est pas l'intérêt collectif, mais l'intérêt du syndicat considéré comme personne distincte, comme « unité civile ».

Nous nous sommes efforcé de concilier les deux principes essentiels de la liberté du travail et du droit d'association professionnelle, et d'établir une balance équitable entre les droits de la collectivité ouvrière et les droits non moins légitimes des ouvriers indépendants.

Le syndicat, avons-nous dit, n'a pas le droit de menacer un patron de mise à l'index pour l'obliger à chasser ou l'empêcher d'embaucher un ouvrier non syndiqué : Il ne peut exiger légalement d'un ouvrier syndiqué qu'il se mette en grève. Mais par contre il peut agir, même sur les non-syndiqués, pour les engager à la grève.

Inversement, les non-syndiqués ne peuvent faire pression sur le patron pour le mettre en demeure de chasser ou de ne pas embaucher un ouvrier syndiqué et le patron n'a pas

1. Même sens : tr. Lille, 12 nov. 06, Bull. off. trav. 08, p. 574.

2. Consult. de Waldeck-Rousseau, Rec. pér. de proc., 1887, p. 49.

3. M. Pic tr. élém. de législ. industr. 2e édit. n° 424. Note anonyme sous cass. 1er fév. 1893 S. et P. 1896. 1. 329.

le droit de refuser d'embaucher un ouvrier pour le motif qu'il est affilié au syndicat.

Evitant toute extension dangereuse comme toute limitation arbitraire des pouvoirs du syndicat, nous disons avec M. Pic (1) : « L'attitude d'un syndicat qui prétend contraindre le patron à renvoyer un ouvrier parce qu'il n'est pas syndiqué, ne nous semble pas plus légitime que celle du patron qui renvoie un ouvrier parce qu'il est adhérent d'un syndicat, et nous estimons que dans l'un et l'autre cas le congé peut servir de base à une action en dommages-intérêts. »

En essayant, comme nous venons de le faire, d'établir quels sont les actes que le syndicat n'a pas le droit d'accomplir et, inversement, quels sont ceux dont les tiers sont tenus de s'abstenir à son égard, nous ne nous sommes aucunement éloigné du sujet qui nous occupe.

Nous avons en effet établi par là ce que l'on doit entendre par *intérêts professionnels légitimes* du syndicat : Or c'est là un point capital.

En effet, lorsqu'il s'agit d'un syndicat, il ne suffit pas comme pour un tiers intervenant quelconque que la grève à laquelle il a pris part ait été entreprise par les ouvriers dans un intérêt professionnel légitime et, d'autre part, qu'il n'ait pas eu l'intention de nuire (nous nous sommes déjà expliqué sur ces deux points).

La responsabilité du syndicat est plus étroite. Cet « intérêt professionnel » qui, pour un tiers quelconque, ne se conçoit même pas et qui, par conséquent, contrairement à ce que laisserait supposer la formule employée par la Cour de cassation, formule que nous avons critiquée, ne peut être exigé d'un tiers quelconque, ce même « intérêt professionnel » a ici une signification précise que nous avons déterminée.

D'autre part, l'art. 3 de la loi du 21 mars 1884 est ainsi conçu : « Les syndicats professionnels ont exclusivement pour objet l'étude et la défense des intérêts économiques, industriels, commerciaux et agricoles. » Il suit de là que les

1. M. Pic, Annales de Droit commercial, 1893, p. 439.

syndicats n'ont qu'une personnalité civile restreinte et qu'en dehors des intérêts professionnels légitimes des syndiqués qu'ils représentent ils sont sans droit pour agir.

Un syndicat agit donc sans droit et par conséquent commet une faute qui engage sa responsabilité, lorsqu'il intervient, même sans aucune fraude, dans une grève qui a éclaté dans une profession autre que celle dont il a la charge, ou lorsque, c'est une simple application du principe que « nemo auditur turpitudinem suam allegans, » le but qu'il poursuit est illégitime.

Théoriquement donc, lorsque, à la suite de l'intervention d'un syndicat dans une grève, nous voulons savoir si sa responsabilité est engagée, nous devons (en dehors, bien entendu, de l'examen des circontances qui ont accompagné la grève) nous demander si les grévistes ont agi dans un intérêt professionnel légitime et si, d'autre part, c'est également dans un intérêt professionnel légitime que le syndicat est intervenu.

Ces deux intérêts sont *distincts*, théoriquement tout au moins, puisque l'un se rapporte au but visé par les grévistes et l'autre au but visé par le syndicat.

Pratiquement l'un et l'autre intérêt se confondront *le plus souvent*, nous le reconnaissons, car syndicat et grévistes auront en général visé le même but.

Mais il n'en est point *nécessairement* ainsi, et cela suffit pour justifier notre distinction.

Tel serait le cas si un syndicat intervenait dans une profession qui lui est étrangère pour y fomenter la grève. Les grévistes qui, nous le supposons, ont eu pour but une augmentation de salaire, ont agi dans un intérêt professionnel ; le syndicat qui a agi en dehors de sa profession n'a pas, par contre, visé un intérêt professionnel. Ce syndicat sera responsable alors que la responsabilité des grévistes ne sera pas engagée.

Une jurisprudence considérable et bien établie (1) décide

---

1. C. Lyon, 2 mars 1894, D. P., 94, 1, 305. — Trib. civ., Toulon, 3 janv. 05, Rev. cons. Prud'hommes, 05, 211. — C. Lyon, 15 mai 1895, D. P., 95, 2, 310. — C. Montpellier, 4 oct. 10, Bull. offi. trav., 11 p., 1232. — Trib. Paix, Paris (10e arr¹), 9 sept. 08, La Loi 10 sept. 08 avec

avec nous que l'intervention du syndicat est légitime, quelque nuisible qu'elle puisse être pour le patron, toutes les tois qu'elle s'exerce dans un intérêt professionnel. Mais la mise à l'index qui n'a d'autre but que d'obliger le patron à renvoyer un ouvrier non syndiqué (1), ou un ouvrier syndiqué mais qui n'a pas voulu s'incliner devant l'autorité du syndicat (2) est illicite.

Il est à remarquer qu'un jugement récent (3) qui, comme nous, déclare illicite la pression exercée par un syndicat ouvrier contre un patron pour l'empêcher d'embaucher un ouvrier non syndiqué se place pour en décider ainsi non au point de vue de l'ouvrier injustement privé de son droit de faire ou non partie du syndicat, mais au point de vue du patron qui subit de ce fait une atteinte injustifiée à la liberté du commerce.

C'est là une application nouvelle, très intéressante au point de vue juridique pur, de ce principe, essentiel selon nous, qu'il ne suffit pas au syndicat pour n'encourir aucune responsabilité d'avoir agi dans un intérêt professionnel mais qu'il faut de plus que cet intérêt professionnel soit *légitime*.

Pratiquement, ce nouveau point de vue offre un immense intérêt. Non-seulement un syndicat n'a pas le droit de mettre un patron à l'index pour l'empêcher d'embaucher un non syndiqué, ce que nous savions déjà, mais il ne peut aucunement se considérer comme maître dans l'usine et il commet une faute chaque fois qu'il s'efforce d'user de violence à l'égard du patron pour l'empêcher d'embaucher qui lui convient.

C'est ainsi que la responsabilité du syndicat sera engagée s'il met le patron à l'index pour l'empêcher d'embaucher

note. — Trib. civ., Besançon, 31 déc. 09, La Loi 2 fév. 10. — Trib. civ., Seine, 24 mai 10, Gaz. trib. 25 mai 10 avec note. — C. Chambéry, 4 oct. 1910, D. P. 1911, 2, 187. — C. Montpellier, 4 oct. 1910, Bull. offi. trav. 11, p. 1232. — Trib. civ., Havre, 23 fév. 11, Gaz. trib., 11, 2, 36.

1. Douai, 19 avr. 1902, S. 1906, 2. 155. — Trib. civ. Château-Gontier, 13 nov. 06, Gaz. Pal., 31 janv. 07. — Trib. civ., Millau 9 mars 1911, Le Droit, 23 mars 1911.

2. C. Lyon, précité, 2 mars 1894.

3. Trib. corr., Charleroi, 30 juill. 10, D. P. 1911, 2, 187.

librement des ouvriers étrangers comme le cas s'est présenté à Marseille où le syndicat des chauffeurs prétendait empêcher les compagnies de navigation d'embaucher des ouvriers arabes dans les limites où la loi leur laissait cette liberté.

Sur ce point, la législation Suisse est, croyons-nous, moins sage que la nôtre. Un jugement du tribunal fédéral suisse en date du 14 oct. 1899 décide (1) que la mise à l'index peut avoir lieu dans le but d'obliger le patron à embaucher ou à ne pas embaucher tel ou tel ouvrier : c'est au patron de choisir entre la résistance et la condition qui lui est imposée.

La législation Suisse est, par contre, plus rigoureuse que la nôtre lorsqu'elle considère comme responsable la chambre syndicale qui intervient dans une usine et incite des ouvriers satisfaits de leur sort à se mettre en grève (Cour de justice de Genève 3 juin 1899) (2). Il nous semble que c'est aller un peu loin. Sans doute, en pareil cas, une grève est particulièrement fâcheuse, mais cependant n'est-ce point le droit d'un syndicat agissant sans aucune intention malveillante mais uniquement dans ce qu'il estime être l'intérêt de la profession, de secouer le zèle des ouvriers nonchalants pour les lancer dans une grève qu'à tort ou à raison il espère utile à eux et à lui. En pareil cas, le syndicat n'aura eu *souvent*, nous le reconnaissons, d'autre but que de nuire, mais nous refusons à le poser en principe.

Une dernière question reste à examiner relativement aux syndicats. Lorsque la responsabilité du syndicat personne morale est engagée, celle de ses représentants l'est-elle également ?

La Cour de Montpellier dans son arrêt du 20 février 1898 (3) admet l'affirmative, *lorsqu'ils ont pris à l'acte une part personnelle.*

Voici à la suite de quelles circonstances fut rendu cet arrêt : Blaquière ouvrier à Cette avait été expulsé en octo-

1. Tribunal fédéral Suisse, 14 oct. 1899, Journal Palais 1900, IV, 23.

2. Cour de justice de Genève, 3 juin 1899, id., p. 16.

3. C. Montpellier 20 fév. 08. J. Palais 09, II, 249.

bre 1905 du syndicat ouvrier auquel il était affilié pour le
punir de ce que, dans un procès en indemnité pour accident
intéressant un autre membre du même syndicat, il avait
fait une déposition défavorable à ce dernier. Le patron de
Blaquière mis en demeure par le syndicat, sous menace de
grève générale, de renvoyer cet ouvrier, céda à ses exigences. Blaquière actionna Pioch et Bocquet deux membres
influents du syndicat pour demander solidairement à chacun d'eux la réparation du préjudice qui lui avait été causé.

Pioch et Bocquet prétendirent que l'action était non recevable pour le motif que, n'ayant fait qu'exécuter la décision
du syndicat, ils auraient dû être assignés, non en leur nom
personnel, mais comme représentants de ce syndicat.

La Cour rejeta cette fin de non-recevoir avec les considérants suivants :

« Attendu... que s'il est vrai que le représentant d'une
personne morale est autorisé à s'abriter derrière celle-ci,
c'est à la condition que l'acte qu'il accomplit ou qu'il
exécute en son nom soit licite et rentre dans les limites des
statuts qui la régissent ; que, lors au contraire, que l'acte
revêt un caractère manifestement illicite, et que l'agent s'y
associe, en y prenant, en connaissance de cause, une *part
active et personnelle*, il cesse d'être un mandataire, pour devenir un *véritable complice* au sens de la loi ;

« Que sa responsabilité personnelle est alors engagée, au
même titre et dans les mêmes conditions que celle de la
personne morale au nom de laquelle il agit ;

« Qu'une telle solution est non seulement conforme aux
principes du droit, mais qu'en outre, elle est commandée
dans l'espèce, par des considérations impérieuses d'équité ;
qu'il est évident que, si la victime des agissements ou des
décisions plus ou moins arbitraires d'un syndicat n'avait
d'action que contre cette association, son secours serait
presque toujours illusoire par la raison que, pour se soustraire aux conséquences de la condamnation prononcée
contre lui, le syndicat ne manquerait pas de se dissoudre,
sauf à se reconstituer le lendemain avec les mêmes personnes, mais sous un autre nom ».

Cette décision repose sur cette considération juridique que

l'agent du syndical est son mandataire quand il accomplit
au nom du groupement des actes licites mais que, par contre, lorsque l'acte accompli au nom du syndicat est illicite,
l'agent cesse d'être un mandataire ; il prend à l'acte une
part personnelle.

Cette distinction est de même nature que celle que fait la
jurisprudence en droit administratif entre les actes réellement administratifs et les actes personnels du fonctionnaire.
« Les premiers sont bien au fond l'œuvre de la puissance
publique par l'intermédiaire de l'agent ; ils sont couverts
par la séparation des pouvoirs et échappent à la compé-
tence des tribunaux judiciaires. Les seconds n'ont que
l'apparence d'un acte administratif ; au fond, ils sont
l'œuvre du particulier qui se; cache sous le fonctionnaire, et
qui a mésusé de ses attributions au profit de ses passions
ou de ses intérêts individuels » (1).

A propos de cet arrêt M. Ripert écrit ceci : « On remar-
quera l'imprécision de l'arrêt. Il qualifie les agents du syndicat complices de la personne morale. Il y a donc deux
responsabilités cumulées. Il faut, par conséquent, admettre
que le syndicat est tenu : à quel titre est-il tenu ? Ce ne peut
être que par l'article 1384, puisque les agents ont abusé de
leurs fonctions. Fallait-il dès lors admettre une responsabilité solidaire ou bien une responsabilité subsidiaire ? En
cas de solvabilité des deux défendeurs, comment se parta-
gera entre eux la responsabilité ? Ce sont des questions qui
auraient besoin d'être élucidées » (2).

Il nous semble difficile de nous rallier à l'opinion de M.
Ripert, pour qui le syndicat est responsable en vertu de
l'art. 1384 en qualité de commettant responsable de ses préposés.

Pour nous, on ne peut plus parler de mandat dès lors que
le mandataire s'est mis lui-même en dehors du droit par ses
agissements illégaux. Et c'est pourquoi nous avons admis
que les membres du bureau du syndicat étaient personnel-

---

1. Moreau, Droit administratif, p. 1088.

2. Ripert, Revue critique de législation et de jurisdrudence 1911.
Article sur la responsabilité civile, p. 148.

lement responsables de leurs actes illégaux, de même que nous refusons tout recours contre le syndicat en sa qualité de mandant..

Est-ce à dire que le syndicat n'encourt aucune responsabilité ? Telle n'est pas notre pensée. Le syndicat peut comme les membres de son bureau être assigné en responsabilité, mais cette responsabilité a sa source non dans le mandat qu'il a donné, mais dans la part personnelle qu'il a prise au délit en donnant l'ordre de le commettre. Cette responsabilité dérive donc d'une faute personnelle et a, par conséquent, sa source dans l'art. 1382.

Il suit de là que, sans aucun doute, on doit admettre non une responsabilité subsidiaire, mais une responsabilité solidaire du syndicat, personne morale, avec les membres de son bureau.

Ces derniers étant responsables en dehors de toute idée de mandat ou de représentation, ce n'est point leur caractère de membre du bureau syndical qui peut engager leur responsabilité. Ils ne sauraient répondre les uns pour les autres. Leur responsabilité n'est engagée qu'autant qu'ils ont commis une *faute personnelle*.

C'est ce que décide la Cour d'appel de Paris par son arrêt du 30 mai 1908 (1), par lequel elle rejette l'action en responsabilité intentée contre les membres du syndicat en cette seule qualité.

« Considérant..., dit la Cour, qu'il n'est pas possible de prétendre que les membres du bureau d'un syndicat soient eux-mêmes responsables du quasi délit ou de la faute imputée au syndicat, *par cela seul qu'étant membres du bureau, ils devraient être considérés comme les auteurs de la faute :* que leur personnalité ne peut se confondre à ce point avec celle du syndicat qu'ils administrent...

Considérant qu'ils ne peuvent donc être responsables comme membres du bureau que d'une *faute précisée et justifiée*, dans les formes du droit commun, soit par application de l'art. 1382 ».

Une note anonyme sous l'arrêt montre très bien quelles

1. Gazette des tribunaux, 1908. 2. 318 et note.

seraient les conséquences fâcheuses de la théorie qui voudrait rendre responsables tous les membres du bureau *en
cette seule qualité.* « On voit les conséquences particulièrement graves d'une semblable théorie qui, *s'appliquant non
seulement aux syndicats, mais aux sociétés, n'aboutirait à rien
moins qu'à rendre les membres du conseil d'administration
d'une grande société, comme le chemin de fer du Nord, par
exemple, responsable des méfaits de l'un de ses innombrables
agents* ».

Il y a bien entre un syndicat et une société ordinaire une
différence résultant de ce que cette dernière a la pleine personnalité et d'autre part, possède des fonds importants, alors
que sur l'un comme sur l'autre point il en est autrement
pour le syndicat; mais dans un cas comme dans l'autre, ce
qui est en question, ce sont les rapports de la personne morale avec ses représentants, en sorte que la comparaison
nous paraît exacte.

Cette simple comparaison est l'argument le plus persuasif:
elle montre mieux qu'un long raisonnement ce que le système adverse renferme d'inique.

Mais, continue la même note, et c'est le point essentiel,
la Cour « n'admet pas l'irresponsabilité absolue des conseils
d'administration des syndicats, à raison du quasi-délit im-
puté au syndicat ; mais, faisant aux syndicats l'application
large des principes consacrés par de nombreuses décisions
en matière de société, elle décide que les membres des conseils d'administration pourront être déclarés responsables
*toutes les fois que leur participation directe et personnelle aux
actes quasi délictueux sera établie* ».

M. Demogue (1) approuve pleinement cette théorie : « cette
solution, dit-il, semble tout à fait juridique. Elle découle de
la personnalité du syndicat et de la responsabilité limitée de
ses membres ».

La jurisprudence la plus récente est dans le sens que nous
indiquons. Un jugement du tribunal civil de la Seine, du 24
mai 1910 (2) décide que le patron ne peut obtenir de dom-

---

1. Revue trimestrielle de Droit civil, 1908, p. 693.

2. Gaz des trib., 25 mai 1910, avec note. — Semble au contraire s'atta-

mages-intérêts du président et du délégué du syndicat qui ont fomenté et décidé la grève, qu'en établissant que *soit en ladite qualité, soit personnellement*, ils ont commis une infraction aux dispositions de l'art. 3 de la loi du 21 mars 1884, en obéissant à des considérations étrangères à la défense des intérêts professionnels.

Pour nous résumer, les membres du bureau du syndicat sont personnellement responsables des actes illégaux auxquels ils ont pris part. Cela est parfaitement juridique, nous croyons l'avoir démontré ; d'autre part, cette responsabilité répond à une véritable nécessité pratique.

M. Planiol montre très bien cette nécessité : « Quels moyens de contrainte, dit-il (1), peut-on employer contre une personne ordinairement sans solvabilité, comme le sont la plupart des syndicats, qui ne possèdent rien ? Et surtout contre une personne de cette sorte qui peut se dissoudre du soir au lendemain ? Un syndicat dissous ne laisse pas après lui d'héritiers responsables, et il peut être remplacé à bref délai par un syndicat nouveau qui n'aura rien à démêler avec le passif de l'ancien. »

Un syndicat *même condamné* à réparation échappe donc en fait à toute responsabilité pécuniaire. Le plus souvent, d'ailleurs, il sera même impossible d'obtenir contre lui une condamnation.

C'est ce que fait également ressortir M. Planiol en un autre passage (2) : « Un syndicat tout en observant une neutralité apparente, peut toujours avec facilité, provoquer autour de lui, par l'intermédiaire de ses adhérents, un mouvement d'hostilité contre le patron qui refuse de se plier à ses exigences. L'abstention de son bureau à cet égard ne prouve rien, même quand elle est sincère ; l'esprit syndical qu'il a créé et développé, suffit à faire naître et à entretenir l'agitation, les menaces et les violences.

En pareil cas, juridiquement, le syndicat n'est aucune-

---

cher uniquement à la qualité de membre du syndicat. Trib. civ. Château-Gontier, 13 nov. 1906. Gaz. Pal., 31 janv. 1907.

1. Note sous arr. Lyon, 2 mars 1894, D. P. 94, 2, 305.

2. Planiol, en note sous cass. 25 janv. 05, D. P. 05, 1, 155.

ment responsable, car il n'y a eu ni délibérations ni décisions de ceux qui le représentent et le gouvernent. Mais un syndicat ne se compose pas seulement de son bureau, il comprend aussi les syndiqués, et ceux-ci peuvent agir individuellement : dans cette situation il n'y a pas davantage responsabilité *légale* pour l'association... Ce n'est pas la personne morale, être fictif et inexistant, qui manifeste, crie dans les rues, blesse les particuliers ou lèse leurs intérêts ; ce sont ses membres les plus actifs, les plus fortement remplis de l'esprit qui anime les forces collectives : or les victimes des troubles et des violences, dont les associations sont la cause, qu'elles ont créés et fomentés, ne trouvent personne pour en répondre : l'être moral ne s'est pas montré, et ceux qui le composent sont insaisissables. »

En Angleterre la loi du 29 juin 1871, plus tard confirmée et précisée par celle du 13 août 1875, supprime le délit de *conspiracy* en posant le principe qu'un fait de coalition ne sera susceptible de poursuite, que dans le cas où ce même acte serait punissable s'il émanait d'un seul individu (1).

La loi du 21 décembre 1906, édicte l'irresponsabilité des Trade-Unions ; mais la jurisprudence, grâce à l'obscurité de la loi, laisse subsister la responsabilité individuelle de leurs membres. Ce palliatif apparaît comme tout à fait insuffisant. Aussi les Chambres de Commerce anglaises réclament-elles l'abrogation de cette loi (2). Les Trade-Unions

1. M. Georges Bry : Histoire industrielle et économique de l'Angleterre (1900), p. 586, n°ˢ 451 et 452.

2. Special supplement to the chamber of commerce Journal october 1911, p. 17, « The Hon. Rupert Beckeet (Leeds) moved :
That, in view of the intimidation and violence which has been openly carried on during the recent railway and other strikes, and of the serious interference not only with the supply of food and other necessaries of life to the people, but also with the home ond foreign trade of the kingdom, this meeting of representatives of Chambers of commerce of the united kingdom hereby call upon the Government to ot once appoint a special commission to inquire into the working of the Trade Disputes Act of 1906, *which, in the opinion of this meeting, has, by authorizing peaceful picketing and relieving trade unions from responsibility for their acts, made possible such intimidation, violence and interference.*
That copies of this resolution be forwarded to the prime Minister, the Chancellor of the Exchequer, the Home Secretary, the President of the board of Trade, and the Leader of the opposition.

ayant une personnalité beaucoup plus complète que nos syndicats, et possédant d'autre part. des sommes importantes, les patrons espèrent les assagir en les rendant responsables.

En achevant l'étude de cette première partie il est bon de rappeler succinctement les résultats auxquels nous sommes parvenus.

La responsabilité civile des grévistes est engagée toutes les fois que, s'étant rendus coupables de violences, voies de fait, menaces ou manœuvres frauduleuses ils ont encouru une responsabilité pénale. La mise à l'index ne tombe d'ailleurs sous l'application d'aucun texte de droit pénal.

En dehors de là, toutes les fois que la grève ou la mise à l'index vise un intérêt autre que professionnel ou un intérêt professionnel non légitime, il y a abus de droit et responsabilité des grévistes. Cette responsabilité existe même à l'égard des personnes qui n'ont souffert qu'indirectement, à moins toutefois que ces conséquences indirectes ne soient tout à fait anormales.

La responsabilité des grévistes peut encore être engagée par suite des moyens illicites dont ils ont usé. A ce point de vue le boycottage est le plus souvent légitime.

Les tiers peuvent intervenir dans une grève, mais ils sont responsables civilement dans deux cas, lorsque la grève à laquelle ils ont pris part créait à la charge des grévistes une responsabilité soit pénale, soit civile et, de plus, lorsqu'ils ont agi avec l'intention de nuire.

Le fait de leur part de fournir des subsides aux grévistes n'engendre aucune responsabilité à leur charge s'ils n'ont pas agi dans l'intention de nuire.

Le syndicat est dans une situation plus étroite qu'un tiers intervenant quelconque. Strictement renfermé dans les limites fixées par la loi de 1884, il ne peut agir en dehors d'un intérêt professionnel légitime. Il serait illégitime pour lui de vouloir contraindre un syndiqué à la grève ou de mettre un patron à l'index pour qu'il renvoie ou refuse d'embaucher un non-syndiqué. Par contre le syndicat a le droit d'agir sur un non-syndiqué et, d'autre part, un patron n'a pas le droit de refuser d'embaucher un ouvrier par ce seul motif qu'il appartient au syndicat. Peu importerait d'ailleurs que le patron ait agi ou non dans une intention malveillante.

Lorsque le syndicat, personne morale, est responsable, les membres de son bureau encourent également une responsabilité, non en cette seule qualité, mais en tant qu'ils ont pris à l'acte illicite une part personnelle.

Deuxième Partie

Effets de la Grève dans ses rapports
avec
l'existence du Contrat de Travail

———————

Dans la première partie de cette étude nous nous sommes attaché à rechercher dans quels cas, et envers qui, les grévistes ou les tiers intervenants, spécialement les syndicats, pouvaient depuis que la loi du 25 mars 1864 a rendu la grève en principe licite, être encore rendus civilement responsables de leurs actes.

Mais les ouvriers sont toujours liés à leur patron par un contrat de durée d'ailleurs très variable, le plus souvent indéterminée. Fréquemment la grève sera intervenue au mépris de ce contrat. Quelle est alors la situation de l'ouvrier ?

La loi du 25 mai 1864 qui a autorisé la grève a-t-elle eu pour conséquence de permettre à l'ouvrier de s'affranchir librement quand il lui plairait de ses obligations envers son patron ?

D'autre part. la grève terminée, le patron est-il tenu de reprendre l'ouvrier ?

Tels sont les graves problèmes qui se posent à propos de la grève et également, mais en sens inverse, à propos du lock-out : Le patron a-t-il le droit de prononcer un lock-out sans tenir aucun compte des contrats qui le lient à ses ouvriers ? Le lock-out terminé (la question est un peu théorique), l'ouvrier a-t-il le droit de refuser de reprendre son travail chez le même patron ?

Le point essentiel que nous devons examiner tout d'abord est l'interprétation qu'il convient de donner à la loi du 25 mai 1864. Cette loi qui a modifié les principes du droit pénal en matière de grève a-t-elle, par le fait même, autorisé ouvriers et patrons à ne plus tenir compte des engagements qui les liaient l'un à l'autre ?

« Les conventions légalement formées tiennent lieu de *loi* à ceux qui les ont faites », ainsi s'exprime l'art. 1134 c. civ. Ce mot « loi » dit assez en quel respect le législateur tient les contrats : Il n'est pas d'état civilisé, en effet, qui puisse se dispenser de déclarer obligatoire l'engagement pris par un homme majeur et capable et une nation où un tel engagement ne serait point sanctionné serait plongée dans la pire anarchie.

Tous les contrats doivent donc être fidèlement exécutés, à plus forte raison le contrat de travail qui est le plus général et le plus utile de tous, puisqu'il règle l'échange du plus grand nombre de services sociaux.

Le législateur de 1864 eût commis la pire des maladresses en décidant que désormais ouvriers ni patrons ne seraient plus liés par les contrats passés entre eux. Il nous est facile de démontrer que telle n'a jamais été la signification de la loi de 1864.

Voici, en effet, ce que dit (1) à ce sujet M. Emile Ollivier, rapporteur de la loi de 1864. Le passage étant extrême·ment important, nous croyons devoir le citer en toutes ses parties essentielles.

« La minorité, dit-il, qui croit la loi insuffisante a surtout insisté sur le danger des grèves subites et intempestives. Dans certains moments, a-t-elle dit, une suspension de travail non prévue, c'est la ruine de l'industriel. Puisque vous accordez à l'ouvrier le droit de se coaliser, exigez au moins qu'ils en use avec loyauté, qu'avant de se mettre en grève ils avertisse le patron et lui accorde un certain délai, ou bien adoptez le système belge, érigez en délit la rupture

1. Rapport de M. Emile Ollivier. D. 64. 4, 69, 4· col. n· 32.

des engagements lorsqu'elle a lieu en exécution d'un concert préalable.

La majorité de votre commission, après mûr examen, n'a pas cru qu'il fût sage d'adopter ces idées.

Il lui a paru contraire aux principes de retarder par un délai légal l'exercice du droit des ouvriers. Les contrats ne naissent que de la volonté des parties ; le législateur peut en subordonner l'existence à des conditions déterminées ; il n'a pas la puissance d'intervenir dans le domaine réservé à la liberté contractuelle et d'édicter d'office une condition dans un contrat d'ailleurs régulier. Si les ouvriers sont engagés à la journée, on n'a pas le droit de leur imposer l'obligation de continuer le travail malgré eux, durant un certain nombre de jours. *S'ils ont contracté des engagements, il est inutile de créer un délai légal, puisque de l'engagement lui-même naît un délai contractuel.* Il en est de même en l'absence de tout contrat exprès, *lorsque la coutume établit tacitement un lien d'une certaine durée* entre le maître et l'ouvrier.

Le système belge accepte pour point de départ les idées que je viens de rappeler. Il reconnaît le droit de se coaliser sans aucun avertissement, avant l'expiration de tout délai, lorsqu'il n'existe aucun engagement exprès ou tacite. Il ne propose de peine contre la coalition subite que lorsqu'elle est formée pour violer des engagements préexistants. — Aucun principe essentiel, on doit le reconnaître, n'est méconnu par ce système. La rupture d'un contrat donne ouverture à une action en dommages-intérêts devant les tribunaux civils ; mais, le législateur peut prendre en considération l'inefficacité présumée de l'action civile, le dommage social causé, et attacher une peine à la violation de certains engagements civils. La théorie du stellionat, celle de la banqueroute simple ou frauduleuse n'ont pas d'autre base ».

Ainsi, aucun doute n'est permis sur le sens et la portée de la loi de 1864. Nous avons tenu à apporter sur ce point la déclaration très nette et très précise du rapporteur de la loi, mais le simple raisonnement prouve l'exactitude de notre assertion.

Le législateur de 1864 trouva dans le code pénal de 1810

un texte punissant le refus simultané de travail, même quand il se manifestait le plus pacifiquement, le moins ostensiblement. Il déchira ce texte purement et simplement.

Ce qui était puni ne le sera plus : Le délit de grève est supprimé et, à sa place, on crée le délit d'atteinte à la liberté du travail. Mais voilà tout ! Et au point de vue civil rien n'est changé.

La législation belge, on l'a vu d'après la citation que nous avons faite, punit la violation du contrat civil.

Pourquoi n'avons-nous pas adopté un système analogue ?

Voici comment s'exprime sur ce point M. Emile Ollivier (1) :

« Si le système belge est irréprochable en droit, il est critiquable en fait.

« Nous ne connaissons pas l'embarras de l'industriel surpris par une grève imprévue, et nous trouvons indigne la conduite d'ouvriers qui profiteraient d'une situation engagée pour rompre leurs contrats. Mais nous ne croyons pas que le système belge puisse rien contre un pareil danger. En général, les ouvriers, tous les prud'hommes que nous avons entendus, l'ont déclaré, observent leurs engagements avec loyauté.

« Si l'on suppose que, malgré cette louable habitude, ils se coalisent dans un cas exceptionnel pour les violer, il est à présumer qu'une passion impétueuse s'est emparée d'eux, les maîtrise et les entraîne. Dans ce cas, l'intérêt bien entendu des patrons est, au lieu de les retenir, de les renvoyer le plus tôt possible. S'ils restent, ils travailleront mal, troubleront ceux de leurs camarades qui ne partagent pas leur ardeur, causeront peut-être du dommage à l'outillage de l'établissement. Inutile dans les coalitions honnêtes, le système belge est inefficace et dangereux dans les coalitions inexorables. Il a en outre l'inconvénient de présenter des difficultés presque insurmontables dans l'application. Si l'engagement a une durée assez longue, on est obligé de n'en punir l'inexécution que pendant une période déterminée, à moins de créer, sous prétexte de protéger le

1. D. 64. 4. 70, 1ʳᵉ col., ligne 8.

maître, la quasi-servitude de l'ouvrier, ce qui conduit à l'inconséquence puisqu'on n'attache pas la peine à l'inexécution pendant toute la durée du contrat, à l'arbitraire, puisqu'on détermine sans le consentement des intéressés le délai dont l'inobservation serait punissable.

« De plus, on s'expose à ce que l'ouvrier, peu familier avec la distinction du droit civil et du droit criminel, supposant licite ce qui échappe à la peine arrive peu à peu à ne plus considérer comme obligatoire civilement la partie de l'engagement dont la violation n'entraîne pas une intervention de la justice correctionnelle, et qu'ainsi ne s'affaiblissent en lui les sentiments d'honneur qui en l'ennoblissant donnent aux patrons leur meilleure garantie.

« Enfin, pour établir une égalité au moins apparente entre les patrons et les ouvriers, le projet belge a dû déclarer punissable la violation de tous les engagements envers les ouvriers commise par un seul patron, en dehors de toute coalition.

« Puis comme cette concession, dans certaines hypothèses, conduisait à des résultats monstrueux, il a corrigé aussitôt ce qu'il venait d'accorder, en ajoutant : « En dehors des cas de force majeure ». Ces mots suffiront pour couvrir les patrons dans la plupart des cas ; ils ne les soustrairont pas cependant aux tracasseries, aux procès. Les patrons sont intéressés autant que les ouvriers au rejet du système belge ».

Bien loin de croire que patrons et ouvriers soient également intéressés au rejet d'une disposition pénale qui sanctionnait la violation du contrat civil, nous croyons que les uns comme les autres trouveraient dans une disposition de ce genre la solide garantie que ne peut que très imparfaitement donner la responsabilité civile.

Les arguments qu'invoque contre nous M. Emile Ollivier ne nous paraissent pas probants. En effet, comme il l'indique lui-même, les ouvriers confondent facilement ce qui est licite en droit pénal avec ce qui est licite en droit civil. Dire que l'ouvrier qui viole son contrat n'encourt aucune peine en droit pénal, c'est évidemment lui persuader que son contrat civil n'existe plus. En fait, si plusieurs centaines d'ouvriers se mettent en grève en violation de leurs engagements il est impossible au patron de les attaquer tous devant le tribunal pour obtenir d'eux des dommages-intérêts. De là à dire qu'il n'existe plus de contrat il n'y a qu'un pas.

Mais, nous dit-on, vous retenez à l'usine des ouvriers excités qui feront de mauvais travailleurs ; si l'engagement auquel ces ouvriers se sont soumis est de longue durée vous les mettez en une quasi-servitude.

Ces arguments s'ils étaient admissibles seraient de nature non seulement à empêcher toute sanction pénale mais même à détruire le contrat lui-même en sorte que, à notre avis, M. Emile Ollivier va trop loin ou pas assez, mais en tout cas manque de logique.

S'il est vrai qu'il soit préjudiciable à l'intérêt du patron de retenir en son usine des ouvriers indisciplinés, brisez tout lien entre eux, mais pourquoi déclarer qu'ils continuent à être unis, que théoriquement celui qui quittera l'autre en dehors du cas de force majeure, devra des dommages-intétêts, et protester contre une mesure plus énergique, plus efficace ?

Pourquoi déclarer que sanctionner au point de vue pénal l'engagement de longue durée pris par l'ouvrier serait placer celui-ci dans une quasi servitude, et néanmoins sanctionner au point de vue civil ce même engagement ?

De deux choses l'une cependant : ou il est bon, où il est mauvais que le lien qui unit l'ouvrier au patron soit respecté.

Si cela est mauvais, ne posez pas en principe que le patron a droit à des dommages-intérêts au cas où l'ouvrier se met en grève avant la fin du délai imparti au contrat ; mais si cela est bon, apportez la seule sanction énergique, créez une peine (1).

Aini donc le nœud du débat est de savoir s'il est bon ou

---

1. Lors de la discussion de la loi de 1864, MM. Perras, Dechastelus, Le Clerc d'Osmonville, Charlemagne, Terme, Bouchetal-Laroche déposèrent un amendement proposant que la peine de l'emprisonnement et une amende fussent infligées si la fermeture de l'atelier ou l'abandon des travaux avait eu lieu en violation d'engagements préexistants, ou n'avait pas été notifié à l'avance.

Actuellement la loi du 24 juillet 1909 sur les inscrits maritimes punit de prison la rupture du contrat.

si, au contraire, il est mauvais que la grève donne à l'ouvrier le droit de s'affranchir de son contrat.

Condamner l'ouvrier à des dommages-intérêts, s'il rompt son contrat, c'est, pense M. Wahl, enlever toute utilité à la grève :

« Quelle peut, dit-il (1), être l'utilité de la grève — dont la légalité a été admise parce qu'elle a été considérée comme la seule arme que les ouvriers puissent utiliser pour obtenir une amélioration de leur sort, — si les ouvriers ne peuvent s'en servir qu'à la condition de laisser au patron le temps de se prémunir contre ses conséquences en embauchant un personnel nouveau ? Et n'est-il pas notamment étrange que le patron, qui se trouve en face d'une grève causée par ses agissements illégaux, par la violation du contrat qui lui est imputable, puisse exiger que les ouvriers avant d'abandonner leur travail le mettent en mesure de les remplacer ? On se demande quelle est, dans cette doctrine, la sanction des obligations que le patron assume par la convention. La grève, qui n'est efficace qu'à la condition d'être brusque, devient ainsi un droit illusoire et purement apparent donné à l'ouvrier. On a justement fait remarquer que la loi du 25 mai 1864, qui a reconnu la légitimité des grèves et supprimé les pénalités qui autrefois atteignaient les grévistes, devient sans intérêt, en présence de la doctrine affirmée par l'arrêt du 18 mars 1902 » — qui, nous le verrons, pose le principe que l'ouvrier qui se met en grève avant l'expiration de son contrat doit des dommages-intérêts — « puisque l'ouvrier, s'il cesse d'encourir une amende, est tenu de dommages-intérêts. Quel que soit le nom de la prestation qui lui est imposée, quelles que soient les différences juridiques entre l'amende et les dommages-intérêts, l'effet est le même : la grève continue, sous une autre forme, à subir les entraves qui, sous le régime qui la prohibait, étaient destinées à en empêcher l'exercice ».

Sans doute amende ou dommages-intérêts c'est une seule et même chose pour l'ouvrier qui paye et il est incontestable que l'un et l'autre sont pour lui une même entrave.

1. Note sous cass. 13 mai 1907. J. P. 1908. 1. 419 3ᵉ colonne VI.

Mais une entrave à quoi ? C'est ici qu'il faut s'entendre et préciser.

Qu'est-ce que la grève aux yeux de certains ouvriers ?

« C'est la cessation brusque du travail, systématiquement concertée par un certain nombre d'ouvriers ; c'est le blocus des usines, des ateliers, des chantiers par ces ouvriers interdisant, rendant, par la force, impossible à tous autres le libre emploi de leurs bras. C'est le droit pour ces ouvriers, tyrans impérieux, de se réunir par centaines, par milliers, en occupant les voies publiques comme un camp retranché ; de suspendre, d'interdire la circulation ou de la réglementer à leur gré, comme le général ennemi entré en vainqueur dans une ville assiégée » (1).

Considérée sous cet aspect et envisagée comme une violence permise par la loi contre le patron, il est certain que tout ce qui tend à régulariser la grève est une atteinte au droit des ouvriers et certes, les nombreuses restrictions que dans notre première partie, nous nous sommes efforcé d'établir à la liberté des grèves ne sont point autre chose aux yeux de ces ouvriers qu'autant d'atteintes à leur droit. Il est incontestable que c'est diminuer grandement l'effet nocif des grèves que d'empêcher qu'elles puissent éclater brusquement et soudainement. Donc, aux yeux de ceux-là cette restriction est mauvaise.

M. Fagnot, enquêteur à l'Office du travail, écrit à ce sujet quelques lignes fort intéressantes (2) :

« Je suis convaincu, dit-il, que l'observation du délai congé avant la déclaration de grève ne peut nuire ni aux intérêts ouvriers, ni au succès de la grève. Le délai-congé aura pour avantage, du côté ouvrier, de prévenir et de conjurer les grèves inutiles, les grèves dues aux maladies de nerfs, selon le mot de M. Barnes, le secrétaire de la fédération des mécaniciens anglais. La période du délai-congé permettra d'engager des négociations d'autant plus susceptibles

1. « La République française » n° du 16 oct. 1910. Article de M. Jules Roche, « Le Droit de Grève. »

2. Association nationale pour la protection légale des travailleurs. Le contrat de travail p. 162.

d'aboutir que la grève n'est pas déclarée. La diplomatie doit précéder la guerre, dans l'industrie comme dans la politique extérieure. La grève, déclarée brusquement, subitement, est un procédé de mauvais aloi, une arme qui peut se retourner contre l'ouvrier, parce que cette soudaineté dans l'attaque fait inévitablement croître la résistance, l'opiniâtreté dans le camp adverse. Par ces motifs, je propose d'affirmer que le délai-congé doit être respecté dans le cas de cessation collective de travail comme de cessation individuelle ».

Tout cela est très juste et il convient d'ajouter, ce qu'on ne remarque pas assez, que le respect du contrat s'impose au patron, comme à l'ouvrier, en sorte que, si la grève est, de la sorte, moins meurtrière, la situation de l'ouvrier est aussi moins précaire. Admettez par contre, que le contrat civil soit anéanti par le seul fait de la grève, l'ouvrier peut frapper des coups plus rudes, mais il aura perdu — ce à quoi il ne songe pas — la sécurité du lendemain.

Ainsi le veut la logique. Si l'ouvrier peut se libérer de son contrat comme il lui plaît, le patron peut faire de même. C'est en vain qu'un ouvrier par un contrat de six mois, d'un an ou davantage aura voulu s'assurer du travail pendant une longue période. Il sera toujours loisible au patron désireux de ralentir momentanément sa production de se défaire au moyen d'un lock-out temporaire de tous ceux qui auront cessé de lui être utile.

Au lieu de chercher la régularité du travail et l'élévation graduelle du même personnel l'ouvrier préfère multiplier les grèves. Il ne réussit qu'à accroître son insécurité en donnant au patron par ricochet le droit de renvoi.

Comment d'ailleurs le patron ne serait-il pas découragé de faire des contrats avec ses ouvriers puisque, en fait, lui seul est lié et que ceux-ci, sous prétexte de droit de grève, s'affranchissent de leurs obligations dès qu'ils pensent y avoir intérêt.

La grève à laquelle les ouvriers ne prennent part que parce qu'ils le veulent bien, à laquelle ils ont adhéré librement, est considérée par eux comme une sorte de cas de force majeure qui les dispense d'exécuter leurs obligations. Les ouvriers, en d'autres termes, reconnaissent qu'il existe

un contrat entre le patron et eux, mais ce contrat il prétendent pouvoir s'en affranchir à leur guise.

M. Bayart (1) fait justice de cette prétention. « Une obligation légitimement suspendue par la volonté de celui qui
est tenu, c'est inconcevable dans les termes, anti-juridique et
anti-rationnel : c'est un assemblage de notions inconci-
liables. »

Ce qu'il faut, car une réforme de la loi ne peut produire
quelque effet que si les mœurs elles-mêmes se modifient,
c'est que l'ouvrier se persuade tout d'abord qu'il y a pour
lui une question de dignité tout autant que d'intérêt à observer scrupuleusement ses engagements : alors, mais alors
seulement, on pourra songer à créer une sanction pénale
pour renforcer la sanction civile que la loi accorde théoriquement au patron.

Cette sanction pénale d'ailleurs très légère serait établie
aussi bien contre le patron qui prononce un lock-out avant
l'expiration du contrat que contre l'ouvrier qui se mettrait
en grève dans des conditions analogues. Elle aurait, croyons-
nous, cet immense avantage que le manquement au contrat étant désormais efficacement poursuivi par le ministère
public, il serait désormais possible d'établir entre patron et
ouvriers des contrats sérieux. Ces contrats devraient d'ailleurs être rédigés en un double écrit auquel les intéressés
apposeraient leur signature. Le contrat oral ne se voyant
pas, les ouvriers perdent, en effet, plus facilement de vue
son existence. Il faut espérer que, se voyant égaux en
droits, les ouvriers se trouveraient égaux en obligations.

Quelle devrait être la durée de ces contrats ?

Les contrats à très longue durée furent la caractéristique
du régime patriarcal. Plus tard, sous la féodalité, la même
crainte de l'avenir s'est exprimée, chez les ouvriers de villes,
dans la forte institution des maîtrises et des jurandes.

Pour l'ouvrier des temps modernes, d'un côté le désir
trop naturel de reconquérir sa pleine liberté, pour se procurer de meilleures conditions dans un contrat nouveau le

1. Pierre Bayart : Caractère juridique de la grève, Revue critique de
législation et jurispr. 09, p. 534. — V. dans le même sens, Pierre
Leroy-Beaulieu, Economiste français, 4 janv. 1902, p. 6, 2ᵉ col., ligne 23.

pousse à aliéner sa liberté pour une courte durée ; de l'autre, la peur de ne pas trouver mieux et même de ne pas
retrouver du travail du tout l'engage à prendre d'assez longs
termes. Ni *trop longue* ni *trop courte* telle, devrait être la durée du contrat dans l'industrie.

Des contrats de trois mois, six mois, un an, nous semblent répondre à ces conditions. Qu'on ne nous dise pas que
si chaque ouvrier est tenu de rester à l'usine jusqu'à une
époque fixée, aucune coalition entre eux ne sera plus possible, puisque les uns seront encore liés, quand les autres
auront le droit de quitter le travail.

La réponse est simple : Rien n'empêche les ouvriers d'une
même fabrique, d'une même région ou d'un même état
d'assigner à leur engagement la même durée et les mêmes
délais de congé. La liberté renaîtra alors au même moment.
Auparavant ils auront eu du moins le temps de discuter
avec leur patron.

A ce point de vue, et pour montrer que notre proposition
d'étendre le contrat est bien dans la tendance générale,
nous citerons l'exemple de l'Autriche.

D'après l'article 77 du Code industriel du 8 mars 1885, et
l'art. 17 de la loi nouvelle du 28 juillet 1902, sur les conditions du travail des ouvriers employés aux travaux de bâtiment ou en régie et dans les établissements annexes des
travaux de chemins de fer, dans les contrats sans durée où
la paye est supposée hebdomadaire, le délai de congé doit
être de quatorze jours pour les deux parties, *c'est-à-dire
plus grand que la durée de l'engagement initial.*

Ayant ainsi prouvé que non seulement il est indispensable que le contrat civil soit respecté, mais que même il eût
été logique de décider qu'une sanction pénale devait être
ajoutée, voyons quelles sont les différentes sortes de contrats qui peuvent lier le patron à l'ouvrier.

Tantôt, c'est le cas le plus simple, le contrat est fait pour
une durée déterminée. Dans ce cas, ainsi que nous venons
de l'indiquer, jusqu'à l'expiration du délai fixé l'ouvrier n'a
pas le droit de se mettre en grève ni le patron de le renvoyer.

Le plus souvent, les contrats ne sont pas faits pour un temps fixe : la durée en est indéterminée.

L'ancien article 1780 du Code civil portait simplement qu' « on ne peut engager ses services qu'à temps, ou pour une entreprise déterminée, » et ce, afin d'empêcher tout retour possible de la mainmise féodale. On ne pouvait pour régler la fin des engagements de travail sans durée attendre le concours de la volonté des deux parties : c'eût été, en effet, se heurter à une impossibilité pratique.

Les tribunaux décidèrent tout d'abord que le contrat cesserait, *à la volonté de chacune d'elles*. Le plus souvent c'était décider contre leur commune intention, car vraisemblablement patron et ouvrier ont voulu faire un contrat d'une certaine durée, et à peu près toujours contre 'ouvrier, car il sera toujours facile au patron de remplacer un ouvrier tandis qu'un ouvrier peut avoir une grande difficulté à trouver un autre patron.

Il résultait de cet état de choses l'instabilité la plus fâcheuse de la position de l'ouvrier puisque, à tout moment et sans aucun délai, l'ouvrier pouvait se voir congédié de l'usine.

Les abus étaient si grands que la jurisprudence ne tarda pas à décider que la rupture du contrat sans durée par l'un des contractants ne pouvait être dans aucun cas, intentionnellement dommageable à l'autre. Pour apprécier s'il y avait eu abus dans cette rupture de services il fallait tenir compte du genre de travail, de la qualité et de la situation des parties, de la durée des services.

Cette jurisprudence si juste est devenue la loi du 27 déc. 1890 qui a complété l'ancien art. 1780 du Code civil (1).

Désormais l'art. 1780 est complété ainsi qu'il suit :

« Le louage de service, fait sans détermination de durée, peut toujours cesser par la volonté d'une des parties contractantes. Néanmoins, la résiliation du contrat par la volonté d'un seul des contractants peut donner lieu à des dommages-intérêts.

Pour la fixation de l'indemnité à allouer, le cas échéant,

---

1. L'art. 1780 c. civ. *textuellement reproduit* est devenu l'art. 23 du livre Ier du futur Code du Travail et de la Prévoyance sociale dont le premier livre a été promulgué le 28 décembre 1910.

il est tenu compte des usages, de la nature des services engagés, du temps écoulé, des retenues opérées et des versements effectués en vue d'une pension de retraite, et, en général, de toutes les circonstances qui peuvent justifier l'existence et déterminer l'étendue du préjudice causé. »

C'est de ce délai de préavis que la partie qui veut se mettre en grève est toujours tenue.

Signalons un fait intéressant relaté dans le rapport de M. Emile Ollivier sur la loi de 1864 et qui montre bien toute l'importance pratique de l'observation exacte du contrat et du délai de préavis.

Etienne Boileau « prud'homme » fut chargé par Louis IX d'ouvrir une enquête au Châtelet et d'y recueillir les us et coutumes des corporations alors existantes. Or, sur ce point, Etienne Boileau constata la plus extrême diversité. Il n'y avait d'uniformité que sur quelques points, *spécialement l'obligation réciproque pour le maître et l'apprenti de ne pas se quitter avant l'expiration du temps fixé.*

C'est dire combien universellement on éprouvait le besoin de voir le contrat respecté.

A l'heure actuelle le même besoin se fait sentir aussi vivement. Le 2 février 1910, M. Jean Dupuy, alors ministre du commerce, recevait une délégation d'armateurs accompagnés des membres du bureau du comité central des armateurs de France afin d'entendre les observations que leur suggérait l'examen de l'avant-projet de loi destiné à modifier le décret-loi de 1852 sur la marine marchande, en ce qui concerne le cercle disciplinaire.

Or, ce contre quoi ceux-ci protestèrent le plus énergiquement, c'est contre les dispositions qui permettent aux hommes de l'équipage de rompre à tout instant et même quelques minutes avant l'appareillage le contrat qu'ils ont passé avec les armateurs devant l'autorité maritime. Semblable disposition, disaient-ils, créerait une instabilité préjudiciable aux intérêts de la navigation et du commerce lui-même (1).

Au point où nous en sommes arrivé, c'est-à-dire après avoir établi qu'il est de l'intérêt bien entendu de l'ouvrier

1. Petit Marseillais du 3 fév. 1910.

comme du patron que le contrat qui les lie l'un à l'autre soit toujours rigoureusement observé, et après avoir montré tant par le raisonnement que par les paroles mêmes prononcées par le rapporteur de la loi de 1864 que la grève ne libère nullement l'ouvrier de ses obligations envers son patron, nous pouvons, grâce à ce fil conducteur, aborder sans difficulté la célèbre controverse sur le point de savoir si la grève est une rupture ou au contraire une suspension du contrat de travail.

C'est en 1902 que la question s'est posée pour la première fois devant la Cour de cassation (1), voici dans quelles circonstances :

M. Loichot ouvrier chez M. Hufflen, serrurier à Montbéliard, quittait le 13 juin 1900 l'atelier de son patron pour participer à une grève de tous les ouvriers du bâtiment à Montbéliard. Le 16 juin, la grève étant terminée, il se présentait chez son patron qui refusait de le recevoir, et lui offrait simplement son salaire jusqu'au jour de la cessation de travail. M. Loichot n'acceptait pas cette offre et actionnait son patron devant le juge de paix de Montbéliard, en lui réclamant :

1° La somme de 40 francs pour dix jours de travail ;

2° Celle de 32 francs à titre d'indemnité de huit jours pour renvoi sans avertissement.

De son côté, M. Hufflen demandait reconventionnellement 150 fr. de dommages-intérêts pour résiliation du contrat de travail par l'ouvrier sans délai de prévenance.

Par jugement du 27 juin 1900, le juge de paix admit en principe la demande principale et rejeta la demande reconventionnelle.

Sur appel de M. Hufflen, le tribunal civil de Montbéliard par jugement du 25 juillet 1900 infirma :

« ...Attendu, disait le tribunal, en ce qui concerne les dommages-intérêts, que Loichot a reconnu... avoir quitté lui-même le 13 juin l'atelier d'Hufflen pour se mettre en grève ;...

« Attendu, il est vrai, que Loichot s'étant présenté le 16 juin à Hufflen, celui-ci a refusé de l'employer à nouveau ;

« Mais attendu que le patron, *à moins qu'il ne s'y soit*

1. Cass. 18 mars 1902, J. P. 03. I. 465.

expressément obligé, n'est nullement tenu de réadmettre, après la cessation de la grève, les ouvriers qui ont rompu avec lui, que l'accord qui a mis fin à la grève des ouvriers du bâtiment à Montbéliard ne contient aucun engagement de la part des patrons de reprendre les ouvriers occupés auparavant...

« Sur la demande reconventionnelle :

« Attendu que Loichot, pour échapper aux conséquences de la faute qu'il a commise en quittant son patron sans avertissement et sans se conformer au délai d'usage, ne saurait invoquer, comme constituant un cas de force majeure, la grève à laquelle il a participé de son plein gré ; qu'une grève n'est que l'exercice collectif du droit que possède chacun de refuser son travail ; que ce refus est aux risques et périls de ceux qui s'y sont volontairement et librement décidés, et les expose, s'il a lieu en violation d'engagement par eux contractés, à des dommages-intérêts ; qu'il n'y a force majeure que pour les ouvriers qui, manifestant l'intention de continuer le travail, en sont empêchés par une circonstance indépendante de leur volonté, telle que la violence de la masse des non-travailleurs, ou la fermeture des ateliers imposée par l'abstention du plus grand nombre ;

« Attendu qu'il y a lieu de retenir l'appréciation du juge de paix, qui a fixé à une semaine de salaire le montant de l'indemnité pour brusque congé, alors que le louage de services est de durée indéterminée ; que cette indemnité, due par le patron, si c'est lui qui a rompu le contrat, est due par l'ouvrier, si, comme dans la cause, la rupture est le fait de celui-ci ;

« Par ces motifs..... »

Le tribunal pose donc en principe que la grève constituant une rupture par l'ouvrier, du contrat de travail, il doit de ce chef des dommages-intérêts.

Il n'en devrait pas s'il avait obéi à une force majeure, et ceci est conforme aux principes ordinaires. Or, en l'espèce, l'ouvrier s'était mis en grève volontairement et très certainement, comme l'indique le tribunal, la grève de ses camarades n'avait pas été pour lui une force majeure. Il était **parfaitement libre de prendre part ou non à la grève.**

D'autre part, le patron aurait été passible de dommages-intérêts, si après s'être engagé à reprendre l'ouvrier il avait néanmoins refusé de le faire, et ceci encore nous paraît hors de doute. L'engagement de reprendre un ouvrier est un véritable contrat parfaitement licite. Le patron qui le viole doit être condamné à des dommages-intérêts.

Mais la grève est-elle réellement une rupture du contrat de travail ? N'est-elle pas plutôt une suspension momentanée par l'ouvrier de ses engagements ?

La Cour de cassation appelée à se prononcer, par arrêt du 18 mars 1902, se prononçait implicitement, mais néanmoins très nettement en faveur de la théorie de rupture :

« ...Attendu que Loichot, ouvrier serrurier, au service d'Hufflen, ayant, de son plein gré, quitté ce dernier pour se mettre en grève, a été condamné à payer une indemnité de 28 fr. pour n'avoir point observé vis-à-vis de son patron, le délai ordinaire de prévenance ;

« Que cette décision est vainement critiquée par le pourvoi ; qu'il est en effet constaté par le jugement attaqué que, d'après l'usage existant à Montbéliard, le patron comme l'ouvrier doivent se prévenir une semaine à l'avance de leur intention de rompre le contrat de travail ;

« Que d'autre part, *la grève, quelque légitime qu'en fût l'exercice, ne laissait pas moins les parties dans les liens de l'engagement qu'elles avaient pris d'observer entre elles les délais d'usage* ».

Cet arrêt de cassation qui fixa la jurisprudence fut attaqué avec la plus extrême violence par les collectivistes.

La *Petite République*, dans son numéro du 12 août 1902, s'exprimait ainsi : « Avec raison les organisations ouvrières syndicales et les militants du mouvement corporatif, protestent contrent les meneurs de la magistrature qui, par des « considérants » et des « attendus » tentent de réduire le droit de coalition au gré des possédants. Pour ces manipulateurs du code bourgeois, le droit de grève se transforme en atteinte à la liberté. Les attendus et les considérants, car toute la magistrature a suivi, ont été, ces temps derniers, multipliés à ce point que les défenseurs assis et debout du

patronat parlent maintenant de juridiction courante. Ce
n'est plus le droit de grève qui serait consacré... »

Et de son côté M. Jaurès écrivait dans l'*Humanité* (1) :
« Le droit de grève loin d'être la rupture du contrat, est
l'exercice d'une des clauses implicites et essentielles du
moderne contrat de travail ! »

Le 13 novembre 1906, la Cour de cassation (2) cassant un
jugement du conseil des prud'hommes de la Seine affirmait
à nouveau le même principe dans une hypothèse analogue :
« Attendu qu'il résulte de l'art. 1780 c. civ. qu'en matière de
louage de services pour une durée indéterminée, il suffit de
la seule volonté de l'un des contractants, pour mettre fin au
contrat, sauf, s'il y a lieu, indemnité à sa charge, en cas
d'exercice abusif et préjudiciable de son droit de résiliation ;
que, *d'autre part, la grève, quelque légitime qu'en soit l'exercice, entraine, de la part de l'ouvrier, la rupture du contrat de
travail ;...* »

De nouveau, le 15 mai 1907, la Cour de cassation (3)
cassant une décision du conseil des prud'hommes du 22
janvier 1906, affirme avec plus de précision et de force
encore la même théorie :

« Attendu qu'aux termes de l'art. 1780 c. civ. complété
par la loi du 27 décembre 1890, le louage de services fait
sans détermination de durée peut toujours prendre fin par
la volonté d'un seul des contractants, sauf à celui-ci en cas
d'exercice abusif et préjudiciable de son droit de réalisation,
à être passible de dommages-intérêts envers l'autre partie ;

« Attendu que l'ouvrier qui se met en grève rend impossible, par son fait volontaire, la continuation de l'exécution
du contrat de travail qui le liait à son patron ; que cet acte,
s'il ne lui est pas interdit par la loi pénale, n'en constitue
pas moins de sa part, *quels que soient les mobiles auxquels
il a obéi, une rupture caractérisée du dit contrat*, et que les
conséquences juridiques d'un fait de cette nature ne sauraient
être modifiées par la circonstance que son auteur aurait en-

1. Numéro du 16 mai 1904.

2. Cass. 13 nov. 06, J. P. 06. 1. 500.

3. Cass. 15 mai 07. J. P. 08. 1. 417.

tendu se réserver la faculté de reprendre ultérieurement, à son gré, l'exécution de la convention mise par lui à néant ;

« Attendu que... pour accueillir... la demande reconventionnelle de Valentin Roussel et fils, le jugement attaqué s'est fondé sur ce que les ouvriers, lorsqu'ils se mettent en grève, entendent suspendre simplement et non pas abandonner définitivement leurs relations de travail avec leurs patrons et qu'en conséquence, le seul fait par Chombeau d'avoir usé du droit de grève, dont la légitimité est reconnue par la loi, ne devait pas le faire considérer comme ayant rompu le contrat de travail, et ne pouvait justifier son renvoi sans préavis par Valentin Roussel et fils ; en quoi le jugement attaqué a méconnu les conséquences légales des faits par lui constatés...

« Casse »,

Ainsi, d'après la Cour de Cassation, la grève est toujours et dans tous les cas, la rupture du contrat de travail. Il importe peu de savoir si l'ouvrier a eu ou non l'espoir de revenir dans la même usine. Son intention n'est pas en cause. Le fait brutal est là. Il a quitté son patron. Il pouvait le faire sans encourir aucune responsabilité pénale, mais, le faisant, il a rompu son contrat de travail.

Nous approuvons en principe la théorie de la Cour de cassation sur quoi d'ailleurs nous nous expliquerons plus loin et pensons, en conséquence, que l'ouvrier qui n'observe pas le délai de préavis est passible de dommages-intérêts envers son patron.

Mais le patron a-t-il le droit de compenser entièrement les dommages-intérêts dont l'ouvrier est passible envers lui avec les salaires qui lui sont encore dus ? Est-il, au contraire, limité sous ce rapport par la loi du 12 janvier 1895 qui établit que les salaires de l'ouvrier ne seront saisissables que jusqu'à concurrence du dixième ?

C'est en ce dernier sens que s'est prononcée la Cour de cassation dans un arrêt récent (1) dans lequel, une fois encore, elle proclame que la grève est une rupture du contrat de travail.

1. Cour de cassation, 28 juin 1910. Le Droit, 14 octobre 1910. — Revue de droit industriel 1911, p. 47. — Gaz. Pal. 1911, 2. 61.

Cet arrêt est trop important pour que nous ne le repro-
duisions pas en entier.

« La Cour ;

« Sur le premier moyen :

« Attendu que des constatations du jugement attaqué il
résulte que la société Westinghouse ayant demandé la condamnation d'Angenot, un de ses ouvriers, à des dommages-
intérêts, parce que celui-ci avait rompu sans observer les
délais d'usage le contrat de travail, en se mettant en grève,
Angenot a soutenu qu'aucune condamnation ne pouvait
être prononcée contre lui pour le motif que la société avait
provoqué elle-même la grève « en imposant à ses ouvriers
de travailler avec un non syndiqué », ce qui aurait, suivant
lui, constitué une faute à la charge de la défenderesse à la
cassation : que, pour écarter les prétentions d'Angenot, le
jugement a déclaré que ce dernier avait rompu, de son chef,
le contrat de travail en exigeant le renvoi d'un ouvrier non
syndiqué, ce qui implique nécessairement l'exclusion de
toute faute imputable à la société Westinghouse ; d'où il
suit que le jugement, qui est motivé, a justifié légalement
sa décision :

« Rejette le premier moyen ;

« Mais sur le moyen relevé d'office par le ministère public :

« Vu les articles 1293 du Code civil et 1er de la loi du
12 janvier 1895 ;

« Attendu, d'une part, qu'aux termes de l'article 1293 du
Code civil, la compensation légale n'a pas lieu entre deux
créances, dont l'une, à raison de son caractère alimentaire,
est déclarée insaisissable ;

« Attendu, d'autre part, qu'aux termes de l'article 1er de
la loi du 12 janvier 1895, les salaires des ouvriers, quel
qu'en soit le montant, ne sont saisissables que jusqu'à concurrence du dixième ; que, dans la pensée du législateur,
l'insaisissabilité déclarée par cet article, a pour but d'assurer
des aliments à l'ouvrier et à sa famille ;

« Attendu, dès lors, qu'en principe et sauf les exceptions
indiquées par les articles 4 et 5 de ladite loi, c'est seulement
dans la mesure du dixième saisissable que les salaires des

ouvriers sont assujettis aux règles de la compensation légale ; que ces dispositions sont d'ordre public ;

« Attendu que le jugement attaqué décide que la somme de 90 fr. 65 dont Angenot est reconnu créancier pour ses salaires, se compense de plein droit, jusqu'à due concurrence avec la somme de 42 francs dont il est déclaré débiteur à titre de dommages-intérêts pour rupture du contrat de travail ;

« Mais attendu que cette dernière dette ne rentre dans aucun des cas prévus par les articles 4 et 5 ; d'où il suit que, dans l'espèce, en ne limitant pas au dixième saisissable de la somme due pour les salaires la compensation prononcée, le Conseil des prud'hommes a violé les textes ci-dessus visés ;

« Par ces motifs :

« Et sans qu'il y ait lieu de statuer sur le deuxième moyen du pourvoi ;

« Casse..., mais seulement au chef concernant la compensation... et renvoie devant le Conseil des prud'hommes de Rouen. »

Cet arrêt fort intéressant pose en principe que le patron ne commet aucune faute en refusant de céder aux injonctions des ouvriers syndiqués qui exigent le renvoi d'un non syndiqué. Pour nous qui nous sommes efforcé d'établir plus haut que cette pression exercée sur le patron constituait un véritable abus de droit la solution ne faisait aucun doute. Nous n'insistons pas davantage sur ce point.

Le même arrêt établit qu'entre la créance qu'a le patron contre son ouvrier comme dommages-intérêts pour rupture du contrat et sa dette de salaires envers ce dernier, la compensation n'est possible que jusqu'à concurrence du dixième.

Cette décision conforme à la jurisprudence la plus récente (1) nous paraît très juridique ; nous ne la critiquerons pas. Seulement, c'est là le point que nous tenions à mettre

---

1. Trib. civ. Narbonne, 7 fév. 1905, Moniteur judiciaire de Lyon du 27 mai 1905.

Cass. 28 janvier 07, Gazette trib , 30 janv. 07.

Cass. 8 nov. 1911. Le Droit, 23 février 12. — Ce dernier arrêt affirme implicitement la théorie de la grève rupture.

en lumière, on voit combien est illusoire en fait, le droit du patron d'obtenir de l'ouvrier des dommages-intérêts. Il risque fort de poursuivre un insolvable. Un moyen pratique pour obliger l'ouvrier à respecter le contrat eût été d'autoriser le patron à retenir constamment par devers lui une petite somme à l'ouvrier comme cautionnement et, d'autre part, l'autoriser à compenser pour le tout les dommages-intérêts qui lui sont dus. Semblable mesure étant interdite, et avec raison croyons-nous, car elle pourrait être pour l'ouvrier une gêne considérable, le seul moyen efficace qui reste pour obtenir le respect du contrat est celui que nous avons préconisé d'une sanction pénale.

En une autre circonstance, le 4 mai 1904, la Cour de cassation à propos d'une hypothèse toute différente de celles que nous avons examinées jusqu'ici proclamait une fois de plus le principe que la grève constitue non une suspension mais une rupture du contrat de travail.

La loi du 9 avril 1898 sur les accidents du travail a posé le principe que tout ouvrier victime d'un accident ayant entraîné une incapacité permanente aurait droit à une rente.

Cette rente est calculée en prenant pour base deux éléments : La gravité de la blessure, le salaire annuel de l'ouvrier.

Pour l'ouvrier qui a travaillé sans aucune interruption pendant un an, le calcul du salaire de base n'offre aucune difficulté. Il suffit de calculer la rémunération effective de son travail durant ce laps de temps (§ 1).

Mais il se peut que l'ouvrier soit occupé dans l'industrie depuis moins de douze mois. Pour les ouvriers de cette catégorie la loi décide (art. 10, § 2) que le salaire de base doit s'entendre de la rémunération effective qu'ils ont reçue depuis leur entrée dans l'entreprise, augmentée de la rémunération qu'ils auraient pu recevoir pendant la période de travail nécessaire pour compléter les douze mois, d'après la rémunération moyenne des ouvriers de la même catégorie pendant ladite période.

Il se peut aussi — bien entendu, nous ne passons en revue que les difficultés qui peuvent être pour nous de quelque intérêt — que l'ouvrier ait eu des chômages. Ces chômages lui sont-ils imputables ? Ils diminuent d'autant le salaire de base.

Au contraire si l'ouvrier a chômé « exceptionnellement et pour des causes indépendantes de sa volonté, il est fait état du salaire moyen qui eût correspondu à ces chômages » (art. 10 § 4).

Etant donnés ces principes, comment doit-on établir le salaire de base d'un ouvrier qui ayant pris part à une grève, et ayant ensuite repris son travail dans la même usine est victime d'un accident moins de douze mois après cette grève ?

Si on estime que la grève a seulement suspendu le contrat de travail le salaire de base comprend (§ 1) tout ce que l'ouvrier a gagné dans les douze mois qui ont précédé l'accident, à quoi on ajoute ce qu'il eût gagné pendant la grève ou à quoi on n'ajoute rien, selon que l'on estime ou non que la grève est un chômage volontaire.

Si, au contraire, on considère que la grève a amené la rupture du contrat de travail, alors la situation est tout autre. L'ouvrier qui a été victime d'un accident du travail moins de douze mois après la fin de la grève est dans la catégorie des ouvriers victimes d'un accident alors qu'ils sont occupés depuis moins de douze mois. Conformément à l'art. 10 § 2, pour calculer le salaire de base il faut ajouter à ce qu'il a effectivement gagné une somme calculée d'après la rémunération moyenne des ouvriers de la même catégorie pendant la même période.

Ce dernier mode de calcul, on le voit aisément, est le plus favorable à l'ouvrier. En effet, si après la grève le salaire est resté le même, on arrive au même résultat exactement que ceux qui, dans le système précédent, sont d'avis d'ajouter les salaires gagnés pendant la grève et à un résultat beaucoup plus favorable que ceux — ils sont la majorité — qui se refusent à tenir compte des salaires qui eussent été gagnés pendant la grève. D'autre part, ce mode de calcul est plus favorable encore lorsque le salaire a augmenté depuis la grève.

Ce n'est que dans le cas exceptionnel où les salaires

auraient été diminués après la grève que ce mode de calcul serait défavorable aux ouvriers.

Ainsi, pour la détermination du salaire de base en cas d'accident du travail survenu moins de douze mois après la grève, les ouvriers ont intérêt à voir appliquer la théorie que la grève est une cause de rupture du contrat de travail.

La Cour de cassation qui, nous venons de le voir, a posé maintes fois le principe lorsque les conséquences doivent être défavorables pour l'ouvrier, ne juge pas autrement dans notre hypothèse où le même principe produit des conséquences qui lui sont favorables.

Voici en effet comment s'exprime l'arrêt de Cassation (1) du 4 mai 1904, qui infirme celui rendu par la Cour d'appel de Riom, le 17 juillet 1902.

« Attendu d'une part, qu'aux termes de l'art. 10 § 2 de la loi du 9 avril 1898, le salaire servant de base à la fixation des rentes dues à la suite d'un accident du travail doit s'entendre, pour les ouvriers occupés dans l'entreprise moins de douze mois avant l'accident, de la rémunération effective qu'ils ont reçue depuis leur entrée dans ladite entreprise, augmentée de la rémunération moyenne qu'ont reçue, pendant la période nécessaire pour compléter les douze mois, les ouvriers de la même catégorie ;

« Attendu, d'autre part, que le louage des services, fait sans détermination de durée, peut toujours prendre fin par la volonté d'une des parties contractantes ; *que la grève y met fin du fait des ouvriers*, et qu'elle peut donner lieu à des dommages-intérêts, à la charge de ceux-ci et au profit du chef de l'entreprise, si, préjudiciable à ce dernier, elle a été abusivement déclarée ; qu'il suit de là que, la grève terminée, lorsque les ouvriers rentrent à l'atelier, à l'usine ou à la mine, un nouveau contrat de louage de services, quelles qu'en soient les conditions, se forme entre eux et le chef de l'entreprise, et que, si l'un de ces ouvriers est victime d'un accident, avant que douze mois se soient écoulés depuis la reprise du travail, on ne saurait le considérer, parce qu'il travaillait dans l'entreprise avant la grève, comme y ayant

---

1. Cass. civ., 4 mai 1904. J. P. 06. 1. 497.

été occupé pendant l'année qui a précédé l'accident ; que le salaire qui servira de base à la fixation de la rente viagère qui pourra être due, soit à lui, soit à ses représentants, devra être calculé conformément aux dispositions du § 2 de l'article susvisé, que, si la cessation du travail a été complète dans l'entreprise, de telle sorte qu'il n'y ait été payé aucun salaire pendant la période nécessaire pour compléter les deux mois, ou pendant partie de cette période, le juge du fait déterminera souverainement la rémunération moyenne des ouvriers de la même catégorie que la victime ; qu'aucune prescription de la loi ne l'oblige à ne se décider que d'après les éléments d'appréciation fournis par les livres de l'entreprise même où l'accident est survenu... »

La grève se produisant avant l'expiration du temps fixé par le contrat, ou sans le délai de préavis lorsque celui-ci est d'une durée déterminée, ce qui est le cas ordinaire, est donc toujours d'après la Cour de cassation une cause de rupture de ce contrat.

Nous nous sommes déjà longuement expliqué sur une des conséquences possibles du principe, conséquence extérieure, pour ainsi dire, en ce sens qu'elle se produit dans un domaine tout différent, celui des accidents du travail.

Quelles sont maintenant les autres conséquences du principe ? M. Barthou (1), lors ministre des travaux publics, s'efforçant à propos de la discussion d'une proposition de loi relative aux mécaniciens, chauffeurs et agents des trains, d'exposer les conséquences juridiques de la théorie de la rupture et celles de la suspension du contrat de travail s'exprimait ainsi au Sénat dans la séance du 8 juillet 1909 :

« Je suppose — c'est la décision à peu près unanime de la jurisprudence — que la grève entraîne la rupture du contrat de travail : Que s'ensuit-il ? Si le contrat a été rompu par l'employé, l'employeur a le droit de lui demander des dommages-intérêts pour avoir cessé le travail, sans congé, sans avis préalable, en dehors des usages et en violation, par conséquent, des dispositions de l'art. 1780.

L'employeur, le patron, la compagnie de chemins de fer

---

1. Journal Officiel 1909, Sénat, p. 637, 2e col.

ou autre remplace son employé parti. Celui-ci veut revenir. Le contrat de travail ayant été rompu par lui, il ne peut demander des dommages-intérêts à son patron.

Voilà les conséquences de la théorie de la rupture.

Voici maintenant celle de la théorie de la suspension.

Si le contrat n'a été que suspendu, s'il a été, comme on l'a écrit, en quelque sorte relâché et délié pour reprendre ensuite une vigueur nouvelle, les conséquences sont diamétralement opposées à celles du premier système. Le patron, en effet, n'a pas le droit de demander des dommages-intérêts à l'ouvrier. Et, d'autre part, si le patron a remplacé l'ouvrier, celui-ci, la grève terminée, peut demander à son patron des dommages-intérêts...

Il semble que la théorie de la simple suspension du contrat de travail par la grève, entraînant les conséquences que j'ai indiquées soit tellement hardie, tellement téméraire, qu'elle ne puisse rencontrer l'adhésion que des révolutionnaires.

Je constate cependant, je ne dis pas avec plaisir, je ne dis pas à regret — je n'ai pas à me prononcer sur le fond — je constate que la grande majorité des auteurs se prononce en faveur de cette théorie. »

M. Barthou caractérise très bien les conséquences de la théorie de la rupture telles que les a déduites la jurisprudence. D'après cette théorie l'ouvrier qui se met en grève avant l'expiration du temps fixé par le contrat ou sans observer le délai de préavis est considéré comme ayant abandonné définitivement le patron, comme ayant cessé irrémédiablement de faire partie du personnel.

Le patron sans doute est libre, la grève terminée, de le reprendre à son service et il va sans dire qu'en fait il en sera ainsi le plus souvent. Mais c'est là une circonstance de pur fait : Il est à peu près impossible *en fait* de remplacer du jour au lendemain un personnel nombreux et expérimenté. D'autre part, il faut bien le dire, il y a pour le patron une question d'intérêt tout autant que d'humanité à ne pas se séparer facilement de ses vieux ouvriers.

C'est cette idée juste qu'exprimait avec une certaine exagération, croyons-nous, M. Andrew Carnegie le célèbre milliardaire américain : « Dans les chemins de fer, disait-il (1), et quelques autres services publics il est, bien entendu, indispensable qu'il n'y ait aucune interruption, et on doit avoir recours aux remplaçants. Mais un patron trouvera plus d'avantages, chaque fois que ce sera possible, à laisser ses usines inactives jusqu'à la fin de la dispute, que d'employer cette catégorie d'ouvriers qu'on peut décider à prendre la place de ceux qui ont quitté le travail. Ces hommes ne sont jamais de la meilleure qualité, comme hommes ou ouvriers. Il existe une loi non écrite parmi les meilleurs ouvriers : « tu ne prendras jamais le travail de ton voisin. » *Aucun patron raisonnable ne consentira légèrement à perdre ses vieux ouvriers.* »

Il est très désirable, sans doute, que le patron n'use pas d'une rigueur excessive à l'égard des ouvriers grévistes qui demandent à reprendre le travail, mais il ne faut pas perdre de vue que la grève est une lutte.

Le patron qui négligerait un moyen efficace et légal pour mettre fin à une grève ruineuse serait un fort mauvais administrateur des intérêts dont il a la charge alors surtout que sa générosité intempestive et peut-être imméritée devrait avoir pour effet de supprimer le frein le plus sûr à l'indiscipline des ouvriers.

Si donc le patron agira parfois sagement en consentant à reprendre ses anciens ouvriers après la grève, sans y être forcé par la nécessité, nous ne croyons pas qu'il puisse être blâmé quand il refusera de céder sur ce point. Bien souvent sa générosité ne serait qu'une dangereuse faiblesse.

Au point de vue purement juridique, si l'on admet la théorie de la rupture, il n'y a aucun doute que le patron n'est pas tenu de reprendre l'ouvrier. Le contrat n'existe plus de par le fait de l'ouvrier. Le patron en refusant de le reprendre ne fait pas autre chose que refuser de faire un nouveau contrat, ce qui, incontestablement, est son droit.

Non-seulement le patron ne doit pas de dommages-intérêts pour avoir refusé de reprendre l'ouvrier à la fin de la grève mais c'est lui, ouvrier, qui est passible de dommages-

1. Andrew Carnegie, « L'Empire des affaires », p. 30. Traduction : Arthur Maillot.

intérêts pour avoir rompu le contrat sans observer le délai de préavis.

Il y a un point que l'on perd constamment de vue dans cette discussion et dont nous n'avons trouvé aucune trace dans la jurisprudence, c'est le suivant.

L'art. 1780 du code civil donne le droit au patron de réclamer des dommages-intérêts à son ouvrier lorsque celui-ci rompt l'engagement sans le délai de préavis en usage, c'est le point que nous avons vu. Mais, en dehors de ce cas, qu'il y ait eu ou non préavis régulier, le patron ne peut-il pas demander des dommages-intérêts à l'ouvrier en invoquant seulement le tort que celui-ci lui cause injustement ? Nous voyons bien tous les jours l'ouvrier congédié avec observation régulière des délais de préavis obtenir des dommages-intérêts uniquement à titre de réparation du préjudice que lui cause injustement ce renvoi (1).

Ne doit-il pas en être de même pour le patron en cas de grève intempestive de l'ouvrier ?

Ne peut-il pas obtenir des dommages-intérêts de l'ouvrier alors même que celui-ci aurait régulièrement observé les délais de préavis ? Lorsque ces délais n'ont point été observés, ne peut-il pas obtenir des dommages-intérêts en sus de ceux qui lui sont dus de ce premier chef ?

M. Beauregard (2) s'exprime ainsi sur cette question : « Cette loi », — la loi de 1890 modifiant l'art. 1780 c. civ. — « basée sur le principe, intéressant en lui-même, que l'exercice d'un droit peut dégénérer en abus, a engendré une jurisprudence d'après laquelle la dénonciation du contrat de travail peut donner lieu à des dommages-intérêts lorsqu'elle a lieu sans « motifs légitimes ». *Logiquement, il en résulterait qu'en cas de grève, les tribunaux auraient à décider si les motifs de la grève sont ou ne sont pas sérieux. Nos*

---

1. Cass. 12 nov. 1900 S. et P. 1901. 1. 14 et 221. — D. P. 01. 1. 22 ; Mais il faut que l'on établisse une faute à l'encontre de l'auteur de la rupture : trib. civ. Seine 7 fév. 06. Rev. cons. Prud. 08. 244, ce dont la Cour de cassation est juge : cass. 9 fév. 1898. Gaz. trib. 8 fév. 1898.

2. Bulletin de l'Académie des sciences morales et politiques, 1908, n° 1.

*tribunaux ont été jusqu'ici trop sages pour entrer dans une
pareille voie ; mais il y a là un danger permanent.* »

Nous croyons avec M. Beauregard que la jurisprudence a
été bien inspirée en refusant d'entrer dans cette voie.

Une telle solution aboutirait en effet pratiquement à
étouffer le droit de grève. Distinguer entre les grèves justes
et celles injustes afin d'accorder des dommages-intérêts au
patron dans ce derniers cas, ce serait d'abord nécessairement arbitraire, ce serait ensuite et surtout restreindre singulièrement le droit de grève contrairement à l'esprit du
législateur de 1864. Cette loi qui n'a point *organisé* le droit
de grève a du moins apporté dans notre législation un esprit
nouveau : elle a créé une sorte d'atmosphère juridique en
faveur de la grève. Un contrôle du juge sur le plus ou
moins d'opportunité et de justice des grèves serait en opposition absolue avec le principe de pleine liberté pour les
ouvriers de grouper librement leurs efforts contre le patronat.

Mais ce en quoi nous nous séparons de M. Beauregard,
c'est lorsqu'il prétend qu'en pure logique la jurisprudence
devrait être en sens contraire. Nous croyons qu'il n'en est
rien et que, par conséquent, ce « danger permanent » est
purement imaginaire. Des dommages-intérêts ne peuvent
être dus par l'ouvrier que s'il y a de sa part *abus* du droit de
résiliation, donc s'il a détourné ce droit de sa destination
normale, si, conformément à la formule que nous avons
établie dans notre première partie, la grève a été faite en
dehors d'un *intérêt professionnel.* Ainsi, pour nous, l'abus
du droit de grève qui tombe sous l'application de l'art. 1382
c. civ. et que la jurisprudence réprime à ce titre *tombe également sous l'application de l'art. 1780 c. civ.*

Sans doute c'est là un intérêt purement théorique de cons-
truction juridique, mais nous avons cru d'autant plus intéressant de le signaler que ce point a, si nous ne nous trompons, échappé complètement jusqu'à présent à la jurisprudence.

Sur cette question le projet de loi du gouvernement s'exprime ainsi :

ART. 52. — « La partie qui n'a pas observé le délai visé

par les dispositions précédentes est tenue envers l'autre partie à des dommages-intérêts égaux au délai qui devait être observé. »

ART. 53. — « *Ces dommages ne se confondent pas avec ceux auxquels peut donner lieu, en outre, la résolution abusive du contrat par la volonté d'une des parties contractantes ;* le tribunal, pour apprécier s'il y a abus, pourra faire une enquête sur les circonstances de la rupture. Il devra, en tout cas, demander à la partie qui a rompu le contrat les motifs de la rupture ».

Nous avons dit plus haut quels motifs sociaux et juridiques nous empêchent d'approuver toute restriction arbitraire que l'on voudrait apporter au droit de grève des ouvriers.

Mais la réciprocité est logique et nécessaire, et nous ne voulons pas davantage d'entrave au droit de lock-out des patrons.

Sous ce rapport, patrons et ouvriers doivent être sur le pied d'égalité. Comme le dit avec raison M. Hayem : (1) « L'ouvrier peut quitter son travail et rompre son contrat *pour quelque motif que ce soit.* Il peut dire que le travail ne lui convient pas, qu'il ne gagne pas assez. — On voit que pour M. Hayem le droit absolu des ouvriers ne fait aucun doute. — « Pourquoi refuser à l'employeur le droit de se priver de son ouvrier s'il respecte le délai d'usage. L'employeur peut trouver que le travail fait ne lui convient pas, que l'ouvrier est payé trop cher pour l'ouvrage produit. »

Nous nous refusons, en conséquence, à approuver cette disposition du projet de loi aussi mauvaise en elle-même pour l'ouvrier que pour le patron, et qui, en pratique, nous n'en doutons pas, serait une arme exclusivement employée contre ce dernier, contre toute justice.

Résumons d'un mot les conséquences de la théorie de la grève rupture telles que les a indiquées très justement M. Barthou : Droit pour le patron d'obtenir des dommages-intérêts de l'ouvrier qui n'a pas observé le délai de préavis. — Impossibilité, au contraire, pour ce dernier d'en obtenir du patron qui refuse de le reprendre.

1. Hayem. La grève et le contrat de travail, p. 75.

Quelles sont maintenant les conséquences de la théorie qui veut que la grève soit non une rupture mais, au contraire, une suspension, un simple relâchement du contrat de travail ? ·

M. Barthou pose en principe que les conséquences sont diamétralement opposées à celles du premier système en sorte que cette théorie ne pourra « rencontrer l'adhésion que des révolutionnaires ».

A première vue il semble en effet de toute évidence que si un système produit certaines conséquences le système contraire devra aboutir à des conséquences opposées.

L'immense majorité des auteurs pense sur ce point comme M. Barthou. Pour n'en citer qu'un que nous combattrons plus loin avec ses propres armes, M. Pierre Bayart écrit ceci (1) : « Si la grève ne rompt pas le contrat de travail, il est évident qu'on ne peut plus parler de résiliation faite sans observation des délais de prévenance et *la question se trouve même retournée. Non seulement les ouvriers en grève ne pourraient plus être condamnés à des dommages-intérêts pour s'être mis en grève brusquement, mais puisque le contrat subsiste, les patrons seraient obligés de reprendre les ouvriers à la fin de la grève, tout au moins le temps nécessaire pour laisser courir les délais-congés et ce sont les patrons qui seraient exposés à payer des dommages-intérêts, s'ils ne reprenaient pas leurs ouvriers.* »

Pour nous, il est, c'est ce que nous démontrerons plus loin, non pas indifférent mais d'intérêt secondaire que la grève soit considérée comme une cause de rupture ou, au contraire, comme une simple suspension du contrat de travail. Ce qui est important, essentiel, ce sur quoi nous avons insisté déjà longuement, c'est le principe que les obligations résultant du contrat de travail ne sont nullement paralysées du fait de la grève.

La grève n'est pas une sorte de cas de force majeure qui dispense l'ouvrier de remplir ses engagements vis-à-vis du patron : Voilà le point essentiel. C'est cela que contestent les révolutionnaires et non point exactement la théorie de la rupture.

1. Revue critique de législation et de jurispr. 1909, p. 534. Caractère juridique de la grève.

Il est vrai que la théorie de la rupture, théorie que nous approuvons d'ailleurs en général, aboutit à des conséquences que combattent vivement les révolutionnaires, mais nous verrons que la théorie de la suspension aboutit logiquement aux mêmes conséquences.

La discussion étant pour nous d'un intérêt pratique assez secondaire nous n'y consacrerons pas de longs développements. Elle est pourtant trop célèbre dans les annales du droit et d'ailleurs trop intéressante au point de vue théorique pour que nous puissions nous dispenser d'en faire un exposé succint.

Ce qu'il y a de curieux dans cette discussion c'est, comme le signalait M. Barthou, l'opposition marquée entre la doctrine et la jurisprudence. Tandis que presque toute la jurisprudence a suivi la Cour de cassation qui, nous l'avons vu à cinq reprises différentes s'est prononcée en faveur de la théorie de la rupture, la grande majorité de la doctrine s'est prononcée en faveur de la théorie de la suspension. Il semble cependant que cette dernière théorie perde chaque jour du terrain, plusieurs auteurs éminents s'étant récemment prononcés en sens contraire.

La jurisprudence avant même que la Cour de cassation eût tranché la question se prononçait en grande majorité en faveur de la théorie de la rupture (1).

De ce caractère de la grève elle avait conclu notamment que dans les industries où il y a une période d'essai après laquelle l'ouvrier peut être embauché, cette période recommence si l'ouvrier à la suite d'une grève rentre à l'usine (2).

Depuis lors elle s'est prononcée très fréquemment dans ce

---

1. *En faveur de la théorie de la rupture :*
Trib. com. Tarare, 3o déc. 1890, Loi 31 janv. 01. — Trib. com. Seine 3o janv. 1894, Gaz. Pal. 94, 1, 516. — Trib. paix Paris, 11ᵉ arrᵗ, 27 déc. 1899, Loi 29 déc. 1899. — Trib. com. Lyon, 12 janv. 1900, Gaz. com., Lyon 6 fév. 1900. — Cons. prud., Seine, 18 juin 1900, Rev. cons. prud. 1900 65. — Trib. paix Hologne (Belgique), 8 août 1900, Rev. législ. mines, o3, 62.
En sens contraire :
Cons. prud. Roubaix, 9 juin 1891, Loi 5 oct. 1891. — Cons. prud. Milan, 31 juill. 1901, S. o3, 1, 465 en note.

2. Cons. prud. Seine, 18 déc. 1899, Rev. cons. prud. 00, 23o.

même sens (1). Sur ce point d'ailleurs la jurisprudence suisse est semblable à la nôtre (2).

Signalons un jugement du tribunal de commerce de la Seine du 6 août 1902 (3) qui après avoir admis la théorie de la rupture, décide que le patron en offrant après la grève de reprendre l'ouvrier avec un nouveau contrat, n'a nullement renoncé au droit de réclamer des dommages-intérêts. Nous croyons cette solution très juridique : une renonciation ne doit pas se présumer facilement. Il ne faudrait admettre la renonciation de la part du patron à réclamer des dommages-intérêts que si le fait par lui de reprendre l'ouvrier laissait *nécessairement* supposer qu'il a l'intention de renoncer à ses droits. Or, en fait, en consentant à reprendre les ouvriers il est fort possible que le patron n'ait obéi qu'à son propre intérêt, qu'il ait en somme seulement cédé à la nécessité mais sans aucun désir de conciliation.

Bien entendu, il n'est pas douteux qu'il en serait autrement si le patron avait formellement déclaré renoncer à ses droits.

Peu de décisions sont en faveur de la théorie de la suspension (4).

---

1. *Citons à titre d'exemple :*
Cons. prud. Charleville, 16 mai 02, Rev. de com. 02, 267. — Trib. civ. Seine, 14 nov. 02, Gaz. trib. 12 fév. 03. — Trib. com. Bordeaux, 4 fév. 03, Rec. Bordeaux 03, 1, 83. — Trib. paix Lézignan, 22 mars 04, Déc. jug. paix 04, 229. — Cons. prud. Amiens, 11 mai 04, Gaz. Pal. 04, 1, 778. — Cons. prud. Amiens, 14 mai 04, Mon. jud. Lyon, 22 juin 04. — Cons. prud. Amiens, 2 mars 04, Déc. jug. paix, 04, 229. — Trib. com. Narbonne, 23 juin 04, Rev. cons. prud. 04, 93. — Trib. paix Coursan, 3 mai 05, Mon. jud. Lyon, 24 mai 05. — Trib. Epinal, 15 nov. 05, Bull. off. trav. 06, p. 481. — Prud. Valenciennes, 14 mars 07, Gaz. trib. 26 mars 07. — Toulouse, 3 juin 09, Gaz. trib. Midi, 25 sept. 09. — C. Paris, 8 fév. 10, Rev. spéc. acc. trav. 1910, p. 113. — Tr. civ. Seine, 4 juillet 1911, Le Droit, 2 fév. 1912.

2. Trib. féd. Suisse, 5 juill. 03, S. 06, 4, 44.
En Italie, le Conseil des prud'hommes de Milan a jugé le 18 déc. 1901 que l'ouvrier était tenu, avant de se mettre en grève, d'observer les délais de préavis vis-à-vis de son patron (Rapporté par Clunet, Journal de droit International privé, année 1905, p. 1123).

3. Gaz. Pal. 1902. 2. 343.

4. *Voir par exemple :*
Cons. prud., Seine, 12 mai et 16 juin 1902. Bull. off. trav., 04. 532.

Quelques-unes [décident qu'il n'y a pas lieu d'ériger en principe que la grève est une rupture ou au contraire une suspension du contrat de travail (1).

Il est à noter d'ailleurs, que conformément au système que nous exposons plus loin, certaines décisions tout en admettant la théorie de la suspension décident que l'ouvrier est passible de dommages-intérêts envers son patron (2).

La doctrine, comme nous l'avons indiqué, est dans l'ensemble hostile à la théorie de la jurisprudence.

Parmi les auteurs les uns pensent que la grève est dans tous les cas une suspension du contrat de travail, d'autres qu'elle est tantôt une suspension et tantôt une rupture de ce contrat, d'autres, enfin, qui la considèrent comme une rupture du contrat, apportent à ce principe des exceptions plus ou moins nombreuses, plus ou moins importantes.

Les opinions sont d'une infinie variété, en sorte que nous ne donnerions qu'une idée très incomplète de la controverse en ne passant pas en revue ces diverses nuances.

Cela fait, et avant de prouver que ces controverses sont avant tout théoriques, nous donnerons rapidement notre propre opinion.

Pour M. Georges Bry (3), comme pour MM. Joseph Rambaud (4), René Demogue (5), Pierre Bayart (6), Levasseur (7), Hayem (8), la grève est une cause de rupture du contrat de travail.

M. Bry s'exprime ainsi : « La jurisprudence admet que la

— Trib. paix, Chatel-sur-Moselle, 18 oct. 04. Bull. off. trav. 04. 993. — Trib. civ., Lille, 26 juill. 07. Gaz. Pal , 07. 1. 419. — C. Paris, 5 juill. 10. — Rev. sp. acc. trav., 1910, p. 171.

1. Marseille, 11 mai 1909, journal Aix et Marseille, 1909, p. 402.

2. Cons. prud. de Reims, 4 sept 07. Rev. cons. prud., 08, 284.

3. Bry, Cours élém. de lég. industr., 3ᵉ édit., p. 99. — Id., p. 443.

4. Rambaud, Cours d'Economie politique, t. 2, p. 228.

5. Demogue, dans Revue trimestrielle de droit civil, 1903, p. 894.

6. Bayart, Revue critique de législation et de jurisprudence, article précité.

7. Levasseur, Questions ouvrières et industrielles en France, p. 708 et s.

8. Hayem, La loi et le contrat de travail, 1908, p. 80.

grève est une rupture du contrat de travail et engage la responsabilité des ouvriers qui la déclarent, sans observer le délai de prévenance. Quelques auteurs la considèrent comme une simple suspension du travail, rendant inutile l'observation du délai-congé. Le Conseil supérieur du travail, en élaborant, dans sa session de novembre 1905, un projet de règlement nouveau sur la rupture du contrat de travail, consacre les idées de ces auteurs : la grève étant une suspension du travail, le délai de prévenance ne serait pas obligatoire. *Je considère que l'opinion de la jurisprudence est exacte et doit être maintenue, tant que la législation ne sera pas modifiée.* »

Et plus loin (p. 443), M. Bry précise davantage sa pensée : « D'après une autre opinion, dit-il, la grève serait non une rupture mais une suspension des clauses du contrat, autorisée par la loi. Elle pourrait se faire brusquement, sans délai de renvoi, sans l'observation d'aucune condition imposée par le contrat de travail sauf à apprécier les circonstances de fait. Cette opinion me semble arbitraire et repose sur une confusion. Il y a bien une suspension du travail dans la pensée des ouvriers qui comptent le reprendre un jour, mais il y a *rupture* du contrat, puisque la grève a pour but, *en général*, d'en obtenir un nouveau, d'avoir de meilleures conditions en ce qui concerne le salaire ou la durée du travail journalier ».

Oui, sans doute, tel est *en général* le but atteint ou non, peu importe, mais visé par les grévistes. Mais que décider au cas où la grève n'aurait pas d'autre but que de rappeler le patron au respect du contrat ? M. Bry ne s'est pas expliqué sur ce point spécial.

M. René Demogue (1), à ce sujet, après avoir indiqué « que si le louage est à durée déterminée (engagement à l'année, pour une campagne) la grève n'est plus permise, le droit de grève est absolument supprimé », ajoute :

« Cette solution, bien que très grave, nous paraît cependant admissible. Une seule exception nous paraîtrait devoir être apportée au droit de grève tel que le limite la Cour

1. M. René Demogue, loc. cit.

suprême. C'est lorsque les ouvriers se mettent en grève, non pas parce qu'ils entendent ne plus travailler sous l'ancien contrat et en obtenir un autre plus favorable, comprenant une augmentation de salaire ou la condition de réintégration de camarades syndiqués, mais simplement parce qu'ils prétendent que le contrat de travail n'a pas été respecté par le patron ».

M. Levasseur (1) établit une restriction analogue. « Il y a d'ailleurs lieu, dit-il, de distinguer les cas. Si, du jour au lendemain, le patron réduisait les salaires ou appliquait un règlement nouveau, sans avoir prévenu d'avance son personnel, conformément au délai-congé, et si les ouvriers se mettaient ensuite en grève pour protester contre ce changement, c'est le patron qui aurait rompu le contrat ».

M. Pierre Bayart, ferme partisan de la théorie de la rupture, établit lui aussi des restrictions (2).

Il distingue *entre les grévistes, entre les grèves.*

Pour les grévistes malgré eux il n'y a pas rupture du contrat il y a seulement impossibilité d'exécution, aussi ne sont-ils pas pas passibles de dommages-intérêts.

Quant aux grèves, celles qui ont pour but de rappeler le patron au respect du contrat ne sont pas une rupture, car « c'est une règle, dans tout contrat synallagmatique, qu'aucune des deux parties ne peut exiger la prestation de ce qui lui est dû qu'à la condition d'exécuter elle-même ses obligations. »

D'autres assimilent aux grèves de ce genre celles qui éclatent pour une cause extrinsèque au contrat de travail (grève de solidarité). D'autres enfin vont plus loin et décident que la grève ne rompt le contrat que lorsqu'il intervient entre le patron et les grévistes un contrat nouveau (3).

M. Wahl (4) est beaucoup plus catégorique. Le seul point qu'il examine est celui de savoir si les ouvriers ont eu ou non l'intention de reprendre le travail ultérieurement chez

1. M. Levasseur, loc. cit.
2. M. Bayart, loc. cit.
3. V. en ce sens Cabouat, tr. des accidents du trav., t. 2, n° 566.
4. Note sous cass., 15 mai 07, J. P. 08, 1, 418.

le même patron. Chaque fois que l'ouvrier a eu l'intention
de revenir un jour à l'usine, quelles que soient ses revendications et les motifs de la grève, le contrat n'est pas rompu.
Un contrat consensuel comme le contrat de travail ne peut
être rompu que par la volonté d'une des parties : il s'agit
donc uniquement d'une question d'interprétation de
volonté.

M. Wahl déclare ne pas comprendre « que l'ouvrier
puisse être considéré comme ayant rompu le contrat, alors
qu'il n'a pas manifesté la volonté de le rompre, que ses
actes ou les motifs qui l'ont déterminé à se mettre en grève
impliquent généralement une volonté contraire ».

Peu importe que les ouvriers aient eu pour but d'obtenir
de nouvelles conditions de travail. Il ne résulte nullement
de là que les ouvriers aient rompu leur contrat. En effet
« outre qu'un contrat peut subir une modification sans
disparaître juridiquement pour faire place à un contrat
nouveau, le contrat, en tout cas, subsiste tant que les
parties ne se sont pas mises d'accord sur la modification ».

La grève ne serait la rupture du contrat de travail que dans
le cas assez exceptionnel où l'ouvrier a eu l'intention de quitter définitivement l'usine.

La Commission de la Société d'études législatives qui admet cette manière de voir remarque que l'intention chez l'ouvrier de continuer le travail résulte parfois à l'évidence de sa
conduite même : « Quand on envisage, dit le rapport (1),
la collectivité des employés vis à vis des employeurs, au
moment de la grève, on peut admettre qu'en principe et le
plus souvent, ni les uns ni les autres, n'ont l'intention de
mettre fin au contrat ; parfois même, l'intention de le continuer se manifeste par des actes non équivoques, par exemple des pourparlers engagés, une promesse de l'employeur
de ne renvoyer personne après la grève, et, de la part des
employés, par des mesures prises pour empêcher la détérioration des moyens de production, entretenir les feux, surveil-
ler le boisage des mines, assurer le fonctionnement des pom-
pes d'épuisement, etc. ».

1. Rapport de M. Brocard : Bulletin de la Société d'études législatives
1906 p. 423.

Ce même rapport pose en principe que « des violences, des tentatives de destruction et d'incendie d'usines sont *sinon psychologiquement, du moins logiquement,* incompatibles avec l'intention de reprendre le travail ».

M. Wahl se refuse à admettre cette restriction. L'intention de reprendre le travail subsiste chez l'ouvrier malgré ces faits. Or, encore une fois, les effets de la grève sur le contrat de travail dépendent *uniquement* de l'intention des parties.

M. Planiol (1) estime qu'il y a une véritable confusion dans les termes à considérer la grève comme une rupture du contrat de travail. « En vérité, dans les conflits industriels, il y a bien une « rupture » entre les patrons et les ouvriers, puisqu'ils ne s'entendent pas, mais c'est une rupture de fait qui est tout autre chose que la destruction juridique du contrat. La plupart du temps, dans l'esprit des parties en présence, la grève n'équivaut nullement à la résiliation du contrat : ouvriers et patrons continuent à se croire liés les uns aux autres ; ils suspendent le travail, mais ils n'ont pas l'intention de se séparer ».

Nous nous efforcerons tout à l'heure de répondre à cette objection qui est en somme celle de M. Wahl en montrant la nécessité de la confusion qu'on nous reproche.

M. Baudry-Lacantinerie invoque les mêmes arguments pour se déclarer en faveur de la théorie de la suspension.

Voici comment s'exprime cet auteur (2). « A notre avis le renvoi brusque de l'ouvrier ne se justifie pas davantage par une grève à laquelle il a pris part. Cependant la jurisprudence décide non seulement que l'ouvrier congédié à la suite d'une grève n'a pas d'action en indemnité contre son patron, mais qu'il doit lui-même une indemnité au patron pour violation brusque du contrat, à moins que l'usage ou la convention ne supprime les délais de prévenance. Cette jurisprudence part de l'idée, inexacte suivant nous, que l'ouvrier a, en se mettant en grève, rompu le contrat. *On ne rompt un contrat que si on a l'intention d'y mettre fin ;* c'est

1. Planiol note sous cass. 4 mai 04 DP 04. 1. 290 1ʳ col. et Droit civil t II n° 1895.

2. B. Lacantinerie, Traité du contrat de louage, 3ᵉ édit. 2, 1ʳᵉ partie, p. 621 et s., n° 2963.

ce que dit nettement l'art. 1780. Une simple suspension ne rompt donc pas le contrat. *Or l'ouvrier qui se met en grève a l'intention de* reprendre son travail ; et, même généralement, le but de la grève est de fournir à l'ouvrier certains avantages dans la continuation du contrat...

Il n'en est autrement que si, dans l'esprit des ouvriers, la grève est un abandon définitif du travail, ou bien si l'ouvrier n'a pas repris sa place immédiatement après la grève et peut ainsi être réputé avoir voulu rompre le contrat. »

M. Pic (1), partisan de la théorie de la suspension invoque les mêmes arguments en ajoutant un argument nouveau dont il nous sera facile de montrer le peu de solidité : « Il est permis de se demander si la grève peut réellement, en droit, être assimilée à une rupture collective du contrat de travail. Certains jurisconsultes estiment, au contraire, non sans raison, qu'elle est simplement une suspension d'exécution des clauses du contrat, autorisée par la loi lorsquelle se justifie par des considérations d'intérêt professionnel, et non point une rupture véritable, l'objectif des grévistes étant, au contraire, de réintégrer en masse l'établissement industriel après obtention des réformes qu'ils réclament.

Décider en principe que toute grève, si légitime qu'on la suppose dans son principe, pourra servir de base à une action en dommages-intérêts de la part du patron, équivaudrait à paralyser l'exercice du droit de grève, dans la majorité des cas. — L'esprit de la réforme de 1884 est en opposition manifeste avec cette solution.

Au surplus, et même si l'on se place sur le terrain de l'art. 1780 (L. 27 déc. 1890), les conclusions que l'on a prétendu en déduire sont tout à fait inacceptables. *L'art. 1780 n'autorise la partie congédiée à réclamer des dommages-intérêts que si l'autre partie a abusé du droit que la loi lui conférait de dénoncer ad nutum le contrat conclu sans détermination de durée. Une condamnation civile, même basée sur cet article, ne saurait donc être prononcée contre les ouvriers coalisés ou syndiqués, qui auraient brusquement déclaré la grève, que s'il y avait abus du droit de coalition,* c'est-à-dire s'ils en avaient

1. Pic, Traité de législation industrielle, nᵒˢ 322 à 325, Rousseau, éditeur, 1902-1912.

fait usage en vue d'une fin autre que celle qui a motivé la reconnaissance du droit de coalition, en 1864, c'est-à-dire d'une fin étrangère à la défense de leurs intérêts professionnels.

Il y a là, conclut M. Pic, une question de pur fait, qu'il appartient au juge du fond d'apprécier dans chaque cas particulier, en se pénétrant de l'esprit de la loi, essentiellement favorable au groupement professionnel, sous tous ses aspects. »

Notre réponse à cet argument subsidiaire de M. Pic, sera simple. L'art. 1780, c. civ. crée à la charge des parties contractantes une double obligation parfaitement distincte : Obligation de respecter le délai de préavis. — Défense de rompre *abusivement* le contrat, même si le délai de préavis est respecté. Dans ce dernier cas, la responsabilité ne peut, bien entendu, être engagée qu'en cas d'*abus* (nous avons vu plus haut que l'abus consiste à user du droit de grève en dehors de l'intérêt professionnel). Mais, dans le premier cas, celui qui nous occupe actuellement, la faute consiste précisément à ne pas avoir respecté le délai de préavis en dehors d'un cas de force majeure. L'abus n'a donc pas à être prouvé, il existe nécessairement. L'erreur de M. Pic est de confondre les deux cas.

M. Colin qui voudrait qu'aucune des deux parties ne fût jamais tenue de dommages-intérêts envers l'autre, ni les ouvriers, car c'est en fait supprimer le droit de grève, ni les patrons parce qu'il serait inique de les empêcher de remplacer leur personnel, propose une formule nouvelle : « C'est à tort, dit-il (1), que l'on prétendrait s'obstiner à rechercher si la grève est une suspension ou une rupture du contrat de travail. A la vérité, *ce n'est ni l'une ni l'autre,* car l'inexécution du contrat (suspension) ou sa dénonciation (rupture), ce sont là des actes qu'un individu seul accomplit. Or la grève, pas plus que la guerre, n'est l'acte d'un individu. Y voir, avec la jurisprudence, la simple juxtaposition d'actes individuels multipliés, quel que soit d'ailleurs le caractère assigné à ces actes (suspension ou rupture) c'est

1. Note sous cass. 15 mai 07, D. P. 07. 1. 371, col. 1.

méconnaître gravement la réalité des choses, laquelle se
venge bientôt en faisant, dans telle ou telle hypothèse, sortir du système arbitraire que l'on aura adopté des conséquences iniques et contraires aux droits les plus essentiels,
tantôt à ceux des patrons et tantôt à ceux des ouvriers. »

M. Colin n'a réussi à convaincre ni les partisans de la
théorie de la rupture ni ceux de la théorie de la suspension.

M. Bayart (1) réfute sa théorie par la considération suivante : Une association n'est rien autre que tous les associés,
pris comme tels. C'est être dupe des mots que de considérer l'association comme quelque chose de réel ayant en soi
une existence propre, distincte de celle de ses associés. Un
droit, quoique collectif, n'étant jamais exercé que par des
individus, il ne peut y avoir d'opposition entre les droits de
la collectivité et ceux des membres qui la composent.

M. Wahl ne se déclare pas davantage satisfait : « S'il était
démontré, dit-il (2), qu'en vertu de son engagement, l'ouvrier n'a pas le droit de se mettre en grève sans observer
les délais de prévenance, pourrait-il vraiment se dégager
d'une obligation librement assumée en se plaçant sous l'empire du droit collectif ? » L'objection nous paraît sans
réplique.

Nous pourrions citer encore bien d'autres auteurs (3),
mais ce que nous avons dit jusqu'à présent suffit à donner
une physionomie d'ensemble de la controverse. Signalons
cependant après ce rapide exposé de doctrine la théorie
soutenue par M. Raynaud (4), professeur de la faculté
d'Aix, en son cours public fait à Marseille en 1910,
1911. Le savant auteur s'est affirmé nettement partisan de
la théorie de la suspension du contrat. Pour lui, ce n'est
que par une « subtilité juridique » que l'on peut déclarer

1. Loc. cit.

2. Note sous cass. 15 mai 07, Journal Palais 08. I 420, n° vi in fine.

3. V. par exemple : « Les Grèves », par Léon de Seilhac, p. 75. —
Cabouat, Rev. trim. de dr. civil 1903, p. 507 et s. et tr. des acc. du travail, t. 2, n° 566. — Tirlemont, étude sur la nature jurid. de la grève
1904. — De Morillon, le dr. de grève et le contr. de trav. 1905. —
Zeuleanu, des effets de la grève sur le contrat de travail, thèse, Paris
1907, p. 159 et s.

4. M. Raynaud, Cours public à Marseille, 1910-1911.

que la grève rompt le contrat de travail, le législateur ayant voulu laisser aux parties la faculté de se retirer librement du contrat.

Ayant rejeté la théorie transactionnelle de M. Colin et montré le peu de valeur de l'argument subsidiaire de M. Pic, nous nous trouvons en présence de deux arguments l'un social, l'autre juridique en faveur de la théorie de la suspension. En prouvant leur fausseté, nous aurons par là-même établi le bien fondé de la théorie de la rupture.

L'argument social est le suivant : La grève n'est efficace pour l'ouvrier qu'à condition d'être soudaine. Condamner à des dommages-intérêts l'ouvrier qui n'a point observé vis-à-vis de son patron le délai de préavis c'est enlever toute utilité à la grève, supprimer le droit de grève en fait, car les dommages-intérêts dont est tenu l'ouvrier équivalent pour lui à une véritable amende.

Nous avons discuté et réfuté cet argument avant même que d'aborder la controverse actuelle. L'argument ne tend, en effet, à rien de moins qu'à permettre à l'ouvrier de s'affranchir sans contrainte du contrat qui le lie à son patron et, *s'il devait être admis, la question ne se poserait plus de savoir si la grève rompt le contrat ou ne fait, au contraire, que le suspendre.*

Supposons, en effet, un instant que le contrat qui liait l'ouvrier au patron ait, de par le vœu même du législateur, *cessé momentanément de fonctionner* depuis la déclaration de grève jusqu'à la reprise du travail, cet ouvrier a-t-il seulement manqué à son engagement, ou a-t-il, au contraire, définitivement mis fin à son contrat? Ni l'un ni l'autre: il n'a pu ni mettre fin définitivement à son contrat (rupture) ni même manquer à un engagement quelconque envers son patron (suspension) par ce simple motif que le contrat avait temporairement cessé d'exister.

Pour que la question pût se poser des effets de la grève sur le contrat de travail, il était nécessaire d'avoir préalablement établi que les ouvriers grévistes, sont soumis aussi bien que les autres ouvriers au contrat de travail. C'est pourquoi, procédant logiquement, nous nous sommes efforcé d'apporter cette justification au début même de cette seconde partie. Nous n'y reviendrons pas, considérant ce point comme acquis.

Ce qui a quelque peu obscurci cette question en elle-même assez simple et amené une certaine confusion dans les esprits, c'est que les différents auteurs en recherchant si la grève est ou non une cause de suspension du contrat de travail ont, en réalité, dans cette seule formule posé deux problèmes très différents : *Les ouvriers sont-ils, du seul fait de la grève, libérés du contrat qui les liait au patron ?* A cette première question nous avons déjà répondu par la négative.

Deuxième problème absolument distinct et beaucoup moins important pratiquement : *La grève est-elle de la part de l'ouvrier un simple refus de se soumettre à ses obligations envers son patron, ou, au contraire, met-elle fin au contrat ?*

Nous répondrons à la question en discutant l'argument juridique invoqué par les partisans de la théorie de la suspension, argument qui, nous nous le rappelons, est fondé sur cette considération que le contrat de travail est un contrat consensuel et que, d'autre part, les grévistes n'ont certainement pas eu l'intention de quitter le patron.

Commençons par établir une distinction très simple que l'on ne fait jamais et qui est cependant d'une importance capitale au point de vue théorique. Cette distinction est la suivante : *S'agit-il d'un contrat à durée déterminée ? S'agit-il au contraire d'un contrat à durée indéterminée ?*

Dans le premier cas, contrat dont la durée est déterminée soit par la loi (1), *soit par la volonté expresse ou tacite* (2) *des par-*

1. *La durée déterminée du contrat résulte dans deux cas exceptionnels de la loi elle-même :*

a) Dans les forges où la cessation du travail peut causer de très graves préjudices, l'édit royal du 7 décembre 1729, considéré généralement comme non abrogé, décide que les ouvriers et voituriers ne peuvent quitter l'établissement pour aller travailler dans une autre usine, à peine de 300 livres, pendant que le haut-fourneau est encore en feu. (Signalé par F. Hermann. Répertoire Vᵒ. Louage de services).

b) Du fait de l'art. 15, Loi du 9 juillet 1889 sur le Code rural qui dispose que « la durée du louage des domestiques et des ouvriers ruraux est, sauf preuve d'une convention contraire, réglée suivant l'usage des lieux ».

2. La durée déterminée du louage de services ne pourrait résulter

ties, le contrat ne peut être résilié sans le consentement des deux parties avant l'époque fixée. A ce moment là, le contrat est résilié de plein droit (1).

Ainsi tant que dure l'engagement, *il ne peut être rompu par la volonté de l'une des parties, si l'autre remplit fidèlement ses obligations* (2).

Dès lors, il est superflu de nous demander si les ouvriers grévistes doivent ou non être considérés comme ayant eu l'*intention* de rompre leur contrat. *Cette intention résultât-elle malgré eux de leur conduite même, le contrat néanmoins ne serait certainement pas rompu, puisque la volonté d'une seule des parties est impuissante à produire ce résultat.* Dans ce premier cas, par conséquent, la grève est nécessairement et toujours une simple *suspension* du contrat de travail. *Juridiquement* le contrat subsiste encore et le patron peut en exiger l'exécution ; mais pratiquement, on se heurte à une impossibilité absolue lorsqu'on veut y contraindre l'ouvrier par la force. C'est pourquoi le patron a droit à des dommages-intérêts de l'ouvrier, *mais ces dommages-intérêts sont accordés dans notre hypothèse, en vertu de l'art. 1142, qui sanctionne le défaut d'exécution des obligations de faire, et non par application de l'art. 1780 qui sanctionne la résolution du contrat de louage d'ouvrage à durée indéterminée* (3).

D'autre part, lorsque l'ouvrier voudra reprendre son travail, le patron ayant contre lui des motifs légitimes de

uniquement du mode de paiement des salaires ; ainsi l'ouvrier payé par semaine ou par mois ne pourra par cela seul être censé engagé pour une semaine ou pour un mois entier : Grenoble, 29 nov. 1891. Lois Nouvelles, 93, 2, 133.
Par contre, le contrat est nécessairement à durée indéterminée bien qu'imprécise lorsque l'ouvrier est engagé à la tâche pour accomplir tel travail déterminé, par exemple, pour citer un exemple emprunté à la jurisprudence, pour exécuter un guéridon Louis XVI, d'après un certain plan :
Trib. civ., Seine (7ᵉ ch.), 9 mai 1906. Gaz. trib., 1906, 2, 406, 2ᵉ part.

1. Cass., 24 nov., 1902. S. 03. 1. 12.

2. Lyon 7 juin 1889. Mon. Lyon, 11 mai 1889.

3. Lyon, 13 juin 1894 D. P. 95, 2, 292. — Montpellier, 4 mai 1900, Mon. Midi, 22 juill. 1900. — Laurent XXV, 509. — Guillouard II, 727. — B. Lacantinerie, 1ʳᵉ édit., II, 1463.

plainte (1), pourra sans encourir aucune responsabilité, rompre le contrat.

Les deux résultats que nous venons d'indiquer sont ceux-là mêmes auxquels nous aurait conduit la théorie de la rupture si le contrat avait été à durée indéterminée. Nous reviendrons plus loin sur ce point que nous n'avons fait ici que signaler. La distinction que nous avons établie entre les contrats à durée déterminée et ceux à durée indéterminée n'a donc pas grande importance pratique (sauf cependant en matière d'accident du travail pour la détermination du salaire de base). Mais *au point théorique* la distinction est capitale puisque, ainsi que nous l'avons démontré, *lorsque le contrat est à durée déterminée jamais la grève ne rompt le contrat*, tandis que, c'est ce que nous allons démontrer maintenant, *la grève rompt toujours le contrat lorsque celui-ci est à durée indéterminée, ce qui est d'ailleurs le cas ordinaire.*

Lorsque le contrat est à durée indéterminée il n'est pas douteux (art. 1780) que chacune des parties ait toujours la faculté de s'en retirer librement sauf de sa part à encourir une responsabilité au cas où elle aurait abusé de son droit ou n'aurait pas observé strictement les délais de préavis. Ici, contrairement à ce qui a lieu pour les contrats à durée déterminée, les deux parties ont qualité pour rompre seules le contrat.

Ont-elles eu cette intention? Toute la question est là.

Les ouvriers en se mettant en grève ont-ils l'intention de rompre le contrat? Non évidemment, répondent les partisans de la théorie de la suspension, puisque précisément l'*objectif des grévistes est de réintégrer l'usine après la grève.* Les grévistes n'ont donc pas l'*intention* de quitter leur patron définitivement et, dès lors, ne rompent pas leur contrat.

Nous ne contesterons pas ce fait que les ouvriers grévistes aient le désir et l'espoir de reprendre ultérieurement leur travail chez le même patron, mais, ce point admis, nous refusons de nous rallier à la théorie de la suspension et ce pour un *triple motif :*

1. Paris, 13 fév. 1907, Le Droit, 2 mai 1907 avec note.

1° Les adversaires confondent le *but* visé par les grévistes avec le *motif même* de leurs actes ;

2° Tout acte a en lui-même sa *logique* qui s'impose nécessairement que l'auteur de l'acte le veuille ou non ;

3° Le contrat de travail à durée indéterminée est un *contrat successif* pour lequel la non exécution ne se distingue pas de la rupture.

C'est cette triple argumentation que nous allons essayer de développer avec toute la clarté dont nous sommes capable.

Premier Argument :

La théorie de la suspension est critiquable en ce qu'elle considère le *but* que se proposent les grévistes et qu'elle assimile ce but éloigné, problématique, au motif même de l'acte. Ils veulent, ayant fait cesser tel ou tel abus du patron ou obtenu telle ou telle modification au contrat, la grève terminée, reprendre leur place à l'usine ou à l'atelier. Ils savent bien qu'on aura besoin d'eux et ils y comptent. Voilà, si nous ne nous trompons, le *but* que se sont proposé les grévistes ; mais nous ne croyons pas que ce soit là le *motif juridique* de leurs agissements.

Lorsque les ouvriers déclarent : « Nous nous mettons en grève. Nous ne reprendrons le travail *qu'à telle ou telle condition déterminée* », font-ils autre chose que dire ceci :

1° Nous refusons *désormais* (et donc *définitivement*) de travailler dans les conditions actuelles.

2° Nous accepterons de travailler de nouveau *si* telle condition vient à se réaliser, *sinon notre refus est définitif*.

Nous savons bien qu'en fait si la victoire ne suit pas, ils seront trop heureux de pouvoir reprendre le travail chez leur patron aux conditions anciennes quant ce ne sera pas avec des conditions pires, mais il n'en reste pas moins que *primitivement quand ils ont abandonné leur travail ils ont manifesté le désir de l'abandonner définitivement si satisfaction ne leur était pas donnée.*

Deuxième Argument :

Mais, nous dira-t-on, ce premier argument est ici sans valeur. Peu nous importe que *logiquement* l'ouvrier qui déclare ne devoir reprendre son travail que *sous condition* ait exprimé par là même son désir de rompre le contrat, puisque, *en fait*, l'ouvrier exprime clairement soit expressément soit tacitement, mais avec autant de certitude dans un cas que dans l'autre, son *intention* de mettre fin au contrat : *Une intention certaine doit l'emporter sur une intention présumée.*

L'objection est sans valeur. Ce n'est pas d'une *intention présumée* que nous faisons état contre l'ouvrier, mais bien d'une *intention logiquement nécessaire*. Un acte, c'est une idée qui s'est fait corps. *Psychologiquement* un homme peut bien n'être pas logique avec lui-même, car la contradiction est chose humainement fréquente, mais *logiquement*, nulle contradiction n'est possible entre l'idée dont l'acte apparaît comme une résultante nécessaire et l'idée qu'a eue ou que prétend avoir eue en réalité l'auteur de l'acte.

Dans ce conflit entre l'idée *rationnellement nécessaire* exprimée par l'acte lui-même et l'idée *psychologiquement possible* mais *rationnellement impossible* affirmée par l'auteur de l'acte, le juge ne peut pas hésiter. Idée vivante, le fait par sa seule existence sociale a engendré d'autres conséquences sociales toutes dérivées de la même idée : cette idée s'impose à la conscience du juge comme une *réalité concrète*.

Telle est, croyons-nous, exactement la pensée qu'exprimait M. Tardieu, commissaire du gouvernement, lorsque, critiquant la théorie de la grève-suspension à propos de la grève des commis des postes révoqués sans la communication préalable de leur dossier qu'exigeait l'art. 65 de la loi du 22 avril 1905, il disait (1) : « Ce qui, suivant nous, condamne irrémédiablement le système de la grève suspension, c'est son fondement même, qui fait dépendre les effets de la grève de l'intention des ouvriers. *Si l'homme est maître de ses actes, il n'est pas toujours maître d'en limiter les conséquences.* Ces ouvriers, qui s'affranchissent des obligations de leur contrat, tout en ayant l'intention de le maintenir, nous font involontairement penser à ce passage des lettres provinciales, où Pascal expose à son correspondant les sub-

1. Note sous conseil d'Etat, 7 août 1909, J. P., 09, IIIe partie, p. 145.

tilités du principe de la direction d'intention, d'après la
doctrine des R. P. Reginaldus et Escobar. »

Telle est également la pensée de M. Bayart (1) : On n'est
pas libre de changer, d'une façon radicale, par ses intentions et ses réticences la nature de ses actes : ce serait trop
commode ; *la loi et les juges sont bien forcés de s'en tenir à ce
que les actes expriment invinciblement.* »

TROISIÈME ARGUMENT :

Nous croyons avoir solidement établi que la grève dans
les contrats de travail à durée indéterminée est une cause
de rupture du contrat lorsque les ouvriers ont quitté l'usine
pour un *temps indéterminé* et *sous une condition.*

Mais en serait-il autrement lorsque des ouvriers, pour
célébrer le 1er mai, par exemple, ou, comme manifestation
de solidarité, comme le cas s'est produit le 11 mars dernier
chez les mineurs français qui ont voulu par là manifester
leur sympathie envers les mineurs anglais, déclarent qu'ils
cesseront le travail 24 heures ? Dans ce cas là, en effet, le
travail est interrompu *sans condition* et pour un temps *fixé
à l'avance.* Les ouvriers ne disent plus comme précédem-
ment : nous nous mettons en grève jusqu'à ce que vous
ayez été obligés de capituler et afin d'obtenir cette capitu-
lation. *Peut-on dire qu'alors ils refusent seulement de remplir
leurs engagements pour un certain temps, et qu'ici le contrat
n'est que suspendu ?* Non, car comme le remarque fort justement M. Bayart (2), le contrat de travail à durée indéterminée est un contrat de nature spéciale : C'est un contrat à
« *exécution successive* ». Remarquons en effet que ce contrat, *en raison de sa nature même,* peut toujours cesser par
la volonté d'un seul des contractants : Aucune des deux
parties n'est jamais *obligée,* c'est-à-dire liée pour l'avenir.
Si le contrat persiste c'est par suite de la volonté *sans cesse
renouvelée* de chacune des parties. D'où il suit que, dans ce
contrat, l'exécution se confond entièrement avec le contrat
lui-même. Au reproche qu'adressait M. Planiol à notre
théorie de confondre la rupture de droit avec ce qui n'est
qu'une simple rupture de fait nous répondons qu'ici l'une

1 et 2. Bayart, loc. cit.

et l'autre se confondent entièrement ; « si on n'a pas la volonté de cesser le contrat alors on ne peut pas cesser de l'exécuter » (1).

Dès lors que la non exécution du contrat se confond ici avec sa rupture même, peu importe que la grève ait été faite avec ou sans condition, que sa durée ait été ou non déterminée à l'avance. Dans l'un comme dans l'autre cas il y a eu non exécution du contrat : cela suffit pour qu'il ait été rompu.

Ainsi, pour nous, le fait par des ouvriers dont le contrat est à durée indéterminée de se mettre en grève constitue toujours une rupture du contrat.

Voulons-nous le prouver avec plus d'évidence encore ? Il nous suffit de faire la *contre-épreuve*. Imaginez un patron qui prononce un lock-out (2). Dirait-on qu'il n'a fait que suspendre le contrat, que les ouvriers sont encore liés à lui et que le lock-out terminé ils sont passibles de dommages-intérêts s'ils se sont embauchés ailleurs ? Nul ne l'a jamais prétendu. Alors pourquoi émettre semblable prétention dans le cas inverse ?

Peu d'auteurs acceptent cette opinion que la grève est *toujours* une cause de *rupture* du contrat de travail lorsque celui-ci est à durée indéterminée. Beaucoup partant de l'idée inexacte que d'après la théorie de la rupture, l'ouvrier serait toujours nécessairement condamné à des dommages-intérêts envers son patron, repoussent cette théorie pour les cas où il apparaît comme inique que semblable condamnation soit prononcée. C'est pourquoi un certain nombre se déclarent *par exception* partisans de la théorie de la suspension dans les cas suivants : Lorsque l'ouvrier se met en grève pour résister à une diminution de salaire ou protester contre une augmentation de charges que son patron veut lui imposer et également lorsque l'ouvrier est contraint par violence à la grève.

Il est incontestable que, dans ces différents cas, la situation de l'ouvrier est particulièrement digne d'intérêt et il

1. Bayart, loc. cit.

2. V. sur ce point Colin, D. P. 07, 1, 370.

serait rigoureux de considérer sa responsabilité comme toujours engagée, par le seul fait que les délais de préavis n'ont pas été respectés. Mais précisément, sous ce rapport, la théorie de la rupture que nous soutenons, loin d'aboutir aux conséquences extrêmes qu'on lui reproche, sauvegarde équitablement les droits de l'une et de l'autre partie.

La Cour de cassation a plusieurs fois jugé que le chef d'entreprise n'a pas à observer les délais de prévenance, si l'ouvrier a commis dans son service une faute grave (1).

Réciproquement, l'ouvrier peut rompre le contrat sans observer les délais de prévenance dans le cas où une faute grave du patron lui cause un préjudice. Dans ce cas, non seulement l'ouvrier n'est point passible de dommages-intérêts, mais le patron serait responsable envers lui du tort que lui cause sa conduite. Seulement, il convient de se montrer difficile pour admettre la faute *grave*, sinon, ce serait la porte ouverte à tous les prétextes pour justifier l'inobservation des délais de préavis.

Le fait de la part du patron de réduire les salaires ou d'imposer aux ouvriers des charges nouvelles est certainement une faute grave, si du moins ces faits sont intervenus *en violation de l'ancien contrat.*

Précisons notre pensée : voici un patron qui, *observant régulièrement les délais de prévenance*, avertit ses ouvriers qu'à partir de telle date déterminée les conditions du travail seront autres, par exemple que le salaire sera diminué. Il serait absurde de prétendre que le patron n'est pas entièrement libre de fixer le salaire au taux qui lui convient et qu'il commet une faute en proposant des conditions de travail trop défavorables. Dans cet ordre d'idées l'arbitraire serait sans limite. Le patron ne commet donc aucune faute en dénonçant régulièrement aux ouvriers un contrat qui a cessé de lui agréer et en leur proposant des conditions nouvelles : libre à eux d'accepter ou non.

Au contraire, sa responsabilité serait engagée si, du jour au lendemain, *sans dénonciation régulière du contrat*, le patron diminuait les salaires ou changeait les conditions du

1. Cass. 17 fév. 1903. P. 1903. 1. 405. — Cass. 15 avr. 1904. P. 1904. 1. 357.

travail : cette violation du contrat serait une *faute grave* qui rendrait le patron passible de dommages-intérêts envers ceux qui en auraient souffert. *Elle justifierait également une grève sans préavis, mais seulement immédiate,* car, après l'expiraration des délais de préavis que le patron eût dû observer, les ouvriers sont considérés comme ayant accepté tacitement ce nouveau contrat et sont liés au patron.

Quant à l'hypothèse où l'ouvrier est contraint à la grève par les voies de fait et les menaces dont il est l'objet, le contrat est néanmoins *rompu,* mais l'ouvrier n'est *aucunement responsable* car il a agi sous l'influence de la force majeure. Notons seulement qu'il faut que cette force majeure se soit déclarée *trop soudainement* pour empêcher l'observation du délai de préavis (1).

Ni dans ce cas, ni dans le cas précédent, les ouvriers ne peuvent exiger du patron qu'il les reprenne, mais ils auront toujours un recours en responsabilité dans le premier cas contre le patron lui-même, dans le second contre les auteurs de la violence.

Les solutions que nous venons d'indiquer résultent, croyons-nous, d'une saine interprétation des textes.

Pour éviter toute difficulté sur la question il serait désirable que le législateur prit soin de prévoir les principales hypothèses et d'indiquer lui-même les solutions.

C'est ce qu'a fait la loi belge dont les articles 20 et 21 nous paraissent être un modèle, comme netteté et précision.

Art. 20 belge. — « Le chef d'entreprise peut *rompre* l'engagement, sans préavis, ou avant l'expiration du terme :

Lorsque l'ouvrier a trompé le chef d'entreprise lors de la conclusion du contrat, par la production de faux certificats ou livrets ;

Lorsqu'il se rend coupable d'un acte d'improbité, de voies de fait et d'injure grave à l'égard du chef ou du personnel de l'entreprise ;

Lorsqu'il cause intentionnellement un préjudice matériel pendant ou à l'occasion de l'exécution de son contrat ;

Lorsqu'il se rend coupable de faits immoraux pendant l'exécution de son contrat ;

1. Cass. 5 fév. 1896, S. et P. 1896, 1, 217.

Lorsqu'il compromet, pas son imprudence, la sécurité de la maison ou de l'établissement ou du travail ;

Et en général lorsqu'il manque gravement à ses obligations relatives au bon ordre et à la discipline et à l'exécution de son contrat ;

Le tout sans préjudice, au droit du chef d'entreprise, à tous dommages-intérêts, s'il y a lieu ;

Le congé ne peut être donné sur l'heure lorsque le fait qui l'aurait justifié est connu du chef de l'entreprise depuis deux jours ouvrables au moins. »

Art. 21 belge. — « L'ouvrier peut *rompre* sans préavis ou avant l'opération du terme :

Lorsque le chef d'entreprise ou celui qui le remplace se rend coupable à son égard, d'un acte d'improbité, de voies de fait ou d'injure grave ;

Lorsque le chef d'entreprise tolère de la part de ses préposés, de semblables actes à l'égard de l'ouvrier ;

Lorsque la moralité de l'ouvrier est mise en danger au cours du contrat, sauf à en faire la preuve ;

Et, en général, lorsque le chef d'entreprise manque gravement à ses obligations relatives à l'exécution du contrat ;

Le tout sans préjudice, au droit de l'ouvrier, à tous dommages-intérêts s'il y a lieu.

La rupture du contrat ne peut plus avoir lieu lorsque le fait qui l'aurait justifiée est connu de l'ouvrier depuis deux jours ouvrables au moins ».

En France, les différents projets sur le contrat de travail — dont nous ne dirons d'ailleurs qu'un mot — sont loin d'être aussi parfaits.

Ces projets au nombre de deux sont celui du Gouvernement et celui de la Société des Etudes législatives.

Le projet du Gouvernement s'exprime ainsi, art. 56 :

« La grève est, sauf manifestation contraire de la volonté de l'une ou de l'autre partie, une *suspension* du contrat de travail.

« Le refus par l'une des parties de recourir à la procédure de conciliation ou à l'arbitrage dans les formes instituées par des lois spéciales sera considérée comme une rupture du contrat du fait de cette partie.

« Dans les services publics et dans les établissements industriels de l'Etat, dont le fonctionnement ne saurait être interrompu sans compromettre les intérêts de la défense nationale, la grève, ou cessation concertée du travail, est, ipso
facto, une rupture du contrat de travail ».

Nous ferons avec M. Bayart les observations suivantes :
Ce n'est pas le rôle de la loi de donner des définitions —
surtout fausses.

Faire dépendre le caractère de la grève de l'intention des
grévistes, c'est se perdre dans des difficultés inextricables,
car cette intention n'est pas une et invariable mais varie, au
contraire, avec chaque gréviste, chaque grève.

Puis, comment expliquer au point de vue juridique que,
pour les employés de l'Etat spécialement il n'y ait pas à
tenir compte de leur intention, que pour eux la grève soit
toujours une cause de rupture du contrat ? On voit aisément
quelles raisons pratiques poussent le législateur à adopter ce
principe, il est plus difficile d'en donner un motif juridique.

Enfin, il est bizarre de faire dépendre le caractère de la
grève de ce fait qu'une partie refuse ou non l'arbitrage ; ce
fait étant *postérieur* à elle et lui étant totalement *étranger*
ne saurait entrer en ligne de compte. Il ne s'agit pas pour
le législateur d'infliger une sorte de pénalité, mais de poser
un critérium permettant d'apprécier les effets de la grève
sur le contrat de travail.

Le projet de la Société des Etudes législatives exige le
délai de prévenance — ce en quoi nous l'approuvons —
mais laisse aux tribunaux le soin « d'apprécier, d'après les
circonstances de fait, si l'adhésion de tel ou tel employé à
la grève constitue ou non une rupture du contrat de travail ».

On a voulu par là faire une exception pour les grèves de
solidarité et, sous prétexte que les ouvriers ne s'en prennent
pas au contrat, les considérer comme une simple cause de
suspension. C'est manquer de logique : Si l'intention des
ouvriers doit être prise en considération ici, pourquoi la
négliger dans les autres cas ?

Par contre, il est une proposition de loi qui nous paraît

excellente (bien qu'au point de vue *purement théorique* elle ait tort, croyons-nous, de déclarer que la grève est toujours une cause de rupture du contrat, sans faire aucune distinction entre les contrats à durée déterminée et ceux à durée indéterminée).

C'est la proposition de la loi présentée à la Chambre des Députés par M. Massabuau (1). L'art. premier de cette proposition de loi — le seul relatif à notre matière — modifie comme suit le paragraphe 3 de l'art. 1780 du Code civil : « Néanmoins la résiliation du contrat par la volonté d'un seul des contractants *avant le terme fixé par le contrat, ou qui surviendrait au terme fixé sans accorder à l'autre partie contractante le bénéfice des délais en vigueur d'après les usages locaux*, pourra donner lieu à des dommages-intérêts, *même dans le cas où cette rupture de contrat serait le fait collectif d'employeurs ou d'employés, désigné sous le nom de lock-out ou de grève. En ce cas, les organisateurs, promoteurs ou instigateurs du lock-out ou de la grève pourraient être solidairement tenus aux mêmes dommages et intérêts* ».

Cette proposition de loi est trop conforme à la théorie que nous nous sommes efforcé de soutenir pour que nous ayons besoin de la justifier. Remarquons seulement sa sévérité vis-à-vis des organisateurs, promoteurs ou instigateurs. Dans l'état actuel de la jurisprudence, nous n'avons trouvé aucune décision qui considérât cette responsabilité comme engagée par ce seul fait que les ouvriers à qui ils ont prêté leur concours ont commis un quasi-délit en violant leur contrat, et qu'ils se seraient rendus *complices* de ce quasi-délit. Nous avons déjà eu l'occasion de dire que si, en cas d'abus du droit de la part des ouvriers, les tiers doivent être tenus pour complices, il n'en saurait être de même pour le quasi-délit résultant de la violation du contrat, *par ce motif que cette violation du contrat est extérieure à la grève et que les tiers ne peuvent aucunement être considérés comme y ayant par-*

---

1. Proposition de loi ayant pour objet de préciser les droits respectifs des employeurs et employés, en ce qui concerne le droit syndical, le lock-out et les grèves, présentée par M. Massabuau, député. — Journal Officiel. Chambre des députés, n° 439. Annexe au procès verbal de la séance du 8 novembre 1910.

ticipé. Nous critiquons donc le dernier paragraphe de la proposition de loi qui nous paraît inopportun.

L'exposé des motifs est particulièrement remarquable.

Nous nous contenterons d'en citer quelques passages essentiels, ne pouvant à notre grand regret le reproduire en entier :

« La grève ne serait qu'une suspension de travail ? Mais cette opinion ne supporte pas l'examen.

« Voilà les ouvriers d'une usine ou d'un chantier, qui, alors que tout est en train, font aviser leur patron qu'ils vont quitter le travail aussitôt, si satisfaction ne leur est pas accordée.

« Le refus du patron intervient, et aussitôt chacun cesse l'ouvrage, sans se préoccuper du contrat qui le lie avec le patron, décidé d'ailleurs à ne reprendre le travail que si l'accord se fait plus tard entre le patron et lui.

« Et sous prétexte que ce départ est seulement momentané parce que le retour aura lieu en cas d'accord, on prétend soutenir que puisque en l'état, personne ne saurait assurer qu'il sera définitif, il n'y a pas rupture, la rupture comportant le départ sans espoir de retour ?

« A cela il est facile de répondre que celui qui rompt un contrat est celui qui cesse de faire ce que par contrat il s'était obligé à faire, et qu'il y a rupture de contrat dès que du fait de cette cessation, même temporaire, l'autre partie contractante éprouve un préjudice.

« On voit l'importante conséquence qui se dégagera de la définition réelle de la grève, le jour où la loi aura codifié la jurisprudence, et établi la même réciprocité entre grève et lock-out et les droits synallagmatiques des employeurs et employés.

« Cette similitude de droits existe d'ailleurs en matière individuelle...

« Où voit-on écrit dans nos lois que le concert des travailleurs et leur nombre change la nature des droits et des devoirs de chacun et transforme en simple suspension de contrat ce qui est juridiquement une rupture si chacun agit isolément ? »

Et plus loin :

« Bien entendu les théoriciens grévistes vont nous dire

qu'à ce compte, aucune grève ne sera désormais possible, les patrons ayant ainsi le loisir d'aviser et d'éviter d'être pris de court, alors que c'était là l'un des meilleurs moyens de coercition de la grève.

« Il est facile de leur répondre que le législateur n'a pas à s'inquiéter de faciliter la violence ou la pression au profit de certains, envers les autres, mais qu'il doit assurer de son mieux l'exercice des droits réciproques et synallagmatiques de chaque partie. *Si l'employé en s'engageant accepte le contrat mensuel dont il a les avantages, il ne peut dénier que le patron qui contracte avec lui ait aussi les siens, et, s'il a l'avantage de ne pas être exposé au brusque congédiement, il ne saurait exiger que malgré cela le patron soit désarmé devant son brusque départ* ».

Nous désirons vivement que cette très intéressante proposition de loi soit un jour transformée en loi, car elle mettrait fin à une équivoque fâcheuse qui n'a que trop duré, mais nous ne nous faisons aucune illusion sur le peu de chance qu'elle a d'être jamais agréée par une majorité parlementaire.

Ayant examiné la célèbre controverse sur le point de savoir si la grève est une cause de rupture ou au contraire une simple suspension du contrat de travail, nous sommes arrivé à cette conclusion *qu'au point de vue purement juridique la grève n'est jamais qu'une cause de suspension dans les contrats à durée déterminée, et, au contraire, que, dans les contrats à durée indéterminée, elle est toujours une cause de rupture*.

Nous avons déjà indiqué que, pour nous, cette controverse n'a pas, à beaucoup près, l'intérêt pratique qu'on lui suppose.

Nous allons immédiatement nous expliquer sur cet intérêt pratique secondaire. Nous aurons ensuite à prouver qu'il n'y en a point d'autre.

L'arrêt de cassation du 4 mai 1904 nous a montré comment en cas d'accident survenant moins de douze mois après la grève, on doit déterminer, *d'après la théorie de la rupture*, le salaire qui servira de base à la rente.

Mais nous savons que le contrat est non pas rompu, mais

seulement suspendu, du fait de la grève, chaque fois qu'il est à durée déterminée : l'ouvrier est alors considéré comme employé dans l'usine non pas seulement du jour dé la reprise du travail, mais du jour même de son embauchage, *soit depuis plus d'un an* (1).

La situation, dans ce cas, est réglée par l'art. 10 § 1 (loi du 9 avril 1898). « Le salaire servant de base à la fixation des rentes s'entend, pour l'ouvrier occupé dans l'entreprise *pendant les douze mois avant l'accident,* de la rémunération effective qui lui a été allouée pendant ce temps, soit en argent, soit en nature ».

Jusque-là aucune difficulté. Mais le § 4 du même article ajoute : « Si, pendant les périodes visées aux alinéas précédents, l'ouvrier a chômé *exceptionnellement* et pour des *causes indépendantes de sa volonté,* il est fait état du *salaire moyen qui eût correspondu à ces chômages* ».

Doit-on, par application de cet alinéa, tenir compte des salaires que l'ouvrier eût gagnés s'il n'avait pas été en grève ?

M. Bellom résout la question par une distinction (2): « En cas de chômage causé par grève l'interruption de travail est, *en principe, volontaire de la part de l'ouvrier* et, par suite, il n'y a point lieu de faire état des journées ainsi perdues. *Il n'en saurait être autrement que si la grève avait eu pour résultat de rendre impossible la continuation du travail :* la situation se serait alors imposée à l'ouvrier et il conviendrait de lui en tenir compte ».

La jurisprudence a parfois admis cette distinction :

« Dans ces circonstances, porte un jugement de Chalon-sur-Saône (3) du 20 mars 1900, le chômage subi par le demandeur peut être regardé comme provenant d'un fait qui ne lui est point exclusivement personnel et doit être retenu pour la détermination du salaire de base »

---

1. Si l'embauchage primitif remontait à moins d'un an on appliquerait cumulativement l'art. 10 § 1 et l'art. 10 § 2 de la loi du 9 avr. 1898, les principes restant les mêmes. Pour la facilité du raisonnement nous supposerons que cet embauchage primitif remonte à plus d'un an.

2. Bellom, 2ᵉ édit., p. 166.

3. Bull. Min. com. III, p. 155.

Par arrêt confirmatif (1) du 3 juillet 1900 la Cour de Dijon décide « qu'il appartient aux juges d'apprécier si l'ouvrier est bien fondé à alléguer que ces conditions » (troubles et violences rendant impossible pour un temps la continuation du travail) « se sont réalisées et de le faire bénéficier en ce cas d'une situation qui se serait imposée à lui ».

Cette distinction a l'inconvénient grave d'entraîner le juge à des solutions arbitraires. Pratiquement d'ailleurs on arriverait à faire de l'immense majorité des grèves des causes accidentelles de chômage. Aussi, pensons-nous avec M. Jules Cabouat (2) qu'elle doit être rejetée.

Libre ou imposée, partielle ou générale, la grève comporte un traitement identique au point de vue de l'application de l'art. 10 § 1.

S'il peut être établi que la grève résulte d'une évidente manifestation de volonté de l'ouvrier, nul doute qu'elle constitue vraiment une cause de chômage volontaire dont il est logique que le juge fasse état pour la liquidation du salaire de base.

Si, au contraire, la grève constitue un obstacle vraiment insurmontable à la volonté de travailler elle constitue bien une cause accidentelle de chômage.

S'ensuit-il qu'elle doive être alors assimilée de tout point à une maladie ou à telle autre cause personnelle de chômage ?

Non, car à la différence de ces faits accidentels mais rigoureusement et strictement individuels, la grève se rattache au fonctionnement de l'industrie et aux conditions mêmes du travail. Ainsi, elle ne diffère en rien d'une crise industrielle proprement dite.

Or, si l'ouvrier doit être restitué de ses causes accidentelles de chômage par le motif qu'elles diminuent le salaire normal de sa profession, il en doit être autrement pour les causes industrielles par ce motif que les circonstances qui

---

1. Bull. Min. Com. III. p. 472. — V. Dans le même sens trib. Albi, 26 juin 1901, Gaz. trib. Midi 14 juill. 01.

2. De l'influence du chômage sur le calcul des indemnités allouées aux victimes d'accidents du travail par M. Jules Cabouat. Revue trimestrielle 1909, p. 458.

influent d'une manière générale sur l'activité de l'industrie concourent à déterminer le revenu ou rendement moyen du travail d'un groupe d'ouvriers appartenant à une industrie donnée.

Nous venons d'indiquer les *différences pratiques* entre la théorie de la rupture et la théorie de la suspension pour la détermination du salaire de base dans les accidents du travail. Nous avons dit que nous ne croyions pas qu'il y en eût d'autres. Nous devons maintenant justifier cette opinion (1).

Deux points sont à démontrer :

1° Avec la théorie de la suspension comme avec la théorie de la rupture l'ouvrier qui quitte son patron avant l'expiration du temps fixé, ou sans préavis si le contrat est à durée indéterminée, est passible de dommages-intérêts envers lui ;

2° Avec cette théorie comme avec l'autre le patron qui, la grève terminée, refuse de reprendre son ouvrier ne saurait être passible de dommages-intérêts.

Pour ce qui est tout d'abord des dommages-intérêts dûs par l'ouvrier, nous savons qu'avec la théorie de la rupture ces dommages-intérêts sont dus en vertu de l'art. 1780 c. civ, pour résiliation sans préavis du contrat.

Si maintenant nous supposons exacte la théorie de la suspension du contrat nous arrivons à un résultat semblable. En effet, d'après cette théorie, l'ouvrier qui se met en grève, s'il ne rompt pas de ce fait le contrat de travail, refuse tout au moins d'accomplir les obligations dont il était tenu.

Or, aux termes de l'art. 1142 c. civ. « Toute obligation de faire ou de ne pas faire se résout en dommages et intérêts, en cas d'inexécution de la part du débiteur. ».

Ainsi, l'ouvrier qui ne doit pas de dommages-intérêts pour rupture du contrat, puisque nous avons supposé que

---

1. V. Dans notre sens l'étude *très intéressante* de M. C. Perreau, Bibliothèque générale des sciences sociales. Le droit de grève 1909. Si la grève suspend le contrat de travail.

la grève n'était qu'une simple suspension, en doit néanmoins pour inexécution de ses engagements.

C'est ce qu'a décidé le Conseil des prud'hommes de Reims (1) dans son jugement du 4 sept. 1907 :

« S'il est vrai, y lit-on, qu'en l'état actuel de la législation de ce pays la grève a seulement pour effet de suspendre l'exécution du contrat, *il ne saurait toutefois découler de ce principe que l'une ou l'autre des parties contractantes peut brusquement et au mépris de tout délai de prévenance qui les lie, cesser le travail sans encourir vis-à-vis de la partie lésée par ce brusque arrêt du travail, les conséquences civiles de cette violation du contrat.* »

M. Bayart (2), qui nous paraît sur ce point se réfuter lui-même, après avoir indiqué qu'avec la théorie de la suspension « les ouvriers en grève ne pourraient plus être condamnés à des dommages-intérêts pour s'être mis en grève brusquement, » allégation contre laquelle nous avons protesté, écrit un peu plus loin les lignes suivantes qui nous paraissent remarquables de justesse : « Admettons que le contrat ne soit pas rompu. Les grévistes n'échapperaient pas pour cela aux sévérités de la jurisprudence. Et l'on tomberait de Charybde en Scylla. Car nous défions qu'on sorte de ce dilemme : *s'il n'y a pas rupture du contrat, il y a violation du contrat. Si le contrat subsiste, il n'est pas exécuté : une obligation qu'on n'exécute pas est une obligation violée. Les patrons pourraient donc exiger son exécution, réclamer des dommages-intérêts à leurs ouvriers et la grève deviendrait illicite comme violation du contrat de travail.* »

Dans le même sens, M. Leroy-Beaulieu écrit (3) : « La question de savoir si la grève supprime le contrat de travail ou si elle le suspend seulement n'a pas grand intérêt, *ce qu'il y a de certain c'est que, faite sans avis préalable, comme aujourd'hui en général, elle viole, non seulement un contrat économique, mais tous les liens sociaux.* »

1. Rapporté dans l'art. précité de M. Perreau.

2. M. Bayart, loc. cit.

3. Rapporté par M. Levasseur dans le « Bulletin de l'Académie des sciences morale et politiques 1908, » n° 1, *Y a-t-il un droit de grève ?*

On pourrait, il est vrai, prétendre que si la grève est une rupture du contrat elle donnera *toujours* lieu à des dommages-intérêts, tandis que s'il y a suspension ce point sera laissé à l'appréciation du juge. Nous avons répondu par avance à cette objection en montrant que les parties peuvent trouver dans les circonstances de la cause un motif grave qui les dispense d'observer le délai-congé ; nous n'y reviendrons pas.

Reste à démontrer que, la grève terminée, quelle que soit la théorie que l'on adopte, le patron n'a pas à user d'un délai de préavis s'il veut renvoyer l'ouvrier et que, d'autre part, il peut le remplacer librement.

Si l'on adopte la théorie de la rupture, l'ouvrier ayant rompu le contrat en se mettant en grève le patron a toute liberté de faire ou non avec lui un second contrat, par conséquent n'encourt aucune responsabilité en refusant de l'embaucher de nouveau.

La solution n'est pas différente si nous adoptons la théorie de la suspension, Dans cette théorie l'ouvrier qui se met en grève, s'il ne rompt pas son contrat de travail, en rend du moins impossible par son fait volontaire la continuation d'exécution. C'est là une faute grave qui donne au patron le droit de demander la résolution du contrat par application de l'art. 1184 c. civ. ainsi conçu : « *La condition résolutoire est toujours sous-entendue dans les contrats synallagmatiques, pour le cas où l'une des deux parties ne satisfera point à son engagement. —* Dans ce cas, le contrat n'est *point résolu de plein droit.* La partie envers laquelle l'engagement n'a point été exécuté, a le choix ou de forcer l'autre à l'exécution de la convention lorsqu'elle est possible, ou d'en demander la résolution avec dommages et intérêts. — La résolution doit être *demandée en justice* et il peut être accordé au défendeur un délai selon les circonstances. »

Nous avons cité cet article en entier, afin de montrer les deux différences théoriquement assez importantes mais pratiquement nulles, qui, sur ce point, séparent la théorie de la suspension de celle de la rupture.

Dans la théorie de la rupture le patron n'a nul besoin de s'adresser au tribunal pour refuser d'embaucher à nouveau un ouvrier, la grève terminée ; au contraire, semblable recours est nécessaire avec la théorie de la suspension. D'autre part, — c'est la seconde différence qui découle de la première, — avec la théorie de la suspension, le tribunal a une faculté d'appréciation, alors qu'il n'en a aucune avec la théorie inverse. Ces différences, avons-nous dit, sont nulles en pratique. Lorsque des difficultés s'élèvent, quant au point qui nous occupe, entre patron et ouvrier, elles sont nécessairement portées devant le tribunal. Il est bien facile, à ce moment-là, au patron de demander la résolution du contrat. C'est là une simple question de procédure.

Quant à la faculté d'appréciation de la part du tribunal, elle est en réalité absolument inexistante. L'ouvrier en se mettant en grève a cessé d'exécuter ses obligations. Cela suffit pour que le patron obtienne *nécessairement la résiliation*, car l'action en résolution d'un contrat pour défaut d'exécution est recevable, *quel que soit le motif* qui a empêché l'autre partie de remplir ses engagements, et *alors même qu'elle se serait trouvée dans un cas de force majeure* (1).

D'ailleurs, le patron serait dispensé des délais de préavis s'il prouvait que les inconvénients graves résultant du départ de l'ouvrier l'ont obligé à un remplacement immédiat : c'est là une *force majeure* qui l'a empêché d'observer les délais de prévenance (2). C'est dire que, le plus souvent, le patron n'aura même pas besoin de s'adresser au tribunal.

Notons que, dans le cas où la grève est provoquée par les agissements mêmes du patron, celui-ci n'est pas *tenu* de reprendre l'ouvrier, mais *y a en fait le plus grand intérêt*. Passible de dommages-intérêts envers l'ouvrier, ainsi que nous l'avons vu, par suite de ses agissements, il sera nécessairement condamné envers ce dernier à des dommages-intérêts d'autant plus considérables que le tort causé sera plus important : il le réembauchera donc *en fait* pour éviter des dommages-intérêts plus considérables, ce aussi bien avec la théorie de la suspension qu'avec la théorie de la rupture.

1. Cass. civ. 14 avr. 1891, D. P. 91. 1. 329. — Req. 19 oct. 1897, D. P. 97. 1. 576.

2. Cass. 7 juin 05 S. et P. 06. 1. 20.

En somme, sur ce second point, — droit pour le patron de ne pas reprendre l'ouvrier, — comme sur le premier — obligation pour l'ouvrier de payer des dommages-intérêts, — la théorie de la suspension et la théorie de la rupture aboutissent pratiquement aux mêmes résultats.

M. Beauregard visant plus spécialement le second point écrit (1) : « Ce ne sont *peut-être* pas les ouvriers qui rompent le contrat, *mais la rupture est la sanction de l'acte qu'ils ont accompli.* »

M. Wahl, ardent partisan, comme nous savons, de la théorie de la suspension, refuse de nous suivre sur le premier point ; mais, sur le second point, il partage entièrement notre manière de voir. « Si nous pensons qu'en principe, dit-il (2), l'ouvrier qui se met en grève sans observer les délais de prévenance n'est pas tenu de dommages-intérêts, *nous ne croyons pas que notre système conduise à la conséquence, qu'on lui a reprochée, d'obliger le patron à reprendre, sous peine de dommages-intérêts, l'ouvrier qui s'est mis en grève, même si le patron a été contraint par la prolongation de la grève, par les exigences de ses clients ou par la crainte d'être supplanté par des concurrents, à engager d'autres ouvriers.* Ce serait là, pour le patron, une situation inextricable, puisqu'il ne pourrait reprendre ses ouvriers grévistes sans renvoyer les ouvriers qu'il aurait embauchés, ce qui l'obligerait à payer à ces derniers des dommages-intérêts pour inobservation des délais de prévenance et peut-être aussi pour renvoi sans motifs légitimes. Mais cette conséquence est loin d'être inévitable... Le patron a usé d'un droit légitime en engageant d'autres ouvriers, lorsqu'il ne pouvait, sans de graves inconvénients, arrêter la marche de son usine. Par cela même, il se trouve en présence d'un cas de force majeure, qui l'empêche de reprendre ses ouvriers grévistes et le dispense de leur payer des dommages-intérêts. N'en est-il pas de même lorsque l'ouvrier est absent ou malade ?... »

Dès lors que, abstraction faite de la matière des accidents

1. Beauregard, Bulletin de l'Académie des sciences morales et politiques, 1908.

2. Wahl. J. P. 1908, 1, 419 note sous cass. civ., 15 mai 1907, VI.

du travail, la théorie de la rupture et celle de la suspension aboutissent logiquement aux mêmes conséquences pratiques, les tribunaux agiraient, croyons-nous, sagement en écartant une controverse délicate qui ne peut créer que des difficultés inutiles. Ce qu'il faut, c'est qu'ils posent nettement ce principe que le contrat qui lie l'un à l'autre ouvrier et patron n'est nullement écarté du seul fait de la grève, et que l'ouvrier qui cesse son travail sans observer régulièrement le délai de préavis, *viole* son contrat.

En parlant seulement de « *violation* », les tribunaux, tout en évitant de prendre partie dans une controverse difficile, placeraient la question sur son véritable terrain et rallieraient ainsi tous les suffrages.

C'est ce que fait un jugement du tribunal civil d'Epinal (1) que nous citons à titre d'exemple et dont nous aimerions voir reproduire l' « Attendu » par toute la jurisprudence :

« *Attendu que la brusque cessation du travail au mépris d'une convention expresse ou tacite a le même caractère de* violation *de cette convention, qu'il s'agisse d'un acte individuel ou d'un acte collectif ou corporatif, si bien qu'une grève laisse l'ouvrier dans les liens de l'engagement qu'il a pris d'observer vis-à-vis du patron le délai ordinaire de prévenance avant la cessation du travail* ».

Il est vrai qu'*actuellement*, nous l'avons montré, la controverse sur le point de savoir si la grève est une cause de rupture ou au contraire de suspension du contrat de travail est d'un grand intérêt dans la matière des accidents du travail.

Mais, sur ce point, nous estimons qu'une réforme de la loi du 9 avr. 1898 *s'impose*.

D'après nous, *il faut abandonner complètement le principe qui fait dépendre le droit à la rente de la validité du contrat lui-même et fait varier ce droit selon la situation du contrat.*

Déjà on s'est aperçu qu'il était injuste de priver un enfant embauché au-dessous de l'âge de 13 ans, contrairement à la loi du 2 nov. 1892, de la rente à laquelle il devrait avoir droit en cas d'accident ayant entraîné une incapacité per-

1. Trib. Epinal, 15 nov. 05. Bull. off. trav. 06, p. 481.

manente, cela sous prétexte que son *contrat* était nul comme
ayant été passé en violation d'une règle d'ordre public (1).
Un projet de loi vient d'être déposé pour modifier sur ce
point la loi du 9 avril 1898.

De même, il nous paraît sinon injuste du moins bizarre
de faire varier la rente selon la *situation du contrat chez le
même patron*, car l'un et l'autre domaine sont essentiellement
différents.

Il nous semble que *le quantum de la rente devrait être établi
en dehors de toute idée de contrat, d'après la simple constatation de fait de ce que l'ouvrier a gagné dans la « sphère d'entreprise » du patron*.

Nous n'insisterons pas davantage sur cette idée que nous
croyons intéressante, mais que nous ne pourrions appro-
fondir sans sortir des limites étroites que nous nous sommes tracés.

Ce que nous avons dit jusqu'à présent pour les ouvriers
est également vrai lorsqu'il s'agit des patrons. De même
que les ouvriers qui se mettent en grève avant l'expiration
du temps fixé par le contrat, ou sans observation des délais
de préavis, sont passibles de dommages-intérêts, de même,
serait tenu de dommages-intérêts un patron qui, dans des
conditions analogues, prononcerait un lock-out.

Reste une dernière difficulté qui ne nous retiendra qu'un
instant. Le patron qui renvoie un ouvrier sans observer à
son égard le délai de préavis n'est point passible de dommages-intérêts vis-à-vis de lui, s'il avait agi sous l'influence de
la force majeure, d'après ce principe de bon sens qui est en
même temps une vérité juridique qu'à l'impossible nul n'est
tenu.

Doit certainement être considéré comme produit par une
force majeure le chômage causé par la grève d'une autre
catégorie d'ouvriers qui ont cessé le travail sans l'avertisse-

1. La jurisprudence est de plus en plus constante pour refuser la
rente :

C. de cass. 8 déc. 09, Rec. acc. trav. 09-10.

C. de cass. 28 fév. 10. Rec. acc. trav. 09-10, p. 450.

C. de cass. 1ᵉʳ mars 10. Rev. jud. des acc. du trav., 1910, I, p. 86.

ment préalable imposé par la convention (1). Nous croyons que devrait de même être considéré sans difficulté comme résultant de la force majeure le lock-out prononcé par ce motif que, à la suite d'une grève dans un autre corps de métier, la matière première fait défaut à l'usine, ainsi que cela s'est produit dans un grand nombre d'industries anglaises lors de la récente grève des mineurs anglais.

Notons que, dans ce cas comme dans le cas précédent, l'ouvrier qui a trouvé dans l'intervalle à s'embaucher dans une autre maison ne peut être obligé par le patron qui l'a mis en chômage à réintégrer son emploi chez lui lorsqu'il reprend son travail, et ce patron n'a droit, en cas de refus de l'ouvrier, à aucune indemnité (2).

Mais, *considèrerait-on comme résultant de la force majeure le renvoi par un patron d'un de ses ouvriers ou de ses contre-maîtres, si semblable demande était formulée contre lui par tout son personnel sous menace de grève ?* Nous ne le pensons pas. Sans doute le patron peut dire que s'il refuse de céder à l'injonction de ses ouvriers et que la grève vienne à éclater il en résultera pour lui un préjudice considérable : La réponse nous paraît insuffisante. Ce fait pour le patron d'être soumis à une pression formidable est l'effet ordinaire de toutes les grèves. A-t-on jamais considéré que le contrat passé par un patron avec ses ouvriers, sous la pression résultant de la grève, fût nul comme entaché de violence ? Non. Eh bien alors, si le patron est considéré comme ayant donné à ses ouvriers un consentement *libre*, pourquoi ne pas le considérer comme ayant agi également *librement* lorsqu'il renvoie un ouvrier, pour éviter la grève.

Décider le contraire serait, ce nous semble, inviter le patron à la pusillanimité et à la lâcheté en lui permettant de se débarrasser, sans encourir la moindre responsabilité, d'un ouvrier ou d'un contre-maître dont il n'a jamais eu à se plaindre.

C'est dans le sens que nous indiquons que paraissent

1. Trib. com. Lille, 28 juill. 1896. Nord judiciaire 96. 241.

2. Cons. Prud., Boulogne-sur-Mer, 22 nov. 1904. Rev. dr. com., 05, 123.

d'ailleurs se décider la doctrine et la jurisprudence (1).

Bien entendu, nous nous sommes déjà expliqué sur ce premier point, l'indemnité de congé que l'ouvrier a pu, en pareil cas, obtenir de son patron ne l'empêche pas de réclamer également des dommages-intérêts à ceux dont les menaces de grève ont provoqué son renvoi (2).

Jetons un rapide regard en arrière pour envisager d'un coup d'œil d'ensemble les solutions auxquelles nous sommes arrivés dans cette seconde partie de notre étude.

La loi de 1864, d'ordre exclusivement pénal, n'a nullement eu pour conséquence de permettre à l'ouvrier et aussi au patron (car la réciproque serait nécessaire) de s'affranchir désormais librement du contrat qui les lie. Semblable résultat serait plus qu'anormal et les paroles prononcées par le rapporteur de cette loi prouveraient, s'il était nécessaire, que tel n'a point été le but visé par le législateur. Seulement aucune sanction pénale n'est établie — nous croyons que c'est un tort — pour garantir la fidèle exécution de ce contrat.

Patron et ouvrier ont, en effet, le plus grand intérêt à ce que les contrats passés entre eux soient fidèlement exécutés, le patron parce qu'il évitera de la sorte des à-coups funestes à son industrie, l'ouvrier parce qu'il se laissera entraîner moins facilement à des grèves inutiles et surtout parce qu'il ne risquera plus de se trouver du jour au lendemain privé de son travail. C'est dans le respect scrupuleux des contrats et dans leur durée plus considérable que se trouve le meilleur remède social.

On discute beaucoup si le fait par des ouvriers de se mettre en grève avant l'expiration du contrat, ou sans l'observation des délais de préavis, est une cause de *rupture* ou au contraire une simple *suspension* de ce contrat. La Cour de cassation, et avec elle la majorité de la jurisprudence, se

1. Cons. des prud'hommes de Bordeaux, 8 avril 1892, Journal des Prud'hommes, 92, 114. — Cornil, p. 345.

2. Hubert-Valleroux, La liberté du travail et les syndicats professionnels à propos d'un arrêt récent de cassation : Réforme sociale, t. XXIV, 1892, p. 318 et s.

déclare en faveur de la théorie de la *rupture*. La doctrine avec une infinité de nuances diverses refuse en général de la suivre dans cette voie.

Pour nous, la grève est une cause de *rupture* dans les contrats à *durée indéterminée* et, au contraire, une cause de *suspension* dans les contrats à *durée déterminée*. Peu importe d'ailleurs en pratique : La grève est une *violation* du contrat de travail et cela suffit pour que l'ouvrier soit tenu de dommages-intérêts envers son patron s'il n'a point observé les délais de préavis et pour que celui-ci soit libre de refuser de reprendre l'ouvrier.

La discussion offre cependant un intérêt pratique au point de vue de la détermination du salaire de base dans les accidents du tribunal ; mais la différence qui, dans l'état actuel de la législation, existe sur ce point entre l'une et l'autre théorie est peu logique et devrait disparaître.

Ce que nous voulons faire remarquer en terminant c'est qu'il n'est pas de théorie, pas plus celle de la rupture que celle de la suspension qui, interprétée dans un certain esprit, ne puisse aboutir aux conséquences mêmes que nous avons le plus vivement combattues.

Comme le fait remarquer avec raison M. Bayart, même avec la grève rupture on pourrait exiger que le patron reprenne l'ouvrier ; il suffirait pour cela de considérer le compromis qui termine la grève comme un nouveau contrat. D'autre part, on pourrait tout en reconnaissant que la grève est une rupture ne pas condamner les ouvriers si on voulait à des dommages-intérêts. « Il suffirait de reconnaître que l'usage s'est formé de déclarer la grève sans observer les délais de prévenance et que les patrons ont ratifié cet usage en le laissant s'établir » (1).

Patrons et ouvriers peuvent très aisément, d'autre part, faire en sorte que la loi ne puisse les atteindre. Il leur est parfaitement licite de fixer entre eux un délai-congé plus court que celui admis par les usages locaux (2), ou de renoncer aux dommages-intérêts encourus pour inobserva-

1. Bayart, loc. cit.
2. Cass. 16 mars 03 S. 03. 1. 407.

tion du délai-congé (1), ou, tout simplement de faire un contrat à la journée ou à l'heure auquel cas aucune des deux parties ne sera jamais tenu d'aucune indemnité envers l'autre (2).

C'est donc avant tout des mœurs que nous devons attendre une réforme. Il faut que les ouvriers comprennent qu'il y a pour eux un intérêt de sécurité tout autant qu'une question de dignité à observer scrupuleusement leur contrat ; que les grèves multipliées loin de leur être utiles leur nuisent tout autant qu'à leur patron. En un mot, il faut qu'abandonnant la lutte systématique et stérile, ils cherchent leur intérêt dans de longs et solides accords et que leurs patrons cherchent à les leur faciliter. Comme l'a dit avec raison M. Roosevelt (3) : « *Employeurs et employés sont solidaires ; le travail et l'énergie des premiers profitent aux seconds ; ils doivent ou bien monter ou bien sombrer ensemble et tous les efforts des derniers pour ruiner les premiers équivaudraient à un vrai suicide.* »

1. Cass. 15 janvier 06 D. 06. 1. 295.

2. Trib. com. Lyon 16 juin et 7 juillet 05. Gaz. com. Lyon 16 sept. 05. — Trib. com. Seine 14 août 03. Gaz. com. Lyon 3 déc. 03.

3. Roosevelt : Message au Congrès du 3 déc. 1907.

Troisième partie

Des effets de la grève par rapport aux engagements du patron avec les tiers

---

Dans la seconde partie de cette étude nous avons examiné la répercussion de la grève sur le contrat qui lie entre eux ouvriers et patron. Il nous reste, pour achever de donner une idée d'ensemble des conséquences juridiques de la grève, à étudier ses effets sur un autre contrat très important, celui du patron avec les tiers. Nous envisageons du même coup la situation des tiers entre eux.

Nous savons, — nous ne reviendrons pas sur la démonstration que nous en avons faite dans notre première partie, — que les ouvriers en cas d'*abus* de leur droit de grève, peuvent être civilement responsables *même vis-à-vis des tiers*, victimes indirectes de leurs agissements illicites ; et nous nous rappelons que, *hors ce cas*, quel que soit le préjudice par eux causé, les grévistes n'encourent aucune responsabilité, car ils n'ont fait qu'user *normalement* de leur droit.

Laissant de côté le cas spécial dejà étudié où la responsabilité des grévistes est engagée même vis-à-vis des tiers, nous constatons que le conflit n'existe qu'*entre le patron et le tiers*, autrement dit entre les deux contractants : Un préjudice étant né du fait de la grève, il s'agit de savoir *qui des deux* devra le supporter.

L'ouvrier paraît complètement étranger au débat : ce n'est pourtant pas *en fait* absolument exact. Ici, comme dans nos deux premières parties, quoique moins directement, c'est encore, dans une certaine mesure, une *question sociale* qui se pose. La démonstration en est simple. Si la grève

n'est *jamais* considérée comme un cas de force majeure
exonérant le patron de ses engagements envers les tiers,
celui-ci tenu de s'exécuter envers eux, au prix des plus
lourds sacrifices, sous menace de dommages-intérêts considérables, est dans une situation très défavorable pour résister aux ouvriers. Et inversement, si la grève est *toujours*
un cas de force majeure pour le patron, les ouvriers voient
diminuer sensiblement leurs chances de succès. Les ouvriers sont donc intéressés très certainement *quoique indirectement* à la solution du conflit.

Au point de vue purement commercial la question a une
importance capitale. Il suffit d'ouvrir un recueil de jurisprudence pour voir combien sont nombreux, divers et dé-
licats les problèmes qui se sont posés. Voici quelques cas à
titre d'exemple :

La Comédie Française plongée brusquement dans l'obscurité par suite d'une grève des électriciens est obligée d'in-
terrompre sa représentation et perd de ce fait le bénéfice
d'une soirée. La compagnie d'électricité cause du préjudice
est-elle responsable ? Non répond le tribunal de la Seine (1).

Une personne plusieurs jours avant l'expiration du délai
qui lui est imparti par la loi pour faire appel — on sait
que ce délai est toujours de rigueur et qu'il est généralement
de deux mois — adresse une lettre à son avoué pour lui
exprimer son désir de faire appel. Une grève des postes survient (mars 1909). La lettre qui normalement serait arrivée
trois jours avant l'expiration du délai n'est remise au destinataire que trop tard. La règle d'ordre public fixant le délai d'appel doit-elle fléchir ? Se trouve-t-on en présence d'un
cas de force majeure ? La Cour de Nancy (2) répondit par
l'affirmative ; La Cour de Paris (3) dans une hypothèse
identique jugea en sens inverse.

Une grève du camionnage sévit à Marseille en septem-

1. Trib. de la Seine, 6 août 1908, D. P. 08, 5, 53.

2. Cour d'appel de Nancy 10 juill. 09, Rec. sp. des acc. du trav.
Août 1909, n° 4, p. 170 v°, Délai d'appel.

3. Cour d'appel de Paris, 4 janv. 10. Même rec. Ed. v°, 1910 n° 10,
p. 458.

bre 1904 : Un vendeur ne pouvant exécuter la livraison dont il est tenu, l'acheteur lui fait sommation de livrer. Le vendeur devait-il des dommages-intérêts ? Le tribunal de Marseille répondit par la négative (1).

Une solution analogue (2) fut rendue par le même tribunal en faveur du P.-L.-M. qui, tenu en principe par son cahier des charges d'accepter toute marchandise quelconque dont on lui demande le transport, se vit contraint, par suite de l'encombrement de sa gare de marchandises produit par la même grève, de refuser du jour au lendemain et indépendamment de tout avertissement public les marchandises à destination de Marseille.

Une compagnie d'assurance maritime responsable aux termes de sa police de toute détérioration occasionnée aux marchandises par la mer, à l'exception de celle qui proviendrait du vice propre, voit les avaries résultant de la mouillure par l'eau de mer s'aggraver considérablement par suite du long séjour de la marchandise dans les flancs du navire, à la suite d'une grève au port de débarquement.

Les assureurs sont-ils responsables de ces nouveaux dégâts qui auraient été évités si la marchandise avait été débarquée immédiatement? Le tribunal de Marseille eut à connaître de cette difficulté (3) et déclara les assureurs responsables, considérant, par conséquent, la grève comme une force majeure.

Le même tribunal avait, quelques mois auparavant, tranché dans le même sens une difficulté analogue (4) : Une compagnie de transports maritimes avait perdu toute sa cargaison par suite du retard qu'elle avait apporté à la débarquer. Mais ce retard avait été occasionné par une mise à l'index dont la compagnie avait été victime de la part des ouvriers du port. Le tribunal jugea que sa responsabilité n'était pas engagée.

1. Mars. 3 oct. 04, J. c. et M^{ime} 05, I, 11. — Id. 5 oct. 04. — Id. 05, I, 16.

2. Mars. 16 mai, 05, id., 06, I. 115.

3. Mars. 10 mai 05, id., 05, I, 281.

4. Mars. 11 janv. 05, id., 05, I, 130.

Le conseil d'Etat (1) a eu dernièrement à se prononcer dans une hypothèse fort intéressante en elle-même et qui touchait de près aux intérêts du commerce marseillais :

L'Etat stipule avec les compagnies de navigation pour l'exécution des services postaux que tout retard au départ des paquebots postaux donnera lieu à la perception d'une amende, *sauf le cas de force majeure.* Les états-majors de la marine marchande de Marseille, pour protester contre l'attitude indisciplinée qu'avaient prise à leur égard le syndicat des inscrits maritimes, se mirent en grève du 23 avril au 16 mai 1904 ; les compagnies privées de leurs états-majors ne pouvaient effectuer ces départs postaux. L'Etat représenté par M. Trouillot, lors ministre du Commerce, offrit, le 23 avril même, à deux d'entre elles, la Cie Transatlantique et la Cie de Navigation Mixte, le concours de ses officiers. Semblable offre ne fut point faite à la Cie des Messageries Maritimes. La Cie Transatlantique refusa cette offre et la Cie Mixte ne l'accepta que sous cette importante réserve que l'Etat se reconnaîtrait responsable de toutes les conséquences que pourrait avoir cette substitution, qui fut jugée inacceptable par l'Etat.

Les trois compagnies furent condamnées à une amende.

Elles se pourvurent toutes trois devant le Conseil d'Etat. Celui-ci mit hors de cause la Compagnie des Messageries Maritimes estimant qu'aucune faute ne pouvait lui être reprochée. Il condamna au contraire la Cie Transatlantique et la Cie Mixte. Il reconnaissait que ces deux dernières compagnies, comme la Cie des Messageries Maritimes, n'avaient *ni provoqué ni favorisé la grève,* qu'elles avaient, d'autre part, *tout fait pour la faire cesser.* Mais leur faute consistait à n'avoir *pas accepté les offres de l'Etat,* grâce auxquelles elles auraient eu la possibilité d'assurer le service postal dont elles étaient chargées.

Le point délicat en l'espèce était de se demander si la substitution d'officiers de la marine de l'Etat aux états-majors habituels ne présentaient pas des dangers tels que les Cies ne fussent en droit de s'y opposer. Sur cette question

1. Conseil d'Etat. 22 et 29 janv. 09, *Bull. off. trav. 1909, p. 401,* également R. int. d^{t} M^{ime} 08, 09, p. 768 et la note.

avant tout de fait le Conseil d'Etat a donné tort aux compa-
pagnies, mais il est permis de croire que sa décision n'est
pas à l'abri de la critique.

L'hypothèse que l'on rencontre le plus fréquemment
peut-être dans la pratique, qui a donné lieu à un très grand
nombre de procès importants et qui touche de près aux
intérêts vitaux de la navigation est celle relative au paiement des surestaries. C'est à elle surtout que nous ferons
allusion au cours de notre rapide étude.

On sait ce que sont les surestaries : Quand un navire
charge ou décharge des marchandises on convient d'un
certain délai pour effectuer ce chargement ou ce déchargement. Ce délai qu'on nomme staries, ou jours de planche,
court, au départ, du jour où l'affréteur a été avisé que le
navire peut prendre chargement et, à l'arrivée, de celui
indiqué soit dans la lettre par laquelle le capitaine avise
d'ordinaire le consignataire ou le destinataire, soit dans la
note qu'il a fait publier dans les journaux locaux. Sa durée
est d'ailleurs déterminée soit par la charte-partie, soit suivant l'usage des lieux (c. de com. art. 274).

A son expiration, et sans qu'une mise en demeure soit
nécessaire, l'affréteur doit les dommages-intérêts prévus : ce
sont les surestaries. Il n'en est pas dû toutefois lorsque le
chargement ou le déchargement est retardé ou empêché
par le fait du capitaine ou *par un cas de force majeure.*

Or le problème qui se pose très fréquemment dans la pratique est le suivant : Etant donné qu'une grève a empêché
le chargement ou le déchargement des marchandises est-il
dû des surestaries ? Nous verrons plus loin par quelles distinctions répond la jurisprudence.

Dans l'infinie variété des problèmes qui se posent et dont
nous n'avons cité que quelques rares cas empruntés à la jurisprudence, la question au fond est toujours la même : *La
grève doit-elle ou non être considérée comme un cas de force
majeure libérant le débiteur de ses obligations ?*

* *

Avant d'aborder cette discussion, la logique demande que

nous précisions ce que l'on doit entendre par *force majeure*.
Nous devrons donc tout d'abord nous attacher à éclaircir
rapidement cette notion.

*Et d'abord cette expression est-elle synonyme de celle de
« cas fortuit ? »*.

M. Thaller (1) pense qu'une distinction est possible entre
le cas fortuit et la force majeure, cette dernière expression
étant employée, par opposition à l'autre, dans le cas d'une
force faisant « irruption du dehors pour empêcher le débiteur d'accomplir normalement ce à quoi il s'est engagé ».

MM. Lyon-Caen et Renault (2) qui pensent que ces
expressions de « force majeure » et « cas fortuit » peuvent
s'employer indifféremment l'une pour l'autre, indiquent
que, à la rigueur, la dernière s'emploierait de préférence dans
les cas où le *fait de l'homme* ne joue aucun rôle, tandis que
la première s'emploierait de préférence dans le *cas contraire*.
C'est, on le voit, sous une autre forme, la même distinction
que celle établie par M. Thaller. Ces auteurs ajoutent
d'ailleurs que cette distinction n'a aucun intérêt pratique et c'est pourquoi nous ne nous y arrêterons pas.

M. Planiol qui n'attache pas davantage un intérêt pratique à sa théorie fait une distinction presque semblable.
Pour lui, l'expression *cas fortuit* s'emploie « plus spécialement à propos des *événements naturels*, tels qu'une inondation, une épidémie, une tempête, un tremblement de terre,
etc. ». Par contre, l'expression *force majeure* « désigne les
actes des tiers, qui peuvent empêcher le débiteur d'exécuter
son obligation, tels qu'une invasion, un blocus, un commandement ou une défense de l'autorité légitime ou de la loi » (3).

Plus importante est la distinction préconisée par M. Colin (4) car celle-là, du moins, vise un but pratique.

D'après ce savant auteur, la force majeure c'est l'obstacle
absolu qui « aurait arrêté n'importe qui comme le débiteur
lui-même » ; le cas fortuit, par contre, c'est l'obstacle irré-

1. Thaller, traité de droit commercial, 2ᵉ édit., n° 1198.

2. Lyon-Caen et Renault, traité de droit commercial, 3ᵉ édit., t. 3, 599.

3. Planiol, Dᵗ civil, t. II, n° 231.

4. Colin, D. P. 04, 2, 73, en note sous Paris 13 nov. 03.

sistible *relativement* au débiteur « auquel sa bonne volonté s'est heurtée mais dont une autre volonté plus puissante, mieux outillée, aurait sans doute triomphé ».

Quant à l'intérêt de la question il serait considérable.

En principe, et en général, le débiteur est libéré aussi bien par le cas fortuit que par la force majeure, mais *exceptionnellement,* et l'exécution ne laisserait pas que d'être extrêmement importante, *il en serait autrement pour le trans- porteur qui lui ne serait libéré que par la force majeure.*

L'art. 1784 du Code civil ne fait, il est vrai, aucune distinction entre le cas fortuit et la force majeure relativement au transporteur. « Ils (les voituriers par terre ou par eau) sont responsables de la perte et des avaries des choses qui leur sont confiées, à moins qu'ils ne prouvent qu'elles ont été perdues et avariées par *cas fortuit ou force majeure* ».

Mais, d'après M. Colin, cet article serait contredit par les art. 97, 98, 103, 104 c. com. de date plus récente, dans lesquels le mot force majeure est, en effet, seul employé. Ce serait là, d'après M. Colin, la preuve que le législateur, selon les traditions romaines, se montrerait plus rigoureux pour le transporteur que pour tout autre, par le motif que le transporteur est une sorte de dépositaire nécessaire.

La distinction que préconise M. Colin nous semble très difficile à établir en pratique. Comment dans tel ou tel cas déterminé distinguerons-nous l'empêchement *relatif* de l'empêchement *absolu?*

Prenons un exemple extrêmement simple : Une charrette transporte à une usine une certaine quantité de marchandises.

Elle est attelée d'un nombre de chevaux moralement suffisant. Mais, voilà qu'un torrent ayant débordé, la route a été transformée en fondrière : La charrette s'embourbe et ne peut passer. L'empêchement est-il absolu ? Est-il au contraire relatif ?

On peut répondre qu'il est absolu en ce sens que toute charrette attelée du même nombre de chevaux se trouvant dans un cas semblable, aurait de même été arrêtée. On peut dire qu'il est relatif en ce sens qu'un camion automobile, par hypothèse plus puissant, ou une charrette attelée d'un nombre de chevaux plus considérable aurait pu venir à bout de cet obstacle.

Encore n'avons-nous pris là qu'un exemple très simple. En pratique, les difficultés seraient bien plus considérables.

Le criterium proposé manque donc de *certitude*. Son *opportunité* ne nous semble pas mieux établie.

Telle qu'elle est, c'est-à-dire fixée d'après les principes du droit commun, la responsabilité des transporteurs nous apparaîtrait plutôt trop étroite, car il n'existe pas pour les chemins de fer comme pour les navires une limitation à la responsabilité, et celle-ci, en cas de sinistre, peut être extrêmement lourde.

Sur quel fondement juridique repose donc la théorie de M. Colin ? Nous l'avons vu : uniquement sur ce fait que le Code de Commerce dans les articles où il traite de la responsabilité, soit du commissaire, soit du voiturier, déclare les uns et les autres responsables « hors les cas de force majeure », sans rien ajouter relativement au cas fortuit.

Un argument a contrario est toujours sujet à caution.

Mais, lorsque sur une base aussi fragile on prétend édifier toute une théorie extrêmement importante, si cette théorie semble ne répondre aucunement aux besoins de la pratique, si la distinction ne semble même pas pouvoir être nettement établie, lorsque, de plus, un texte formel, précis, l'art. 1784 du Code civil que nous avons cité plus haut, y apporte une contradiction formelle, alors on est en droit d'affirmer que l'auteur fait fausse route.

Ici, il y a mieux encore, et nous pouvons faire toucher du doigt l'erreur dans laquelle est tombée M. Colin.

Celui de nos anciens auteurs qui a constamment servi de guide aux rédacteurs du Code civil et du Code de commerce, celui dont ils ont constamment employé le langage, Pothier, n'a jamais distingué la force majeure du cas fortuit. Il emploie, il est vrai, plus fréquemment la première expression que la seconde, d'accord en cela avec la jurisprudence actuelle — nous essaierons de montrer pourquoi — mais il n'y a pas pour lui de différence de nature entre les deux expressions.

C'est ainsi que, recherchant quel est l'effet d'un retard,

causé à un navire par suite d'un cas de force majeure, dans le cas spécial où l'affrètement est au voyage, Pothier (1) s'exprime ainsi : « En ce cas (dans l'hypothèse d'un affrètement au voyage), le fret est dû tel qu'il a été convenu et il ne doit, sous prétexte de retardement recevoir aucune augmentation ni aucune diminution : car ce retardement étant une *force majeure* dont personne n'est garant, *casus fortuiti a nemine prœstantur*, le maître et l'affréteur ne peuvent avoir rien à prétendre l'un contre l'autre. »

Est-ce à dire que ces deux expressions ne constituent qu'une pure redondance de style, sans aucun sens propre. Tel n'est pas notre avis. La jurisprudence, disons-nous, tout en n'attachant pas de sens propre à l'une ou l'autre de ces expressions se sert plus volontiers des mots « force majeure » et, à notre avis, elle a raison, car elle envisage *l'obstacle qui empêche l'accomplissement de la dette non quant à l'origine, mais uniquement quant au résultat.*

Or, nous partageons la manière de voir du rédacteur d'une note anonyme au Dalloz (2) : « L'obstacle, dit-il, qui empêche l'accomplissement de la dette doit être qualifié cas fortuit quand on veut indiquer que son origine ne se trouve pas dans un fait imputable au débiteur et on doit lui donner le nom de force majeure, quand on veut exprimer l'idée que sa gravité est telle que le débiteur n'a pu le surmonter ou le tourner par aucun moyen. Ainsi *l'une des deux expressions vise l'origine de l'obstacle et l'autre son résultat.*

Nous avons ainsi établi que la force majeure ne se distinguait pas du cas fortuit et avons repoussé notamment la théorie de M. Colin qui prétend s'appuyer sur une distinction tirée de ces expressions pour appliquer une solution spéciale aux matières de la commission et le transport.

Reste maintenant à examiner ce qu'est au juste la force majeure. Là est le nœud de la question. Selon l'interpréta-

---

1. Pothier : Traité des contrats de louages maritimes. 1re partie. — Du contrat de la Charte l'artie, n° 84, 6e ligne.

2. Note au D. P. 07, 1, 39 sous cass. req. 31 oct. 05.

tion plus ou moins rigoureuse que nous donnons à cette expression, nous aurons une propension plus ou moins grande à considérer le débiteur comme libéré par un empêchement et notamment par l'obstacle provenant de la grève.

On définit très fréquemment la force majeure un obstacle que l'on ne peut *ni prévoir ni empêcher*. Cette définition que nous trouvons chez un grand nombre d'auteurs et qui se trouve fréquemment reproduite dans les arrêts de jurisprudence (1) ne nous semble pas *rigoureusement exacte*.

Le prince Cambacérès, lors de la discussion au Conseil d'Etat de l'art. 98 c. com., dans sa définition, calquée d'ailleurs sur celle de Cujas (2) déclarait appliquer l'expression de force majeure « aux accidents que la vigilance et l'industrie des hommes n'ont pu ni *prévenir*, ni *empêcher*. »

Ce mot « prévenir » nous semble bien préférable à celui de « prévoir ». Cette dernière expression, comme le disent avec beaucoup de raison MM. Delamarre et le Poitevin en leur traité du contrat de commission (3), a un double inconvénient ?

Elle exclut, sans aucune restriction, « du nombre des cas fortuits ceux qu'on a la prescience qu'ils se réaliseront dans un temps ou dans un autre », ce qui est déjà une première inexactitude de langage. Qui songerait, par exemple, à prétendre que la perte d'un navire n'est pas due à un cas de force majeure par ce seul motif que, une voie d'eau s'étant produite par cas fortuit, le capitaine, impuissant à la boucher, *s'est rendu compte clairement* qu'un sinistre était imminent.

D'autre part, le mot « prévoir » est insuffisant en ce que, des obstacles étant à craindre, il n'exprime pas l'idée « des précautions à prendre dans le but d'y obvier, et, le cas échéant, d'efforts à faire pour les surmonter. »

---

1. V. par ex. : Havre, 10 janv. 10, Revue jurispr. com. et mar. du Havre 1910, 3e livre mai et juin, 1re part. p. 76.

2. Cujas, Code de locato « Fortuitus casus est cui non potest resisti, et cui *præcaveri* non potest. »

3. Delamarre et le Poitevin. Traité du contrat de commission édit. 1841, tome II, p. 85 et 86,

Mais, nous dira-t-on, cette dernière idée est exprimée par le mot « empêcher » en sorte que le mot « prévenir » ferait double emploi. Erreur, croyons-nous, le mot « empêcher » fait allusion à la *possibilité de triompher d'un obstacle né ; le* mot « prévenir » fait allusion à la *possibilité d'empêcher un obstacle de naître* (1).

Ainsi, pour nous, la force majeure est un obstacle *prévu ou non, peu importe,* mais que l'on n'a pas pu *empêcher de naître* et *dont on ne peut triompher.* Il nous semble que les mots « prévenir » et « empêcher » rendent exactement cette pensée. Si maintenant on attribue — à tort, croyons-nous — le même sens aux expressions « prévoir » et « empêcher » ce n'est plus alors qu'une querelle de mots et nous aurions mauvaise grâce à insister. Le seul point important est que l'on soit d'accord avec nous sur les principes.

Il nous reste pour terminer cette rapide étude sur la force majeure, à faire deux remarques importantes.

La jurisprudence déclare qu'il n'y a force majeure que *si l'obstacle est insurmontable.* « Il n'y a pas de force majeure dans les événements qui rendent l'exécution d'une obligation non *pas impossible, mais seulement plus lourde à exercer* », dit un arrêt de cassation du 27 janv. 1875 (2). Rien de plus simple, semble-t-il au premier abord. Mais que faut-il entendre au juste par « impossible » ? Question de fait dira-t-on. Sans doute, mais là précisément est la difficulté. Un exemple très simple fera comprendre notre pensée. Je me suis engagé à faire un voyage à Paris : Survient une grève complète des chemins de fer. Y a-t-il pour moi *impossibilité* d'exécuter mon obligation ? Non pas. Je puis, par exemple, louer une automobile pour faire le trajet. Il est incontestable *qu'en y mettant le prix,* cela me sera facile. Nous pourrions très aisément citer d'autres exemples, plus caractéristiques encore, *dans lesquels il n'y a à proprement parler pour le débiteur qu'une charge plus lourde à exécuter et où, cependant, il est évident que celui-ci peut invoquer la force majeure comme*

1. M. Tardieu, commissaire du gouvernement au Conseil d'Etat, donne, dans l'affaire de la grève des états-majors dont nous avons ci-dessus parlé, la même définition de la force majeure que nous-même.

2. Cass. 27 janv. 1875 D. P. 1875, 1. 264.

cause de libération. La solution contraire conduirait à l'absurde :
On pourrait reprocher à celui dont la lettre n'est pas par-
venue en temps utile par suite de la grève des P. T. T. de
ne pas l'avoir portée lui-même !

Mais, quelle démarcation établir entre la charge plus
lourde qui libèrera le débiteur et celle qui le laissera, au
contraire, dans les liens de l'obligation ? Sur ce point aucune
-règle fixe ne peut être donnée. C'est au juge qu'il appartient
d'apprécier d'après les usages, le bon sens, etc...

Mais — et c'est ici que se place notre seconde observation — la force majeure doit être appréciée par le juge
relativement au débiteur. Tel obstacle qui *pour moi* est insurmontable ne le serait pas pour tel autre mieux outillé ou
plus habile. N'importe : la force majeure est invoquée *par
moi* pour me décharger de *mon* obligation, c'est uniquement
par rapport à moi qu'elle doit être appréciée, en tant, du
moins, que l'on n'a pas à me reprocher un défaut de prévoyance (ou de « *prévenance* », pour employer un néolo-
gisme nécessaire).

Résumons d'un mot tout ce que nous venons de dire :
La force majeure qui, *envisagée par rapport à son origine*, se
nomme plutôt cas fortuit, nous apparaît comme consistant
en un obstacle *pratiquement* insurmontable *tout au moins
pour le débiteur* et que celui-ci n'a pu *ni prévenir* ni empêcher.

. * .

Maintenant que nous savons ce que l'on doit penser de
la force majeure d'une façon générale, il nous est possible,
nous transportant dans le domaine spécial de la grève, de
nous poser la question suivante : *La grève est-elle ou non
un cas de force majeure libérant le débiteur de ses obligations ?*

Plusieurs auteurs (1), mais spécialement M. Thaller, qui a
donné plus de netteté et d'ampleur que tout autre à cette
théorie, résout la difficulté par une distinction.

M. Thaller (2) estime que le « nœud de la solution » est,

1. M. Crouzel : Coalitions et Grèves 1887, p. 512 et s. — M. B. Lacantinerie, Traité de droit civil. Des Obligations III, n° 1924.

2. *Thaller.* Le chef d'industrie peut-il s'exonérer de ses engagements

dàns la distinction entre l'obligation de donner et l'obligation de faire.

Celui qui invoque la grève pour se décharger de ses engagements est-il vendeur? En aucun cas, à moins d'une clause
expresse au contrat, et quels qu'aient pu être les caractères
de la grève, il ne peut l'invoquer comme force majeure.

« Le seul engagement que contracte le vendeur est de
livrer à une date déterminée. Produits bruts ou façonnés
sont vendus sous la même modalité. Il importe peu que le
vendeur soit un industriel : la pensée de mettre à l'ouvrage
dans ses ateliers l'objet de la commande par lui prise n'est
qu'un *propositum in mente retentum*. L'acheteur ne s'ingère
pas dans les moyens auxquels recourra sa contre-partie
pour se procurer les quantités à livrer quand viendra le
moment d'exécuter le marché. Le vendeur se présente dans
le contrat comme commerçant, il exécutera la commande
chez lui ou ailleurs ; peut-être n'est-il qu'un simple intermédiaire : l'acheteur ne s'enquiert pas s'il a une fabrique
ou non. Il serait étrange que le vendeur pût exciper à sa
décharge d'un fait de chômage de ses usines dû à la désertion de ses ouvriers, *alors que rien dans la convention ne fait
allusion au travail de ces ateliers dans l'intervalle de temps de
la commande aux livraisons*. Approvisionnez-vous ailleurs,
lui dira l'acheteur, j'ai traité ferme avec vous et disposé en
conséquence mes propres marchés de clientèle dont je ne
puis me dégager.

« Mais la grève est générale et sévit sur toutes les industries similaires. Je vous ai acheté du charbon Charleroi et
dans tout le bassin houiller belge le travail est suspendu !
N'importe. Vous puiserez sur le disponible constitué dès
avant la grève pour vous mettre en mesure de nous livrer,
et si ce disponible n'existe pas, il y a là un risque que, dans
le silence de la convention, vous avez, vous vendeur, pris à
votre charge.

Mais le marché porte sur des articles qui sont nécessairement de votre marque, personne autre que vous n'étant en
état de les fabriquer ? N'importe encore. L'industriel s'aper-

envers les tiers, en invoquant une grève comme cas fortuit ? Annales
de droit commercial 1895, p. 154.

çoit bien ici à côté du commerçant, mais il se laisse juridiquement absorber par lui. Qui me dit que vous n'avez pas en stock, au jour même de l'accord intervenu, des marchandises de votre fabrication passée répondant au type du contrat et au nom desquelles vous remplirez les livraisons ? En tout cas, faute de réserve insérée dans la convention, vous n'avez pas considéré un arrêt éventuel de votre fabrication ».

Nous sommes loin de partager sans réserve l'opinion de M. Thaller. L'excessive rigueur de sa théorie nous paraît, nous dirons plus loin pourquoi, à la fois inopportune et antijuridique. Mais avant que de montrer en quoi cette opinion nous paraît inacceptable, reconnaissons qu'elle renferme une idée très juste.

Cette idée est la suivante. Il importe que le vendeur ne soit libéré de son engagement qu'à la dernière extrémité. Un contrat est un lien sacré qui doit à tout prix être respecté : le commerce n'est possible qu'à cette condition. Ce n'est donc qu'en cas d'impossibilité pratique que le contractant peut reprendre sa parole. Jusque là nous sommes pleinement d'accord avec l'auteur.

D'autre part, il est très vrai que, *le plus souvent*, un vendeur n'est pas, par le fait d'une grève qui survient dans son usine mis dans l'impossibilité absolue de remplir ses engagements. Ce à quoi il s'est engagé, en effet, c'est à livrer des choses d'un certain genre. Or, selon l'adage, *genera non pereunt*. Il ne peut, par suite d'une grève, fabriquer en son usine les produits sur lesquels il comptait ; mais, rien ne l'empêche de les acheter à un tiers. La grève n'est donc pour lui qu'une simple gêne qui ne saurait suffire à le libérer de son contrat.

Ainsi, vue juste de ce que doit être un contrat et de ce qu'est *en général* la vente, tels sont les mérites que nous reconnaissons à la très intéressante théorie de M. Thaller.

Mais, en revanche, il nous paraît impossible de suivre le savant auteur jusqu'aux dernières conséquences de sa théorie.

M. Thaller semble, en effet, ne pas dégager les deux idées suivantes qui, pour nous, sont essentielles : la première, c'est que, bien souvent, *sans que rien soit indiqué au contrat, par le seul nom du vendeur*, l'acheteur *sait* que l'objet en vente est *fabriqué par son co-contractant*. Le contrat ne le porte pas, mais cela est sous-entendu. Il le sait si bien, le plus souvent, que c'est précisément en raison de cette considération qu'il s'adresse à lui plutôt qu'à tout autre.

Seconde idée : Lorsque la vente porte sur tel objet de telle marque, objet qui sera fabriqué par telle Maison, il s'agit là encore d'une vente de genre, si on veut, en ce sens que l'objet vendu n'est pas individualisé et ne pourra pas l'être tant que l'acheteur n'aura pas fixé son choix ou que le vendeur ne l'aura pas spécialisé, *mais ce genre ainsi limité est restreint*, et il n'est plus vrai alors d'affirmer que *genera non pereunt*. On nous dit : Vous avez des approvisionnements de réserve ou, du moins, vous devriez en avoir. Voilà une affirmation qui nous paraît bien hasardée. Comment ! Je m'adresse à une grande Maison dont la marque est connue. J'achète, par exemple, une automobile Peugeot livrable dans deux mois et, si une grève survient dans les ateliers et que la livraison ne puisse avoir lieu en temps utile, je leur dirai : Celui que je considère ce n'est pas Peugeot fabricant, c'est Peugeot vendeur. Vous n'avez pas pu fabriquer, vous n'avez pas d'automobiles en réserve, peu m'importe. Je ne vous connais que comme vendeur. Vous êtes tenu !

Par contre, lorsque la grève intervient en matière d'obligation de faire, M. Thaller indique que le tribunal sera appelé à peser les « circonstances contingentes, à *rechercher les causes de cette grève, à voir si elle est ou non imputable au débiteur* ». Sur ce point, c'est à la théorie généralement adoptée que se rallie M. Thaller, théorie que, pour notre part, nous ne pouvons accepter et que nous combattrons plus loin.

En somme, la distinction que M. Thaller veut établir entre les obligations de donner et les obligations de faire est intéressante à noter parce qu'elle rend assez bien compte d'un fait pratique. Il est très vrai qu'en général le vendeur ne trouve pas dans la grève un empêchement absolu par ce simple motif qu'il n'avait qu'à s'approvisionner ailleurs.

Mais c'est là une pure circonstance de fait qui ne se rencontre pas toujours et qui, en tout cas, ne met pas le vendeur dans une situation de droit spéciale : Il se peut fort bien si la vente porte spécialement sur un objet de telle marque déterminée qu'elle constitue un cas de force majeure, *même pour le vendeur.*

D'ailleurs, le criterium proposé manquerait de certitude. Il n'est pas toujours facile de distinguer l'obligation de donner de l'obligation de faire. M. Thaller s'en rend bien compte quand il reconnaît que parfois « l'industriel s'aperçoit à côté du commerçant ». En ce cas, l'industriel, dit il, « *se laisse juridiquement absorber par lui.* » Nous croyons que, sur ce dernier point, il est impossible de poser un principe, car fréquemment le rôle d'industriel paraît juridiquement plus important que celui de vendeur. Tel est, ce nous semble, le cas pour les compagnies de gaz ou d'électricité qui ne vendent presque toujours que ce qu'elles ont fabriqué elles-mêmes.

L'opinion que nous avons soutenue est, si nous ne nous trompons, celle-là même que professe M. Bry en son ouvrage de législation industrielle.

M. Bry écrit ceci (1) : « La grève rompt donc brusquement le contrat de travail ; le chef d'industrie peut-il s'exonérer des engagements qu'il a pris *envers les tiers, en invoquant cet arrêt dans la production, comme un cas fortuit ou de force majeure ?*

On ne peut donner sur ce point une solution générale et absolue ; les circonstances inspireront aux juges leurs décisions. La nature des engagements, la généralité de la grève et l'ensemble des faits peuvent mettre l'entrepreneur en face d'un obstacle invincible, constituant la force majeure. *Mais la grève n'est pas, en elle-même, indépendamment des circonstances, un cas de force majeure qui puisse délier nécessairement un chef d'industrie de ses obligations...*

« On pourrait dégager des deux décisions de jurispru-

---

1. Bry, Cours élémentaire de Législation industrielle 1908, p. 114 et s., n°s 668 et 669.

dence, que j'ai indiquées (1), une doctrine générale qui distinguerait les *obligations de donner* et les *obligations de faire.* Ce ne serait que dans ce dernier cas que la grève serait considérée comme un cas de force majeure, relevant l'entrepreneur de ses obligations (obligation de construire un édifice, un navire, de charger des marchandises, etc.). *Mais le principe général que j'ai admis, ne se trouve nullement modifié, et, dans tous les cas, il faut apprécier les circonstances dégageant la responsabilité du débiteur.* »

L'opinion de M. Bry diffère, ce nous semble, très sensiblement de celle de M. Thaller.

Pour M. Thaller, il *suffit* que nous soyons en présence d'une vente pure et simple, ce que le juge décide souverainement, pour que *nécessairement*, et sans qu'il y ait la moindre possibilité d'appréciation, le risque de grève soit à la charge du vendeur.

Que dit, au contraire, M. Bry ? Il signale l'intérêt que peut avoir *en fait* la distinction entre les obligations de donner et les obligations de faire. Nous nous sommes efforcé nous-même de montrer qu'en fait cette distinction est intéressante par ce motif que la grève gêne en général beaucoup moins le vendeur que le fabricant. Mais *le principe est le même pour l'un et pour l'autre.* Fabricant ou vendeur sera libéré dès qu'il sera, de par une grève, dans l'impossibilité de remplir ses engagements. Il y a seulement ceci, c'est que l'impossibilité absolue sera plus rare pour le vendeur que pour le fabricant.

Ainsi, dans l'importante question de savoir si la grève est ou non un cas de force majeure dispensant le débiteur de ses engagements, il est impossible de prendre comme criterium la *nature* du contrat.

---

1. Les deux décisions, citées par M. Bry, que le défaut d'espace nous a empêché de reproduire, sont un arrêt de la Cour de Caen du 25 août 1875 (Journ. de dr. intr. pr. 1876, p. 455) qui refuse de considérer comme libéré par la force majeure l'industriel qui, en raison d'une grève, ne s'est pas trouvé en mesure de livrer à l'acquéreur la quantité de charbon promise pour une époque déterminée, et un jugement du trib. de la Seine du 4 déc. 1884 (Gaz. des trib., 4 déc. 1884) qui libère, par contre, d'une obligation de faire, un entrepreneur de charpentes, à raison d'une grève des ouvriers.

A la question ainsi posée on a parfois tenté de répondre d'une manière absolue, soit par la négative, soit même par l'affirmative.

« Il est de jurisprudence constante, lisons-nous dans un arrêt de la Cour d'Aix (1), que la grève *n'est pas un cas de force majeure.* » En sens contraire, M. Amiot (2) écrit : « Elle est un évènement qui se passe hors du cercle d'action de l'entreprise ; *c'est une* cause d'exonération pour le vendeur. »

. Ce sont là des opinions tout à fait isolées. D'une manière presque unanime la doctrine et la jurisprudence reconnaissent que des distinctions s'imposent. C'est au juge à apprécier, *d'après les circonstances de fait,* si on trouve ou non réunis les caractères de la force majeure tels que nous les avons déterminés.

Reste à préciser — c'est sur ce point que porte, en somme, toute la discussion — quelles sont les circonstances de fait dont le juge doit plus spécialement tenir compte.

Nous croyons utile, afin d'apporter plus de méthode à notre exposé, de distinguer selon que le conflit s'élève *entre des tiers* — par exemple, vendeur qui par suite d'une grève du camionnage ne peut livrer les marchandises — ou, au contraire, *entre le patron lui-même et un tiers* — par exemple, compagnie d'électricité qui, par suite d'une grève *de son personnel,* cesse de distribuer l'éclairage électrique à ses clients. — Ce n'est pas que nous ayons l'intention d'opposer un cas à l'autre ; mais, par la force même des choses, le second cas est *beaucoup plus complexe* que le premier. En effet, en sus des difficultés qui se présentent *entre tiers,* on a peut-être le droit de se demander si le patron n'a pas par ses agissements provoqué la grève et si, d'autre part, refusant de céder aux revendications des grévistes, il n'a pas commis une *faute,* au cas où ces revendications apparaîtraient comme légitimes, ou encore, qu'elles soient ou non justifiées, si, du seul fait de son refus, il n'a pas *créé volontairement,* à tort ou à raison peu importe, une situation dont

1. C. Aix, 21 nov. 01, D. P. 02, 2, 197.

2. Amiot. De la répercussion des grèves ouvrières sur l'exécution des contrats. Annales de droit commercial, 1903, p. 37.

il ne peut ensuite exciper comme d'un cas de force majeure.

Tous ces problèmes intéressants qui touchent aux questions sociales les plus délicates ne se conçoivent pas quand le conflit existe *entre deux tiers*. Il n'a pas pu dépendre d'eux que la grève commençât, pas plus qu'il ne dépend d'eux qu'elle finisse, puisqu'ils y sont totalement étrangers. La seule question qui se pose alors est de savoir si la grève est ou non pour eux un obstacle invincible et si, d'autre part, avant qu'elle éclatât, il n'y avait pas possibilité de la prévoir et d'obvier à ses inconvénients.

* *

Premier cas : Deux tiers entre eux

Il se peut que ces tiers n'aient pas, dans leur contrat, prévu spécialement l'hypothèse de grève. Il se peut aussi, et par suite de la multiplicité des grèves en ces dernières années, spécialement dans les ports, et des nombreuses difficultés qui sont nées de ce fait, c'est là un usage qui se répand de plus en plus dans le monde commercial, que les parties contractantes aient prévu et réglé par avance la situation par une « clause de grève ».

Il nous faut distinguer les deux cas.

I. IL N'Y A PAS DE CLAUSE DE GRÈVE

La solution est *avant tout une solution de fait*.

C'est ce que fait remarquer avec juste raison un jugement du tribunal de commerce de Saint-Nazaire (1).

« Attendu qu'on doit considérer comme force majeure tout événement de nature à déjouer les prévisions humaines et qu'il n'est pas possible de conjurer ;

« Que des termes mêmes de cette définition découle pour le tribunal l'*impossibilité de rendre en pareille matière*, ainsi qu'il y est convié, *un jugement de principe et de droit pur ;*

« Qu'en effet, les grèves n'offrent pas toutes les mêmes caractères ; qu'il en est qui éclatent brusquement du jour au lendemain, sans qu'aucune circonstance ait pu en faire

1. Trib. de com. St-Nazaire, 23 mars 1893 R. I. D. M., X, p. 253.

soupçonner l'imminence, *alors que d'autres*, au contraire, *peuvent être prévues*, longtemps avant qu'elles soient déclarées, par l'état d'esprit des ouvriers et les réclamations qu'ils formulent avec menace de cesser tout travail si satisfaction ne leur est pas donnée ».

Quand nous disons que la solution est avant tout *de fait* nous ne voulons pas dire qu'elle ne soit soumise à aucune règle de droit, car les juges doivent s'attacher scrupuleusement à rechercher si l'espèce qui leur est soumise répond exactement à toutes les conditions exigées pour la force majeure. L'idée que nous voulons par là exprimer, c'est que les deux caractères auxquels nous allons voir que s'attache la jurisprudence pour déterminer la manière dont doit être envisagée la grève, pour intéressants qu'ils soient, ne sont que des moyens commodes, un plerumque fit. Le juge aurait parfaitement le droit de reconnaître le caractère de force majeure à une grève qui ne répondrait qu'imparfaitement à ces deux caractères, de même qu'inversement, le juge pourrait refuser le caractère de force majeure à une grève à laquelle s'appliqueraient rigoureusement l'un et l'autre caractère.

Est-ce à dire que nous ne pensions pas qu'il y ait un intérêt à savoir quels sont ces faits auxquels s'attache la jurisprudence ? Non pas, car la jurisprudence les a établis, non arbitrairement, mais au contact d'une expérience journalière et d'après les besoins mêmes du commerce. Rappelons-nous seulement que *nous ne sommes pas liés par eux*.

Ces faits qui pratiquement servent de criterium à la jurisprudence sont les suivants : *Généralité de la grève, impossibilité de la prévoir*.

A. — *Généralité de la grève*

Ce principe que la grève ne constitue un obstacle absolu que si elle est générale est affirmé à maintes reprises en termes catégoriques (1). Voyons à titre d'exemple quelques-unes des difficultés que l'on rencontre en matière de surestaries.

---

1. Tr. com. Rouen, 11 déc. 1899. J. C^a^e et M^im^, 01, 2, 66. — Marseille, 24 août 1900, confirmé Aix 1re ch. 21 nov. 01, R. int. d^t^ M^ime^,

La grève est considérée comme générale lorsque, par exemple, il est de notoriété publique qu'elle a englobé tous les ouvriers déchargeurs, et que, pendant sa durée, il n'a pas été possible de se procurer des ouvriers pour opérer le déchargement des navires ou encore lorsqu'il ne dépend pas d'un seul patron de la faire cesser (1).

Les effets de la grève ne peuvent s'étendre d'un port à un autre. Ainsi la compagnie de navigation qui s'est engagée à transporter une marchandise de Saïgon à Marseille à une époque déterminée ne peut faire excuser son retard par cette considération que le navire qui devait faire ce transport n'a pu partir de Marseille en temps utile à cause de la grève (2).

De même, le capitaine qui livre sous palan ne saurait subir les conséquences d'une grève qui ne touche qu'aux opérations d'enlèvement de la marchandise débarquée ou de son transport à terre (3).

D'autre part, une grève n'affectant qu'une marchandise spéciale n'est pas un cas de force majeure (4), alors qu'il a été remis au capitaine une note indiquant que cette marchandise entrerait dans la composition du chargement (5). Il en serait toutefois autrement si l'affrètement avait été conclu nommément pour cette même marchandise (6), auquel cas le caractère de généralité à tous les ouvriers du port, n'est pas indispensable.

Même dans ce dernier cas, pour qu'il y ait grève libéra-

Rec. xvii, p. 307. — Mars., 5 juin 1901, J. C^ale et M^ime, 01, 1, 311.— Cass. req., 31 oct. 05, D. P., 07, 1, 39. - - Rochefort, 2 fév. 06, J. C^ale et M^ime 07, 2, 93. Conf. par Poitiers, 4 déc. 06. R. int. D^t M^ime Rec. xxii, 745, maintenu cass. 28 oct. 07, R. l. D. M., Rec. xxiii 309 et égal^t J. C^ale et Mme 08, 2, 110. — Havre, 10 janv. 10, Rec. jurispr. com. de marit. du Havre 1910, 3e livr. mai et juin, p. 76.

1. Mars., 24 août 00 et Aix, 21 nov. 01. — Havre, 10 jan. 10, tous précités.

2. Mars., 27 juill. 05, J. C^ale M^ime 05, 1, 365. — Mars., 14 juin 06, confirmé Aix, 9 janv. 07, J. C^ale et M^ime 07, 1, 167.

3. Mars., 16 nov. 01, J. C^ale et M^ime 02, 1, 48.

4. Marseille, 24 juill. 01, J. c^ale et M^ime 01, 1, 366.

5. Mars , 2 janv. 01, J. C^ale et M^ime 01, 128. — Mars., 5 janv. 01, J. C^ale et M^ime 01, 1, 126. — Aix, 10 déc. 01, J. c^ale et Mme 02, 1, 87.

6. Mars., 11 janv. 01, J. C^ale et M^ime 01, 129.

toire, il faut que les ouvriers qui chôment soient précisément ceux qui auraient dû effectuer eux-mêmes le chargement. Il n'y aurait pas un cas de force majeure dans la
grève des employés de chemins de fer qui devaient transporter la cargaison (1), ni dans celle des verriers de l'usine
d'où les vitres devaient être expédiées (2), ni dans celle des
mineurs qui devaient extraire le minerai (3). Cependant le
contraire a été jugé (4).

Nous ne pouvons songer à discuter en détail chacune des
solutions que nous avons ici indiquées, mais prises dans leur
ensemble elles nous paraissent fort équitables. Sans doute
elles sont rigoureuses pour celui qui invoque la grève comme
cas de force majeure, mais il ne faut perdre de vue ce principe que ce n'est que d'une manière tout à fait exception-
nelle et pour des motifs très graves que le juge peut dispenser quelqu'un d'accomplir ce à quoi il s'est engagé librement et en pleine connaissance de cause.

La jurisprudence est très ferme, ce en quoi nous l'approuvons entièrement, pour refuser d'exiger que la grève ait été
accompagnée de violences pour qu'elle ait un effet libéra-
toire à l'égard du débiteur (5). Et, en effet, si la violence
rend l'impossibilité d'exécution parfaitement tangible, il est
certain qu'elle ne constitue à l'égard du tribunal qu'un élément spécial d'appréciation ; hors d'elle, et sans aucune
faute du contractant, il est très fréquent que la grève constitue un empêchement absolu.

1. Cour suprême de Judicature, devant les Lords, justices Bowen
et Fry, 26 oct. 1887, R. Int^{ale} D^t M^{ime}, Rec. III, 340.

2. Anvers, 2 mai 1887, R. I. D. M., Rec. III, 340.

3. Etats-Unis, Cour d'appel, premier circuit, 7 déc. 05, Fed. Rep.,
vol. 142, p. 402.

4. Gand, 29 déc. 06 R. I. D. M., Rec. XXIII, 417. — Gênes, 31 déc. 06
R. I. D. M., Rec. XXII, 850.

5. Poitiers, 12 janv. 03, Gaz. du Palais 03, 2, 224. — Rochefort, 29
janv. 04, R. I. D. M. Rec. XIX, 722. — C. Poitiers, 1er août 04, Gaz. du Palais 04, 2, 402. — Poitiers, 4 déc. 06, R. I. D. M. Rec. XXII, 745.

B. — *Impossibilité de prévision*

Ici, il nous semble bien que la jurisprudence est d'une rigueur excessive et que, ce à quoi elle devrait s'attacher, c'est, nous l'avons démontré plus haut, non la possibilité de prévision, mais la possibilité de « *prévenance* ».

D'après la jurisprudence la grève doit être *imprévue*, par exemple, éclater soudainement (1). Les tribunaux signalent que la grève a été « soudaine » (2), ou « qu'on ne pouvait la prévoir » (3), ou, en sens contraire, que la « prévision » en était « forcée » (4), ou que les « grèves dans les charbonnages sont fréquentes » (5).

A plus forte raison, ne peut invoquer la force majeure celui qui s'est engagé la veille (6) ou le jour même (7), ni, encore moins, celui qui s'est engagé après que la grève eût éclaté (8).

Sur ce dernier point, aucune difficulté. Celui qui s'est engagé après que la grève eût éclaté est évidemment en faute de l'avoir fait, qu'il ait ou non connu l'existence de la grève, car, dans le premier cas, l'engagement était téméraire et n'a pu être pris qu'aux risques et périls du débiteur et, dans le second cas, on peut lui reprocher une ignorance impardonnable.

Mais, hors ce cas, la solution de la jurisprudence est-elle à l'abri de toute critique? Voici, sur ce point, l'opinion de M. Baudry-Lacantinerie (9) : « Habituellement la jurispru-

1. Havre, 25 janv. 1898, R. I. D. M. Rec. xiii, 782. — Havre, 10 janv. 10, précité.

2. Rennes, 28 juin 1894, D. P. 95, 2, 214. — Mars. 5 juin 01, J. C^ale et M^ime 01. 1. 311.

3. Rouen, 11 déc. 99, J. C^ale et M^ime 01, 2, 66. — Rouen, 8 août 00, D. P. 03, 2, 389. — Cass. req. 31 oct. 05, D. P. 07, 1, 39.

4. Douai, 28 juin 01, D. P. 02, 3, 133.

5. Hazebrouck, 18 janv. 90, D. P. 91, 3, 24.

6. Aix, 22 fév. 06, J. C^ale et M^ime 06, 1, 190.

7. Mars., 2 janv. 01, J. C^ale et M^ime 01. 1, 123.

8. Mars.; 12 déc. 00, J. C^ale et M^ime 01, 1, 81. — Mars., 15 janv. 01. J. C^ale et M^ime 01, 1, 126. — Mars., 3 avr. 06, J. C^ale et M^ime 06, 1, 222.

9. B. Lacantinerie, Traité de Droit civil des Obligations, III n° 1924.

dence exige *en outre* » (en outre du caractère de généralité)
« *que la grève n'ait pas pu être prévue*. C'est aller trop loin.
Un événement, par exemple une guerre ou une inondation,
peut constituer un cas de force majeure *alors même qu'il
n'échappe pas à toute prévision*. Il suffit qu'il ne dépende
aucunement de la volonté du débiteur et qu'il mette celui-ci
dans l'impossibilité absolue de remplir ses engagements ».

Nous sommes d'accord avec M. Baudry-Lacantinerie pour
critiquer la jurisprudence sur ce point. Nous pensons que
la circonstance qu'une grève *peut être prévue* n'est pas *par
elle-même* suffisante pour empêcher qu'elle puisse être considérée comme un cas de force majeure; nous nous sommes
efforcé plus haut d'en apporter la preuve lorsque nous cri-
tiquions la définition classique de la force majeure. Pour
nous, le criterium est autre : ce qu'il faut rechercher c'est si
le débiteur pouvait ou non *prévenir* les conséquences de la
grève.

Ici, bien entendu, nous n'avons pas à rechercher s'il était
possible d'empêcher la grève d'éclater ou si l'on aurait pu
et dû la faire cesser par des concessions aux grévistes, puisque, ne l'oublions pas, nous sommes dans l'hypothèse où le
débiteur étant absolument étranger à la grève n'a pu avoir
sur elle aucune influence.

Lors donc que nous nous demandons si le débiteur pouvait la prévenir, ce que nous recherchons c'est si, étant
donné que la grève allait éclater et que cela se prévoyait, il
lui était possible de prendre des précautions pour obvier aux
inconvénients qui en résulteraient.

Souvent la jurisprudence laisse percer dans ses attendus
la même préoccupation, en elle-même fort légitime, mais
qui nous semble s'accorder mal avec le principe qu'elle
prétend poser que, dès lors qu'une grève a pu être prévue,
elle cesse, par le fait même, de pouvoir être considérée comme un cas de force majeure. A ce point de vue citons un
jugement récent rendu par le tribunal de commerce de
Rouen (1), qui nous indique fort exactement quelles sont
les circonstances auxquelles le juge doit s'attacher. Il est

1. Rapporté dans le journal hebdomadaire « Thémis » du 20 avr. 1911.

vrai que le jugement dont nous allons citer quelques passages caractéristiques a été rendu à propos de difficultés entre la compagnie de transport même dont les ouvriers avaient fait grève et un de ses clients, par conséquent *entre un patron et un tiers*, cas que nous devons étudier plus loin ; mais ici peu importe, puisque aucune allusion n'est faite à la possibilité d'empêcher la grève d'éclater ou de la faire cesser, en sorte que l'hypothèse est identique.

Voici ce jugement rendu dans un procès intenté à l'administration des chemins de fer de l'Etat, par deux négociants rouennais gravement lésés dans leurs intérêts par la grève des chemins de fer :

« Attendu tout d'abord, qu'on ne saurait donner à la grève des cheminots le caractère de *soudaineté* requis par la jurisprudence ; qu'en effet, cette grève était *si bien prévue et attendue que toute la presse en a parlé* durant le cours de l'année 1910, comme d'un événement probable, ainsi que de la mobilisation des employés de chemins de fer qui en serait la conséquence ; qu'en fait, cette mobilisation a été préparée et réalisée quelques jours après la déclaration de grève ; que celle-ci ne présente donc pas l'un des caractères essentiels nécessaires : la soudaineté ;

...Attendu que l'Ouest-Etat soutient encore que l'arrêt de la batellerie causé par les inondations, en augmentant considérablement et inopinément le trafic de ses voies ferrées, a causé l'encombrement de ses gares et provoqué ainsi un cas de force majeure devant lequel il est resté impuissant ;

...Attendu (en substance) que les inondations de la Seine ne sont pas un fait particulier à cette année et qu'au surplus elles constituent un *risque professionnel du réseau* qui n'a dès lors, qu'à *prendre des mesures en prévision* ;

...Attendu que pour prouver qu'il a fait tout le possible, l'Ouest-Etat fait plaider qu'il a multiplié les trains, qu'il a demandé au ministre l'ouverture des gares le dimanche et la fermeture des gares à la réception des marchandises du 1er au 4 janvier dernier ;

...Attendu que ces mesures paraîtront bien peu de choses à côté de l'intensité de la crise provoquée, non par un ou plusieurs cas de force majeure, mais par un concours de circonstances exceptionnelles, *auxquelles il fallait opposer des mesures exceptionnelles qui n'ont pas été prises, etc...* ».

Pourquoi rechercher si l'Ouest-Etat a pris toutes les mesures utiles pour parer aux conséquences soit de la grève, soit de l'inondation, s'il est vrai que, *du seul fait que l'un et l'autre événement ont été prévus ou pouvaient l'être*, ce qui est identique au point de vue du droit, il n'est plus alors possible de prétendre qu'ils aient constitué un cas de force majeure ?

Serait-ce que, dans l'esprit du tribunal, la constatation que la compagnie n'a pas pris toutes les précautions qu'exigeait la prudence n'est qu'un argument subsidiaire, superflu, en réalité, pour fixer sa conviction.

Mais alors, *si, en fait, l'Ouest-Etat avait pris toutes précautions possibles* pour parer aux conséquences des deux évènements qu'il invoquait comme déchargeant sa responsabilité, et que, *malgré tout*, il eût été dans l'impossibilité absolue de satisfaire à ses engagements, le tribunal l'aurait-il néanmoins condamné sur cette seule considération que ces événements étaient prévus ?

Si l'on répond par la négative, nous n'insistons pas, *c'est la théorie même que nous soutenons*; mais, en ce cas, *on manque de logique en affirmant que dès lors que la grève a été prévue elle cesse d'être un cas de force majeure*, puisque, mis en présence d'un cas concret, on reconnaît avec nous que *la seule possibilité de prévision*, sans autre élément, n'est pas par elle-même suffisante pour détruire ce caractère de force majeure.

Si l'on répond par l'affirmative, on est certainement logique avec soi-même, mais sur quoi alors se base-t-on ?

On dira peut-être que la grève étant imminente, je commets une *faute* en contractant au risque de me trouver plus tard dans l'impossibilité d'exécuter mon engagement; on peut dire encore, cela serait beaucoup plus soutenable, écartant toute idée de faute, que placé dans l'alternative de ne pas contracter ou de prendre un engagement dangereux, j'ai préféré prendre cet engagement bien que le sachant tel, *et que dès lors il est à mes risques et périls*. En somme, on me considèrerait comme une sorte *d'assureur forcé*. Je pouvais par une clause de grève faire tomber cette sorte de *présomption d'assurance ;* ne l'ayant pas fait, j'en ai assumé la responsabilité.

Telle nous paraît avoir été, au moins quelquefois, la théorie de la jurisprudence. Voyons, par exemple, l'arrêt de la Cour de Caen du 25 août 1875 cité par M. Bry, auquel faisait allusion, à propos de la distinction entre les obligations de donner et les obligations de faire, le passage ci-dessus reproduit : « La grève des ouvriers employés dans une industrie n'est pas assimilable au cas de force majeure qui délie le débiteur de ses obligations. Spécialement, lorsqu'une grève est survenue à l'étranger, dans un bassin de houille, l'industriel qui, en raison de cet événement, ne s'est pas trouvé en mesure de livrer à l'acquéreur la quantité de charbon promise pour une époque déterminée, est passible de dommages-intérêts envers l'acquéreur ou ses ayants cause, en raison du retard survenu dans l'exécution de l'obligation. *Il doit en être surtout ainsi lorsque :* 1° *malgré l'usage dans le pays étranger dont s'agit de prévoir l'hypothèse de grève par une clause spéciale, aucune mention n'a été faite à ce sujet dans le contrat ;* 2° *lorsqu'à l'époque où les parties ont signé le marché, l'une d'elles* (le propriétaire des mines, débiteur de la marchandise) *a eu connaissance de la grève ou a pu la prévoir* » (1).

La jurisprudence anglaise est plus rigoureuse encore que la nôtre pour retenir la responsabilité du débiteur. Sauf clause expresse elle le considère comme tenu. Ce n'est que très rarement et exceptionnellement qu'il en est autrement (2).

Cette théorie qui voudrait que le débiteur, du seul fait de son engagement contracté malgré la menace de grève, se fût porté garant de sa fidèle exécution et fût devenu une sorte d'assureur forcé, nous paraît *absolument inacceptable.* Vous étiez *libre* de refuser de contracter, disent les adversaires ; vous avez voulu contracter malgré le danger de

1. M. Bry. Cours de législ. indust., passage précité.

2. Annales de droit commercial 1891, p. 249, par Israel Davis, avocat à Londres. — Voir sur la même question : Annales de droit commercial 1894, p. 160, par le même.

grève que vous connaissiez, *vous avez pris ce risque à votre charge*.

Eh bien, non, nous n'étions pas libre de refuser de contracter. En droit pur peut-être avions-nous cette liberté, et encore faut-il remarquer que les chemins de fer, par exemple, sont *légalement forcés* de transporter les marchandises qu'on leur confie. Mais, en fait, pratiquement, un commerçant n'est pas libre de contracter ou non. Cesser de contracter aucun engagement pendant un temps indéterminé *parce que l'on a des motifs plus ou moins sérieux de craindre une grève*, c'est la ruine à brève échéance, c'est le suicide commercial, puisque le commerce suppose nécessairement une suite ininterrompue de contrats. Par conséquent, et ce point paraît hors de doute, le commerçant en réalité *n'est pas libre de ne pas contracter*. Cela admis, comment peut-on prétendre qu'il a consenti à prendre les risques à sa charge? Si la grève avait éclaté *soudainement*, on n'eût pas hésité à déclarer qu'elle constituait une force majeure. Comment en serait-il autrement, et en quoi le débiteur est-il en une situation moins favorable, si, *ayant prévu* une grève, il n'a pas pu ne pas contracter, et qu'il ait pris toutes les mesures qui dépendaient de lui pour obvier aux conséquences fâcheuses qui en résulteraient? N'a-t-il pas été, dans un cas comme dans l'autre, en face de l'inévitable?

Ainsi, pour résumer d'un mot la situation du débiteur lorsqu'une grève l'empêche d'exécuter ce dont il était tenu, *et qu'aucune clause ne prévoit cette hypothèse*, il est délié de son obligation quand la grève était *générale* et *qu'il a fait absolument tout ce qui dépendait de lui* quand la grève était commencée, et, avant même qu'elle commençât, s'il pouvait la prévoir.

II. — IL Y A UNE CLAUSE DE GRÈVE

Dans cette clause parfois le mot « grève » n'est pas spécialement indiqué. Dans ce cas, il peut y avoir des difficultés. La jurisprudence a jugé que la clause prévoyant la quarantaine, blocus ou tout autre obstacle provenant des règlements du port ou autrement « comprend le cas de grève (1), mais qu'il en est autrement de la clause prévoyant la « quarantaine, guerre, troubles ou glace » (2).

D'autres difficultés sont nées quant à l'interprétation de la clause de grève pour savoir si cette clause doit être appliquée lorsque tous les travailleurs disponibles de la ville sont occupés (3), et également pour savoir si le capitaine lorsqu'une clause de grève autorise à aller débarquer dans un port voisin est obligé de faire constater l'impossibilité matérielle de débarquer. La jurisprudence semble hésiter sur cette dernière question ; l'arrêt le plus récent (4) rompant avec la jurisprudence antérieure (5) décide que le capitaine n'est pas tenu de faire constater cette impossibilité matérielle.

Cette dernière jurisprudence nous paraît plus conforme aux intérêts du commerce : A quoi bon obliger un navire à rentrer dans un port pour en ressortir aussitôt, ce qui occasionne des frais considérables, pour constater un fait qui peut tout aussi bien être constaté en son absence ? Cette jurisprudence nous semble d'autant plus fondée qu'à l'heure actuelle un très grand nombre de navires étant munis de la télégraphie sans fil, l'armateur a la possibilité d'envoyer en cours de route l'ordre de changer de port, de destination, ce qui lui évite des frais et fait gagner un temps considérable.

Mais la grosse difficulté de la question n'est pas là. Quel est l'effet de cette clause de grève *dont la légitimité est d'ailleurs actuellement absolument hors de doute ?* (6).

Lorsque la charte-partie contient une clause de ce genre,

1. Mars., 30 déc. 04, J. C^ale et M^ime 05, I, 121. — C. Aix, 22 fév. 06, J. C^ale et M^ime 06, I, 190.

2. Mars., 14 fév. 04, J. C^ale et M^ime 05, I. 216.

3. *Négative* : trib. Marit. de Copenhague, 8 mars 07, R. I. D. M. 09-10, p. 138.

4. Aix, 20 nov. 06, J. C^ale et M^ime 07, I, 110.

5. Mars. 14 janv. 01, J. C^ale et M^ime 02, I, 145. — Mars. 21 mars 01, J. C^ale et M^ime 01, I, 239. — Mars., 10 juin 01, J. C^ale et M^ime 01. I, 314. — Mars., 3 fév. 05, J. C^ale et M^ime 05, I, 202.

6. Des clauses d'irresponsabilité en matière de transport maritime, thèse de doctorat 1910 par M. André Gautier, Aix.

son effet est-il de dispenser le tribunal de tout examen relativement aux circonstances et à l'intensité de la grève? Le
tribunal doit-il se borner à en constater l'existence? Doit-
il, au contraire, rechercher si la grève dont s'agit a ou non
en elle-même les caractères de la force majeure?

L'une et l'autre thèse ont été soutenues : « Attendu, dit un
jugement du tribunal de commerce de Marseille (1), que si les
accords des parties n'avaient contenu aucune clause relative
au cas de grève, le tribunal aurait eu à examiner, en fait et
de très près, comme il l'a fait dans diverses décisions, si et
jusqu'à quel point la grève en question, à partir du 29 mars,
étant donné son degré d'acuité ou de décroissance, pouvait
ou ne pouvait pas constituer le cas de force majeure qui, en
thèse générale, suspend ou empêche l'exécution d'une obligation ; *mais attendu que, en l'espèce, les parties ont visé
expressément le cas de grève, sans autre spécification, comme*
suspendant le cours des staries; *que, par suite, il faut et il
suffit, pour que cette condition reçoive son application, que le
port de Marseille puisse être réputé en état de grève déclarée et
avérée,* sans rechercher, comme dans le premier cas, si,
par le fait d'une reprise graduelle et partielle du travail, ou
en l'état d'une simple décroissance de la grève, les opérations de débarquement n'auraient pu être considérées
comme strictement possibles; que cette question, capitale
au point de vue de la force majeure, perd toute importance
dans le cas présent, régi par une stipulation spéciale visant
simplement l'état de grève ».

La théorie de la Cour de cassation (2) est diamétralement
opposée : « Attendu qu'aux termes d'une charte-partie
signée à Amsterdam le 16 août 1903, les parties ont excepté
des jours de planche « les dimanches et jours de fête légale
et les jours de grève d'ouvriers » ;

Que par ces mots *jours de grève* les contractants n'ont
*évidemment pas visé une grève quelconque, mais celle qui, présentant les caractères d'une force majeure ou d'un cas fortuit,
empêcherait le débiteur de faire ce à quoi il était obligé*
(art. 1148) ».

1. Marseille, 30 oct. 01, J. C. et Mme 02, I, 33.
2. Cass. req. 31 oct. 05 D. P. 07, 1, 39.

Ainsi, deux théories opposées. Quelle est sur ce point l'attitude de la jurisprudence ?

Elle a passé par trois phases successives.

Dans une première période elle considère que cette clause ne dispense pas de rechercher les caractères de la grève. Cette stipulation est plutôt considérée par les juges comme un argument additionnel à leur thèse que comme un élément déterminant de leur décision.

« Attendu, dit un jugement du tribunal de Marseille (1) du 14 fév. 01, que la prétention du capitaine se trouve condamnée *non seulement* par les principes généraux déjà posés par le tribunal pour le cas de grève, *mais encore...* par la stipulation spéciale d'accords d'affrètement ».

Ainsi le tribunal est déterminé moins par la loi des parties que par sa propre jurisprudence.

Puis la jurisprudence changea. Ce fut d'abord le jugement que nous avons cité plus haut confirmé par arrêt d'Aix (2) du 29 mai 1902. Peu après un jugement de Marseille (3) du 8 juin 1903 confirmé par arrêt d'Aix (4) du 14 avril 1904 déclare en propres termes : « Attendu que la question de force majeure ne se pose pas en l'espèce *puisque les parties sont régies par une clause expresse de leurs accords*, qui indique le cas de grève comme suspendant le cours des staries ; *qu'il faut et qu'il suffit, pour que cette condition reçoive son application, que l'existence d'une grève arrêtant les opérations soit constatée* ».

D'autres décisions furent rendues d'après les mêmes principes (5). La Cour de Poitiers (6) posa la question en termes non équivoques. Elle décida que le défendeur « *n'était pas rigoureusement tenu de prouver que la grève avait présenté les caractères de la force majeure* ».

1. R. I. D. M. rec. XVI, 517.

2. J. C^ale et Mme 03, I. 5.

3. R. I. D. M. rec, XIX, 103.

4. R. I. D. M. rec. XX, 29.

5. Marseille, 30 déc. 04 R. I. D. M. rec. XX, 592. — Mars. 4 avr. 05 R. I. D. M. rec. XX, 886 confirmé par C. Aix, 19 déc. 05 J. C. et Mme 06, 1, 178. — Douai, 15 juin 07 R. I. D. M. rec. XXIII, 191.

6. C. Poitiers 1er août 04 Gaz. Pal. 04, 2, 402.

C'est cet arrêt qui fut cassé par l'arrêt de cassation du 31 oct. 1905 rapporté ci-dessus.

Depuis lors, la jurisprudence est revenue à ses habitudes anciennes. La Cour de cassation (1) dans l'arrêt du 28 octobre 1907 confirmant un arrêt de Poitiers (2) du 4 déc. 06 s'est de nouveau prononcée en ce sens que les tribunaux malgré la clause de grève avaient à apprécier les caractères de cette grève : Attendu qu'il est vrai que la charte-partie prévoit elle-même, comme une cause de dérogation aux conventions, spécialement le cas de grève ; *mais que cette clause doit s'entendre comme insérée en prévision d'une grève qui par son caractère général et par l'obstacle insurmontable qu'elle oppose au travail devient un cas de force majeure* ».

C'est dans le même sens qu'à l'étranger se sont prononcés le tribunal supérieur hanséatique et le tribunal d'Empire (3).

M. Barbey se plaçant au point de vue de la situation de l'affréteur par rapport aux surestaries, proteste vivement contre cette nouvelle jurisprudence :

« L'affréteur, dit-il (4), qui contracte ne stipule pas dans sa clause que « telle grève sera considérée comme une force majeure », ce qui serait un non-sens, puisque le propre de la force majeure est de ne pouvoir jamais être conventionnelle. Il déclare seulement qu'au cas où cette force majeure viendrait à se manifester, il serait dégagé de son obligation de charger le navire dans le délai fixé. En d'autres termes, ce n'est pas le fait de la force majeure, mais c'est le champ de ses propres responsabilités et celui des droits corrélatifs de son co-contractant qu'il embrasse du regard au moment où il contracte. Les responsabilités varieront en sens inverse de l'événement. Elles seront limitées si la grève est générale et violente. Elles croîtront en gravité si la grève est réduite. Elles deviendront très lourdes si la

1. Cass. 28 oct. 07 R. I. D. M., rec. XXIII, 309. — D. P. 09, I, 282.

2. C. Poitiers 4 déc. 06 R. I. D. M., rec. XXII, 745.

3. Trib. sup. hanséatique, 18 avr. 1898 R. I. D. M , Rec. XIV, 178 ; trib. d'Empire 22 oct. 1898 R. I. D. M., Rec. XV, 171.

4. M. Barbey, *Les surestaries sont elles dues en temps de grève ?* R. I. D. M. 1908-1909, p. 403.

grève n'est que partielle et si le travail reste possible, quoique difficile. Mais il est évident que l'affréteur en contractant, stipule en vue de tous ces divers aléas et veut se couvrir contre tous ces risques *et surtout contre les plus lourds.* La clause de grève a pour lui le maximum d'utilité pratique, au cas où cette responsabilité est le plus sérieusement engagée, c'est-à-dire quand la grève est le plus éloignée du caractère d'une « force majeure ». A vouloir rétrécir la portée de cette clause, on l'interprète donc dans un sens directement opposé aux intentions de celui en faveur de qui elle est faite et qui l'a stipulée ».

Que l'affréteur veuille se couvrir *surtout* contre les risques qui sont pour lui *les plus lourds,* cela ne nous paraît pas douteux ; mais *la question est beaucoup moins de savoir ce qui convient le mieux à l'affréteur que de déterminer avec précision ce qui a été convenu entre lui et le capitaine.* Ce dernier, bien entendu, a un intérêt diamétralement opposé au sien.

Deux principes inscrits l'un et l'autre au Code civil doivent, ce nous semble, dominer le débat.

Ier principe (art. 1157 c. civ.). — « Lorsqu'une clause est susceptible de deux sens, on doit plutôt l'entendre dans celui avec lequel elle peut avoir quelque effet, que dans le sens avec lequel elle n'en pourrait produire aucun ».

IIe principe (art. 1162 c. civ.). — « Dans le doute, la convention s'interprète contre celui qui a stipulé, et en faveur de celui qui a contracté l'obligation ».

Si nous admettons avec la Cour de cassation que la clause de grève ne sort à effet que lorsque la grève présente le caractère d'un cas fortuit ou de force majeure, autant dire que la clause ne signifie rien, puisqu'elle n'apporte aucun élément nouveau. Il est bizarre, on en conviendra, que les parties contractantes prennent la peine d'insérer dans leur contrat une clause de grève, si cette clause ne doit produire aucun effet. C'est pourquoi, la solution de la Cour de cassation nous paraît fausse.

Est-ce à dire que nous approuvions la théorie qui pendant de longues années a été admise, notamment par le tribunal de Marseille ? Est-il exact que le tribunal n'ait plus, en pareil cas, aucune faculté d'appréciation ? Pas davantage.

De droit commun, nous l'avons vu plus haut, il s'en faut de beaucoup que la grève soit toujours un cas de force majeure. Il faut, en principe, *qu'elle ait été générale* et, d'autre part, *qu'elle n'ait pas pu être prévenue.*

D'autre part, *une clause dérogatoire au droit commun doit être interprétée en cas de doute dans le sens où elle s'en écarte le moins.* C'est par application de ce principe de bon sens, et parce que la situation normale de deux hommes est qu'il n'existe entre eux aucun lien de subordination, que le Code civil décide que la convention s'interprète *contre celui qui a stipulé.* Par application du même principe, et précisément pour interpréter la clause de grève dans le sens où elle s'écarte le moins du droit commun, nous ne devons pas facilement considérer le débiteur comme déchargé par elle.

Ainsi donc, d'après le jeu normal des principes, *en cas de doute,* la clause en question doit apporter au débat un *élément nouveau* mais, d'autre part, *aussi peu important que possible.*

Entre la solution de la Cour de cassation qui refuse toute portée pratique à la clause et la solution en sens contraire qui lui donne une importance capitale, nous estimons qu'*en cas de doute* il y a place pour une *troisième solution qui est la vraie.*

Nous disons *en cas de doute,* car ici l'ordre public n'est nullement en jeu en sorte que les parties peuvent, si elles le veulent, donner à la clause l'extension considérable que réclame M. Barbey : libre à elles de régler leurs accords comme elles l'entendent. Le tout est que leur commune intention soit certaine.

Cette troisième solution est la suivante : *Le tribunal perd tout droit d'apprécier si la grève a pu ou non être prévue ; en revanche, il a le droit de rechercher si cette grève était ou non générale et si elle pouvait être prévenue.* Cette solution est celle même que nous nous sommes efforcé d'établir pour le cas où il n'existe pas de clause de grève. Elle n'apporte donc rien de nouveau à la théorie *que nous avons soutenue.* Mais notre théorie n'est pas celle de la jurisprudence. Or celle-là est un *fait* que l'on peut critiquer mais qui s'impose aux parties contractantes.

Il est bien naturel, étant donné que la solution de la jurisprudence est, nous l'avons démontré, contraire et à l'équité
et aux intérêts commerciaux des parties contractantes, que
ce soit précisément sur ce point qu'elles cherchent à inno-
ver. Mais pourquoi aller plus loin et supposer gratuitement
qu'elles aient voulu supprimer toute appréciation des caractères de la grève? En dehors de toute indication précise
fournie par le contrat et devant laquelle il faudrait s'incliner, il nous semble que c'est là une supposition très hasardée : dangereuse pour le créancier en ce qu'elle permet à
son co-contractant de manquer de parole sous un prétexte
frivole, une telle solution peut aboutir à des résultats extra-
ordinaires lorsque la grève n'ayant, par exemple, duré
qu'une journée, il était facile de satisfaire néanmoins aux
engagements pris. C'est dire que, pour nous, la clause de
grève ne doit être interprétée d'une façon extensive que
lorsque cela résulte à l'évidence des termes mêmes du
contrat.

Indiquons, en passant qu'au point de vue maritime, en
ce qui concerne spécialement la situation, en cas de grève,
de l'affréteur vis-à-vis du navire, que les clauses de grève
ont, jusqu'à présent, manqué totalement leur but. L'affréteur, d'après la jurisprudence, est responsable sauf uniquc-
ment le cas de force majeure. D'autre part, le navire dont
la fonction naturelle est de circuler ne peut se dégager
vis-à-vis de l'affréteur, d'où pour lui une perte considérable. Dans l'intérêt et de l'affréteur et du navire la rédaction
d'une nouvelle clause de grève s'impose (1).

* *

Deuxième cas : Patron contre tiers

Jusqu'à présent nous avons raisonné dans l'hypothèse où
la grève étant *extérieure aux parties*, il n'a pas pu dépendre
d'elles qu'elle commençât ou qu'elle finît. Mais il se peut,

1. V. sur cette très intéressante question d'actualité, — dont l'étude
nous entraînerait trop loin, — l'article remarquable précité de
M. Barbey.

c'est même l'hypothèse ordinaire, que celui qui invoque la grève comme cause d'exonération de ses engagements, soit le patron même des ouvriers grévistes. En ce cas, se pose la très grave difficulté de savoir si on peut ou non lui reprocher de n'avoir pas mis fin à la grève en cédant aux exigences des grévistes, surtout s'il apparaît en fait que ces exigences étaient justifiées.

Aucune difficulté cependant, dans un cas de nature à se présenter assez fréquemment en pratique. C'est, comme le dit un arrêt d'Aix (1) du 21 nov. 01, confirmant un jugement du tribunal de Marseille du 24 août 00, « lorsque tous les ouvriers se solidarisent au point que leur demande n'est satisfaite et le travail repris que lorsque tous les chefs d'exploitation, quels qu'ils soient, ont adhéré aux nouveaux salaires exigés ; *dans ce cas, en effet, il ne saurait dépendre d'un chef d'exploitation, fît-il tous les efforts demandés, de tenir ses engagements, alors qu'un seul de ses concurrents, sur lequel il n'a ni pouvoir ni action, peut par son refus d'y consentir lui-même empêcher la reprise du travail* ».

Dans ce cas, il n'est pas douteux que le patron lui-même ne puisse invoquer la grève à sa décharge.

Telle est également la solution donnée par M. J. Bédarride (2) : « Les grèves délibérées par les corps d'état sont fréquemment générales, en ce sens qu'elles sont déclarées dans toutes les fabriques, les mines, les entreprises similaires d'une région et d'ordinaire, le travail n'est repris que si les chefs d'exploitation adhèrent tous aux conditions mises à cette reprise. *Un patron fît-il des sacrifices même excessifs, est donc dans l'impossibilité de trouver des ouvriers par cela seul qu'un collègue plus entêté ou moins humain résiste aux demandes faites.* A Marseille par exemple, dans le courant de l'année 1900, au moment d'une grève de soutiers et chauffeurs, une délibération de la Bourse du travail fut prise en faveur de la Compagnie transatlantique ayant dès le premier jour accepté les revendications des inscrits maritimes,

1. C. Aix, 21 nov. 01, D. P. 02, 2, 197. — Mars. 24 août 00, J. c^{ale} et m^{ime} 00, 1, 379.

2. Droit commercial livre I titre VIII, Des achats et Ventes, par J. Bédarride. Nouvelle édition (1909), par Benjamin Abram, p. 294, n° 333.

mais, tout en la couvrant d'éloges, elle déclara en même temps que le travail ne serait repris chez elle *que lorsque tous les autres armateurs auraient suivi son exemple. Dans ces conditions il y a évidemment une impossibilité absolue d'exécution, provenant d'un fait extérieur* et suivant les cas le vendeur obtiendra soit un délai, soit la résiliation ».

A dire vrai, nous retombons alors dans l'hypothèse d'un tiers *étranger à la grève*. Etre partie à la grève, mais ne pouvoir la faire cesser *même en cédant sur tous les points*, c'est bien la même chose qu'y être totalement étranger (1).

Mais, hors ce cas relativement simple où le patron étant dans la même situation exactement qu'un tiers les mêmes règles lui sont applicables, peut-on lui refuser le bénéfice de l'exception de force majeure par cette considération qu'il dépendait de lui de mettre fin immédiatement à la grève, peut-être même de l'empêcher d'éclater?

M. Bourgoin (2) propose une distinction entre la *grève professionnelle* constituant un risque de l'exploitation toujours à prévoir, engageant, par conséquent, l'employeur, et la *grève politique* ayant sa cause dans un fait étranger à l'employeur et libérant dès lors ce dernier.

Cette distinction qui, en pratique, ne sera peut-être pas toujours très facile à établir, car enfin il existe bien des grèves à la fois politiques et professionnelles, contient une idée intéressante. Cette idée est la suivante : Dans les grèves politiques il ne dépend pas du patron de faire cesser le conflit quelques concessions qu'il soit disposé à accorder : Dès lors il doit, dans ces grèves, être traité comme un véritable tiers. Cette idée très juste est celle-là même que nous avons posée en principe dans l'hypothèse analogue où un patron est dans l'impossibilité absolue de faire cesser une grève, de ce fait que les ouvriers ne veulent reprendre le travail que lorsque tous les patrons auront cédé et que un ou plusieurs d'entre eux s'y refusent. Nous n'y reviendrons pas.

1. V. dans le même sens : Mars. 3 oct. 04, J. C^{ale} et M^{ime} 05, I, 11. — Mars. 5 oct. 04, id., 05, I, 16. - Mars. 11 janv. 05, id., 05, I, 136. — Mars. 16 mai 05, id., 06, I, 115. — Cass. 31 oct. 05, D. P. 07, I, 39.

2. M. Bourgoin : Essai sur la distinction du cas fortuit et de la force majeure, Lyon, 1902.

Mais nous nous refusons à croire que la grève professionnelle *étant un risque de l'exploitation* engage nécessairement
par le fait même la responsabilité de l'employeur vis à vis
des tiers. Que la grève constitue pour le patron un risque
permanent dans sa profession, cela n'est que trop certain ;
mais pourquoi ce risque retomberait-il toujours sur lui ?
C'est ce que l'on ne nous dit pas. Pourquoi ne pas traiter le
patron comme un débiteur quelconque qui, du fait de la
force majeure, est exonéré de son obligation ? Or, nous
l'avons prouvé, la grève peut être et est souvent un cas de
force majeure.

Envisageons maintenant l'hypothèse délicate où le patron
pourrait arrêter la grève en cédant aux exigences des grévistes, mais ne le fait pas parce que cela serait ruineux pour
lui. Est-on en droit de dire à ce patron : Vous avez la possibilité matérielle de faire cesser la grève. Il vous suffirait
pour cela d'accorder ce qui vous est demandé. Vous préten-
dez que cette demande est injuste, exorbitante. Il se peut,
mais le contraire aussi est possible. Quoi qu'il en soit, il
reste que vous pourriez faire cesser la grève et que vous ne
le faites pas. La grève n'est pas pour vous une force majeure
puisqu'elle dépend de vous.

Quelques arrêts de jurisprudence semblent indiquer que
le patron *n'étant jamais tenu de céder à ses ouvriers grévistes*,
le fait qu'il pourrait faire cesser la grève en leur faisant des
concessions n'est pas de nature à l'empêcher d'invoquer la
grève comme cas de force majeure. C'est la théorie à
laquelle nous nous rallions et que nous croyons vraie, *mais
sans aucune restriction ni distinction d'aucune sorte.*

« Attendu, dit le tribunal de commerce de Nantes (1),
que c'est à tort que le demandeur prétend qu'une grève ne
saurait être considérée comme un cas fortuit puisqu'il
dépend toujours du patron de la faire cesser en accordant à
ses ouvriers grévistes tout ce que ceux-ci réclament ; il est
manifeste, en effet, que cette théorie, si elle était admise,
aurait pour les patrons, qui se trouveraient ainsi soumis à
tous les caprices de leurs ouvriers, dont ils devraient

1. Trib. com. Nantes, 3 fév. 1894, D. P. 95, 2, 214.

en toute circonstance subir la loi, des résultats désastreux et de nature à compromettre gravement la prospérité de notre commerce et de nos industries nationales ; elle serait, en outre, en opposition avec l'esprit de notre législation qui ne reconnaît la légitimité des grèves qu'à la condition que patrons et ouvriers aient, dans la défense de leurs intérêts, la même liberté et la même indépendance. »

La Cour de Rennes (1) reproduit textuellement l'attendu ci-dessus.

De même le tribunal de commerce de Rochefort (2) déclare « que si cette théorie était admise » (celle qui voudrait que le patron ne pût jamais invoquer la grève de ses ouvriers comme force majeure) « elle aurait pour conséquence des résultats désastreux et de nature à compromettre gravement la prospérité du commerce et de l'industrie nationale ; que la légitimité des grèves ne peut être reconnue qu'à la condition que patrons et ouvriers aient, dans la défense de leurs intérêts, la même liberté et la même indépendance, et qu'il ne peut dépendre d'un chef d'exploitation, fît-il tous les sacrifices demandés de tenir ses engagements, alors que ses concurrents, sur lesquels il n'a ni pouvoir, ni action, peuvent, par leurs refus d'y consentir eux-mêmes, empêcher la reprise du travail. »

Ainsi, hors cet argument de fait additionnel que le patron même s'il avait consenti les sacrifices qu'on lui demandait n'aurait pu faire cesser la grève, argument qui, en réalité, supprimait la difficulté, le tribunal admet les mêmes principes que la Cour de Rennes et pour des motifs exactement semblables.

La Cour de Poitiers (3) sous une forme un peu différente exprime la même opinion : « La grève, si elle est légitime en elle-même, change de caractère lorsqu'elle place les industriels dans l'alternative ou de manquer à leurs engagements ou de souscrire aux conditions imposées par une

1. C. de Rennes, 28 juin 1894. D. P. 95, 2, 214.

2. Trib. com. Rochefort, 29 janv. 04, R. I. D. M. rec. XIX, 722.

3. Poitiers, 12 janv. 03, D. P. 03, 2. 389.

soumission qui ne serait autre chose que l'aliénation de la liberté du travail ».

M. Baudry-Lacantinerie (1) qui cite le jugement du tribunal de commerce de Nantes sus-relaté approuve entièrement cette jurisprudence : « On ne saurait d'ailleurs, dit-il, se refuser à voir dans la grève un cas de force majeure *en invoquant uniquement cette considération que pour y mettre un terme, le débiteur n'avait qu'à satisfaire aux exigences de ses ouvriers* ». Il ajoute que l'exactitude de cette proposition « n'est pas contestable ».

Ce serait une erreur de croire, se basant sur les décisions que nous avons rapportées, que la jurisprudence déclare *d'une manière absolue* que le patron peut invoquer la grève comme cas de force majeure, quelque refus qu'il ait opposé aux prétentions de ses ouvriers, *même* à celles qui *paraissent* les plus légitimes. *Cette théorie est la nôtre.* Il est douteux qu'elle soit aussi celle des décisions ci-dessus. Nous croyons que si celles-ci ne font aucune distinction c'est simplement parce qu'elles n'ont pas eu en fait l'occasion de la faire. Quoi qu'il en soit, reconnaissons que la grande majorité de la jurisprudence juge *en fait* en distinguant *selon que la résistance du patron apparaît ou non comme légitime.*

« Attendu, dit l'arrêt de cassation (2) du 31 oct. 05 que la grève avait été générale, qu'elle avait englobé tous les déchargeurs de bois et que *malgré toutes ses démarches et ses efforts, il avait été impossible au défendeur actuel d'en conjurer les effets* ».

L'arrêt de cassation du 28 octobre 07 précise davantage, La Cour d'appel de Poitiers avait rendu le 4 déc. 06 un arrêt par lequel la grève était considérée comme un cas de force majeure : « Attendu, disait-elle notamment, qu'*en principe, le devoir du patron est de se prêter à toutes les tentatives de conciliation susceptibles de prévenir les effets désastreux pour tous de la grève, et notamment, ne serait-ce que par déférence pour le magistrat conciliateur, de se rendre à sa convocation ;*

1. B. Lacantinerie. Traité de Droit civil, Des obligations, III, n° 1924.

2. Cass. 31 oct, 05, D. P. 07, 1, 39.

« Attendu que, dans l'espèce, la Maison Delmas s'est crue, ainsi qu'elle l'a exposé dans ses réponses aux lettres du syndicat et du juge de paix, en présence d'un parti pris absolu de la part des ouvriers syndiqués pour lesquels la grève semblait être une chose résolue ; qu'elle en avait la preuve dans ce fait... »

La Cour de cassation adoptant la manière de voir de la Cour de Poitiers (1) décide : « Attendu qu'il est encore constaté dans l'arrêt que la grève a éclaté à l'improviste le 13 novembre, en plein travail de déchargement, à propos d'un léger différend survenu sur une question de salaire entre un ouvrier et un contremaître ; que *bien que la maison Delmas eût immédiatement cédé* et que, par lettre du 15 novembre, le syndicat eût reconnu qu'il avait reçu sur l'heure pleine satisfaction, cependant, alors que le prétexte cessait, la grève continuait, des réclamations nouvelles au sujet des conditions générales du travail ayant été substituées au premier grief, au mépris de l'engagement pris par le syndicat de faire le travail dans des conditions déterminées auxquelles il ne pourrait être apporté de modifications que moyennant un préavis de trois mois de part et d'autre ; que le travail reprit le 3 décembre, pour être interrompu de nouveau le 18 du même mois par une nouvelle grève ;

« Attendu que, dans ces circonstances, la Cour a pu estimer que la résolution soudaine du syndicat de rompre le pacte librement accepté et ses variations étaient de nature à inspirer à la Maison Delmas des doutes sérieux sur l'utilité des négociations auxquelles elle s'est refusée, et *qu'on ne saurait attribuer l'origine et la continuation de la grève à une faute pouvant engager la responsabilité de Delmas frères...* »

Ainsi, d'après la Cour de cassation, le patron a-t-il montré un esprit conciliant et fait de larges concessions aux grévistes, il n'encourt aucune responsabilité. Mais a-t-il au contraire repoussé les demandes qui lui étaient adressées, sans avoir auparavant tenté de recourir à l'arbitrage, il ne peut plus invoquer la grève comme force majeure. Ce n'est qu'exceptionnellement et dans le cas où il est certain par

1. Cass. 28 oct. 07 et C, Poitiers 4 déc. 06 D. P. 09. I, 282.

avance que l'arbitrage ne saurait aboutir, que le patron n'est pas considéré comme ayant commis une faute.

Cette jurisprudence est trop conforme à la doctrine qui veut que l'Etat, Souverain tout puissant, intervienne dans tous les conflits sociaux, pour que nous puissions espérer la voir se modifier. Pour nous, cette appréciation par le juge du bien fondé ou du mal fondé de la résistance du patron est arbitraire et éminemment attentatoire à la liberté individuelle. Il faut *choisir* : Ou refuser *dans tous les cas* au patron qui aurait pu mettre fin à la grève, fut-ce par des concessions exorbitantes et de nature à amener promptement sa ruine, de pouvoir jamais invoquer cette grève comme cas de force majeure. — Nous verrons plus loin que telle est l'opinion de M. Barbey ; — Ou décider que la résistance *même injustifiée* du patron aux revendications de ses ouvriers n'empêche *jamais* la grève d'être considérée par rapport à lui comme un cas de force majeure, si, bien entendu, elle en réunit par ailleurs les caractères — c'est l'opinion que nous soutiendrons.

Mais il n'est pas possible de rechercher si les revendications des grévistes sont ou non justifiées et si la résistance opposée par le patron est ou non légitime.

En effet, toute grève autre que celle purement anarchique se propose un but professionnel. Ce but est soit une augmentation de salaire ou, ce qui revient au même, une diminution des heures de travail, soit, d'une manière très générale, une demande d'amélioration des conditions du travail, ou encore une demande de renvoi d'un contremaître injuste (nous supposons, bien entendu, cette dernière demande faite *dans un intérêt professionnel* sans quoi il serait évident que la résistance du patron serait justifiée).

Or, pour prendre tout d'abord le cas où la grève a pour but uniquement une augmentation de salaire, est-il possible à un juge de savoir si les ouvriers ont tort ou si ce sont au contraire les patrons ?

Des ouvriers qui jusque-là gagnaient 4 fr. 5o par jour se mettent en grève pour obtenir un salaire de 5 fr. Le patron refuse de le leur accorder. Qui a raison ? Qui a tort ?

Les juges ne le savent pas et n'ont pas le droit de chercher à le savoir.

Moi, patron, à tort ou à raison, je suis convaincu qu'aucune augmentation ne peut être accordée aux ouvriers ni celle qu'ils sollicitent, ni même la plus légère. J'ai fait mes calculs, j'estime qu'une augmentation quelconque du prix de la main d'œuvre est la ruine de mon industrie. Le juge peut-il me dire ? Ce que les ouvriers vous demandent est juste et équitable, ce tarif qu'ils vous réclament leur est d'ailleurs alloué par telle ou telle maison similaire. En le leur refusant vous commettez donc une faute.

Que je commette un acte inhumain, il se peut, de même qu'il se peut que je sois un administrateur malhabile, mais le juge n'a pas qualité pour l'apprécier. Son appréciation peut être erronée ; elle peut être partiale — et sur ce dernier point il y en aurait peut-être long à dire. — Mais admettons qu'elle soit absolument impartiale et juste, depuis quand appartient-il à l'Etat, représenté ici par ses juges, d'intervenir pour fixer le salaire de telle ou telle catégorie d'ouvriers ?

Une telle conception qui, nous ne l'ignorons pas agrée à une certaine école ne peut nous satisfaire : « Charbonnier est maître chez lui ». C'est à la libre initiative des individus et non à l'intervention de l'Etat que nous demandons la solution des problèmes sociaux. Nous ne prétendons pas d'ailleurs que l'Etat n'ait aucun rôle à jouer dans les questions sociales, mais ce que nous ne pouvons admettre c'est que l'Etat se substitue à l'individu dans la direction de ses affaires privées.

Mais, nous dira-t-on, ne peut-on pas du moins distinguer entre le cas où le patron refuse d'accorder une augmentation de salaires qui lui est demandée par ses ouvriers et le cas tout différent où lui-même prend l'initiative de diminuer les salaires jusque-là payés ? Dans ce cas, ne peut-on pas dire que le patron a commis une faute qui a provoqué la grève.

Pas plus ici qu'ailleurs nous ne croyons que le juge ait un pouvoir d'appréciation quelconque. Il se peut qu'une circonstance nouvelle ait nécessité cet abaissement de salaires, même simplement que l'expérience d'une ou de plusieurs années ait démontré au patron qu'il ne pouvait pas, sans aller à la ruine, continuer à payer la main d'œuvre un prix aussi élevé.

En un mot, cette décision peut avoir été prise pour des considérations économiques très graves et, pas plus que tout à l'heure, le juge ne peut en apprécier le bien ou le mal fondé.

On trouve cette solution dangereuse en ce qu'elle permet au patron de provoquer une grève dans le dessein de se soustraire à ses engagements.

« Il a pu, dit M. Bry (1), suivant les cas, prévenir la suspension du travail, *la provoquer peut-être en réduisant les salaires afin de se ménager un moyen de rompre un engagement défavorable* ». M. Joseph Lefort (2) est plus explicite :

« S'il était admis en thèse générale que la grève constitue toujours une force majeure, *des collusions se produiraient;* plus d'une fois des industriels liés par des engagements onéreux seraient incités sinon à *provoquer des conflits* par une réduction injustifiée de salaires, au moins à laisser éclater des conflits qui, pour eux seraient une solution ».

De même, M. Tardieu (3), commissaire du gouvernement près le Conseil d'Etat disait : « *On peut craindre les collusions en cette matière.* Il ne faut pas que l'entrepreneur puisse se créer à lui-même une excuse qui le libère de ses obligations. *Ce serait trop commode si, pour se dégager d'un contrat qu'il estime peu avantageux, il lui suffisait, soit d'organiser une grève simulée, soit même de provoquer une grève véritable* par un acte qu'il sait devoir mécontenter ses ouvriers ».

Le danger qu'on nous signale ne nous paraît pas très sérieux : on conçoit difficilement que le patron puisse avoir intérêt à provoquer une grève pour se soustraire à ses enga-

1. Bry, loc. cit.

2. J. Lefort, *De la répercussion juridique des grèves de chemin de fer sur les relations internationales*, J. D^t Int^{al} privé, Clunet 1911, p. 753 et s.

3. Conclusions de M. Tardieu au Conseil d'Etat dans l'affaire de la grève des états-majors marseillais: *Bull. off. trav.* 09, p. 401.

gements, alors que cette grève amènera nécessairement pour lui des pertes considérables et que d'autre part, il courra le risque de perdre, par là même, un client peut-être important.

Quoi qu'il en soit, comment savoir si le patron en réduisant les salaires a voulu provoquer une grève ou s'il n'a fait, au contraire, qu'obéir à une nécessité économique ?

Sur quoi se basera le juge pour cette appréciation ? Prendra-t-il communication des livres du patron pour savoir si celui-ci pouvait et devait maintenir les salaires à leur taux ancien ? Mais alors, il se substitue à lui, le patron est dans une sorte de tutelle ! Que devient la liberté individuelle dans une telle conception ?

Nous ne croyons pas davantage que le juge ait un pouvoir d'appréciation quelconque lorsque la grève se propose pour but non plus une augmentation de salaire, directe, ou indirecte au moyen d'une diminution du nombre d'heures de travail, mais, soit une amélioration aux conditions de travail, soit le renvoi de tel ouvrier ou de tel contremaître.

Le motif est toujours le même : toute appréciation de la part du juge est une mainmise injustifiable sur les droits du patron. Il n'y a qu'*un cas où le juge aurait un droit de contrôle*, c'est lorsqu'il serait allégué que le patron a violé la loi vis-à-vis de ses ouvriers. Dans ce cas, en effet, le juge a une base d'appréciation certaine. Mais, hors ce cas qui, avec la tendance du législateur moderne à réglementer en détail les rapports entre patrons et ouvriers, prendra une extension de plus en plus considérable, le juge n'a pas le droit de s'ériger en contrôleur des actes du patron.

Le juge n'a pas davantage à s'attacher aux circonstances purement extérieures, comme le fait qu'il y a eu ou non tentative de conciliation. Une tentative de conciliation n'est sérieuse que si le patron envisage la possibilité de céder sur un ou plusieurs points, mais ce n'est qu'une comédie, une formalité sans aucune signification, si le patron pense — ce dont, encore une fois, lui seul est juge — qu'il lui est impossible de céder sur aucun point. Il n'y a donc aucune distinction à établir entre les patrons, quant à la possibilité d'invoquer la force majeure, selon qu'ils ont consenti ou non à se prêter à cette formalité. De même, le patron ne peut accepter l'arbitrage que s'il pense qu'il lui est possible de faire à ses ouvriers *au moins quelques concessions* ; mais, s'il est persuadé, à tort ou à raison, qu'il ne peut faire aucune concession d'aucune sorte, il faut bien nécessairement qu'il repousse l'arbitrage. Cela prouve-t-il que le bon droit n'est pas de son côté? Aucunement. Il obéit à une considération économique, juste ou non, peu importe, mais dont, en tout cas, nous ne saurions trop le répéter, le juge ne peut être appréciateur sans porter une grave atteinte à sa liberté.

Ainsi, une solution unique s'impose pour toutes les grèves. Quelle solution? Le refus par le patron de céder aux réclamations de ses ouvriers, alors que, en leur accordant satisfaction, il empêcherait la grève d'éclater ou y mettrait fin, a-t-il ou non pour effet de faire que, par rapport à lui, cette grève cesse d'être un cas de force majeure?

De même, et pour des motifs analogues à ceux que nous avons développés, une solution unique s'impose dans l'hypothèse du lock-out. Quelle devra être cette solution?

Prenons d'abord le cas du lock-out. C'est celui qui offre le moins de difficulté.

Ici, l'impossibilité d'exécuter le contrat dans laquelle se trouve le patron, a pour cause un fait à lui personnel. Cela suffit pour que le lock-out ne puisse jamais être considéré comme un cas de force majeure pour le patron. Sans doute on peut dire que, si le patron a été amené à prononcer le lock-out, c'est par suite de l'attitude de ses ouvriers, qu'ainsi le fait qu'on lui reproche était pour lui une nécessité absolue ; mais, c'est là une cause trop éloignée et que, d'ailleurs *pas plus que tout à l'heure*, le juge n'a le droit d'apprécier. Le fait simple est là : c'est le patron lui-même qui a créé — à tort ou à raison, peu importe — la cause d'empêchement qu'il invoque. Il ne saurait y avoir force majeure.

Reste l'hypothèse de la grève. Cesse-t-elle *toujours* ou au contraire *jamais* de *pouvoir être* un cas de force majeure pour le patron qui refuse de céder à ses ouvriers.

M. Barbey est partisan de la première théorie. Nous nous efforcerons, en critiquant les motifs qu'il invoque, de montrer que c'est, au contraire, à la seconde théorie qu'il convient de se rallier : Autrement dit, pour nous, la grève ne cesse jamais de *pouvoir être* un cas de force majeure pour le patron.

Envisageant spécialement la question par rapport aux surestaries, M. Barbey s'exprime ainsi (1): « Il ne s'agit nullement d'*obliger* un affréteur à accepter les conditions draconiennes d'un syndicat de grévistes et à rémunérer sous la menace le travail fourni au prix « double ou triple » .de sa valeur. Personne ne songe à « ruiner » ce commerçant et à lui imposer une perte qui « équivaudrait pour lui à une impossibilité d'exécution ». L'alternative n'est pas là. Il s'agit de savoir, non pas si le commerçant refusera ou ne refusera pas de capituler devant les grévistes, mais bien si, ayant refusé de capituler, c'est-à-dire de mettre fin à la grève par un sacrifice d'argent et en l'absence de toute clause, *il devra ou ne devra pas payer de surestaries.*

« ... Dire que les patrons et les ouvriers doivent jouir, dans la grève, d'une « égale liberté » c'est dire qu'ils doivent bénéficier de la part de l'Etat d'une complète impartialité, et que *dans leurs rapports entre eux,* ils doivent être laissés également libres de prolonger le chômage, de reprendre le travail ou de discuter les termes de leur contrat. Mais ce n'est assurément pas dire que l'Etat doive assurer leur liberté en modifiant d'autorité le cours de leurs relations avec les tiers. Un ouvrier gréviste n'est pas dispensé de payer son boucher et son boulanger sous prétexte que ce paiement supprimerait pour lui des ressources nécessaires à la prolongation de son chômage. *De même, un entrepreneur en lutte avec un syndicat ne doit pas être autorisé à invoquer les difficultés de la grève comme un moyen de se soustraire aux obligations par lui librement consenties dans son commerce.* Supprimer les engagements de l'affréteur avec les tiers sous prétexte de le laisser libre, serait donner cours forcé à sa liberté, c'est-à-dire en dernière analyse l'asservir. On ne crée pas la liberté avec l'autorité de l'Etat ou l'arbitraire du juge. »

Que l'Etat n'ait point à intervenir pour modifier d'autorité

---

1. Barbey, loc. cit.

le cours des relations du patron avec les tiers, rien de plus évident. L'ouvrier gréviste n'est pas, du fait de la grève, dispensé de payer ses fournisseurs — ni le patron non plus, d'ailleurs. Le bon sens indique assez qu'une diminution plus ou moins considérable de la fortune du débiteur ne saurait être pour lui un motif de libération. Nous nous garderons donc bien de critiquer M. Barbey sur ce point ; mais la question n'est pas là. Il ne s'agit pas de savoir si, en raison d'une perte éprouvée par le patron, celui-ci est dispensé de tenir ses engagements, ce sur quoi, nous le répétons, il ne saurait y avoir l'ombre d'une difficulté ; mais bien, ce qui est tout différent, si la nécessité pour lui d'avoir à s'imposer une perte considérable, peut-être même de s'acculer à la ruine, ne doit pas être considérée comme une véritable impossibilité absolue d'exécution.

M. Barbey sent bien qu'on ne peut imposer au patron l'obligation de se ruiner pour capituler devant les grévistes ; mais, dit-il, nous n'obligeons pas le patron à céder. Il ne cédera que *s'il le juge convenable.* Seulement, s'il ne cède pas, il sera considéré comme n'ayant pas fait tout ce qui dépendait de lui pour lever l'obstacle !

Ainsi, il est bien entendu que le patron est *libre* de résister. Mais, qu'il résiste : Le tiers qui a contracté avec lui sera en droit de lui reprocher sa résistance, de lui réclamer des dommages-intérêts parce qu'il n'a pas cédé. En un mot, le patron a le droit de repousser les revendications de ses ouvriers, et *néanmoins,* s'il agit de la sorte, *on le considère comme ayant commis une faute !*

En se ruinant le patron pourrait rendre possible l'exécution de son obligation. Qu'à cela ne tienne, qu'il se ruine, l'obstacle n'est pas absolu ! Mais, à ce compte, quels sont les obstacles absolus ?

Mais, nous dira-t-on, vous supposez toujours pour les besoins du raisonnement que le patron s'il cède, court à la ruine. En réalité, le plus souvent, s'il cède, il diminuera ses bénéfices et voilà tout. Quel obstacle absolu y a-t-il pour lui ? Notre réponse est toujours la même. Le juge n'a pas le droit de chercher à apprécier si le patron en acquiesçant aux réclamations des grévistes n'aurait fait que diminuer légèrerement ses bénéfices ou si, au contraire, il courrait à sa ruine. Semblable appréciation qui, en se basant sur les livres du patron, ne serait *peut-être* pas impossible serait, nous l'avons dit, une véritable mainmise sur son usine ou son atelier. Pourrait-elle d'ailleurs n'être pas arbitraire ?

De quel droit le juge viendrait-il prétendre que dans tel cas la perte est légère et que le patron est tenu de céder, qu'au contraire, dans tel autre cas, la perte étant ruineuse le patron est en droit de résister ? Nous ne voulons pas de ces recherches et de ces contrôles qui étouffent la liberté individuelle. Que le juge n'ait aucun pouvoir d'appréciation sur le plus ou moins de légitimité des réclamations ouvrières, ni sur l'opportunité du refus opposé par le patron ! Une solution unique s'impose. Celle proposée par M. Barbey est inadmissible, nous venons de le voir. Nous devons donc nécessairement adopter l'opinion inverse et décider que *la possibilité pour le patron de mettre fin à la grève, en cédant aux exigences des grévistes, n'est jamais de nature à empêcher de considérer que cette grève puisse être un cas de force majeure pour lui.*

Rien de plus équitable d'ailleurs que la solution que nous proposons : Le patron est toujours responsable du lock-out ; il est naturel qu'il ne soit jamais responsable de la grève.

Nous ne prétendons pas, d'ailleurs, il est à peine utile de le dire, que pour le patron la grève devra nécessairement être toujours considérée comme un cas de force majeure.

Il y avait pour le patron deux moyens de *prévenir* la grève : l'un, faire à ses ouvriers de telles concessions *que la grève n'éclate pas.* Nous savons que de cela le patron ne peut être tenu pour responsable ; l'autre, faire en sorte que, venant à se produire, elle n'ait, autant que cela sera possible, aucune conséquence fâcheuse sur l'exécution du contrat, et de cela le patron est responsable aux mêmes conditions qu'un tiers quelconque.

D'autre part, mais le cas se présentera moins fréquemment en pratique pour le patron que pour un tiers quelconque, il faut, bien entendu, que la grève soit *générale*. Si la moitié des ouvriers seulement s'est mise en grève le pa-

— 208 —

tron, quoique éprouvant une gêne considérable, ne peut pas plus qu'un tiers, exciper de la force majeure.

En un mot, la qualité de patron ne change rien à la situation du débiteur. Comme un tiers, il pourra invoquer la grève comme cas de force majeure si celle-ci en a les caractères ordinaires, c'est-à-dire si elle est *générale* et ne *pouvait être prévenue*. Pas plus qu'un tiers, il ne pourra prétendre que la grève constitue un cas de force majeure, si l'un de ces caractères vient à faire défaut.

La situation du patron, comme celle d'un tiers quelconque, est d'ailleurs *la même en général*, qu'il y ait ou non clause de grève, non pas, nous l'avons vu, que cette clause n'apporte aucun élément nouveau au débat, mais parce que la jurisprudence tenant compte, dans la pratique, non de la possibilité de « prévenance » mais de la possibilité de prévision, il est *probable* que les parties contractantes ont précisément eu pour but de corriger, sur ce point, son appréciation défectueuse.

Aix, le 28 mars 1912,

Vu : *Le Président de la Thèse,*

G. BRY.

Vu : *Le Doyen,*

G. BRY.

Vu et permis d'imprimer :

Pour le Recteur,
l'Inspecteur d'Académie Délégué,

P. MAURIN.

TABLE DES MATIÈRES

DEUXIÈME PARTIE

Effets de la grève dans ses rapports avec l'existence du contrat de travail

Principe essentiel : La loi du 25 mai 1864 en autorisant la grève n'a pas eu pour conséquence de permettre à l'ouvrier de s'affranchir à sa guise de ses obligations envers son patron et *vice-versâ*.

Double démonstration :

1° Par les paroles mêmes prononcées par le rapporteur de la loi (Il est fâcheux qu'une sanction pénale n'ait pas été établie pour renforcer le principe).

La grève est-elle une *rupture* ou au contraire une *suspension* du contrat de travail ?

Conséquences de la théorie de la rupture. Leur bien fondé au point de vue social. Cette théorie conduit logiquement à accor-

TROISIÈME PARTIE

Des effets de la grève par rapport aux engagements du patron avec les tiers

Ire Hypothèse. — Deux tiers entre eux. . 177

I. *Il n'y a pas de clause de grève.*

II° Hypothèse. — Patron contre tiers

Bergerac. — Imp. Générale du Sud-Ouest (J. CASTANET)
Place des Deux-Conils